DE LA REINE DE SABA
À MICHELLE OBAMA

Africaines, héroïnes d'hier et d'aujourd'hui

À la lumière de l'œuvre de Cheikh Anta Diop

Aoua Bocar LY-TALL

DE LA REINE DE SABA À MICHELLE OBAMA

Africaines, héroïnes d'hier et d'aujourd'hui

À la lumière de l'œuvre de Cheikh Anta Diop

© L'Harmattan-Sénégal, 2017
10 VDN, Sicap Amitié 3, Lotissement Cité Police, DAKAR

http://www.harmattansenegal.com
senharmattan@gmail.com
senlibrairie@gmail.com

ISBN : 978-2-343-11163-6
EAN : 9782343111636

Dédicace

À Ann Dunham Obama Soetoro, **un cœur à contenir l'Humanité.**

À Ann (Stanley) Dunham, qui a donné à l'humanité un fils tel que **Barack Obama.**

À toi, vaillante mère qui a su lier les **3 A** : **A**mérique – **A**frique – **A**sie en un gigantesque **A comme** « **Amour entre humains** ».

Préface

La femme noire

Notre mère à tous était une femme noire, mais nous l'avons résolument oublié. À ce que l'on sache, l'humain originel apparaît en Afrique. Il est beau, il est noir, et c'est au cours des longues pérégrinations de ce bipède ambulant qu'une partie de l'humanité, sortie du continent africain, va peu à peu voir changer la pigmentation de sa peau ; littéralement, elle va perdre sa couleur. Au départ, donc, nous sommes tous du même terreau, de la même espèce, nous sommes tous sapiens, mais au fil des millénaires et des grandes migrations, les environnements naturels ont façonné nos traits et nos allures. Il restera toujours que le noir précède le blanc, en tout seigneur, en tout honneur. Or, cultivons-nous cette mémoire ? Savons-nous célébrer nos véritables origines, honorer nos liens de parenté ? D'ailleurs, que savons-nous de l'histoire universelle, sinon ce qu'en ont raconté les nations, une à une, dans leur désir de s'éblouir elles-mêmes ; sinon les versions des vainqueurs et des dominateurs qui ont justifié leur avidité, parfois leur agressivité, par des épopées que nous trouverions comiques si nous n'étions pas si polis ? À la fin, cantonnés dans nos ethnocentrismes, obsédés par nos propres tribus et appartenances – ne se dit-on pas avant tout Américain, Français, Espagnol, et ainsi de suite ? –, convaincus de la supériorité de notre village, de notre ville, de notre pays, nous oublions l'essentiel, à savoir que nous sommes des humains.

Il y a quelque temps, dans le cadre de la Commission de vérité et réconciliation du Canada mise sur pied afin de reconnaître les torts infligés aux autochtones dans les « pensionnats indiens », j'ai donné une série de conférences dans l'ouest du pays. En fait, j'ai présenté à des professeurs francophones les politiques colonialistes et ethnocidaires pratiquées par nos gouvernements successifs depuis cent cinquante ans à l'égard des Premières nations, des Inuits et des métis. À Edmonton, capitale de l'Alberta, il y avait dans la salle plusieurs Sénégalais, des professeurs de français venus s'installer depuis peu. Ils écoutaient avec grande attention ce récit difficile mettant en lumière orientations racistes et abus de pouvoir. J'ai insisté sur le fait que l'intitulé même de la Commission, « Vérité et réconciliation », sous-entendait qu'il y avait eu un énorme mensonge. Un mensonge par omission, certes, relatif au silence qui a toujours entouré le traitement réservé aux premiers peuples, mais il y a plus. Ce mensonge, ce silence, se sont répercutés dans la mémoire, dans l'histoire enseignée dans les écoles, dans la culture populaire et dominante. À titre d'exemple et de comparaison, mon argumentaire soulignait le caractère suspect de cette « vérité » largement répandue voulant que le continent africain fût sans histoire avant l'arrivée des colonisateurs occidentaux. Et pourquoi l'Afrique n'aurait-elle pas eu son histoire précoloniale ? Pourquoi commence-t-on le récit de ce continent avec les hauts faits des explorateurs – ces Blancs qui débarquent toujours « là où aucun homme n'a jamais mis les pieds » ? Toute cette affaire est si curieuse, en effet, que l'on ne peut s'empêcher de penser à un immense subterfuge. À la fin de ma conférence, un jeune Sénégalais est venu me serrer la main. « Merci d'avoir parlé de l'Afrique, de la non-histoire de l'Afrique, m'a-t-il dit avec émotion, merci d'avoir souligné ce mensonge. Trop peu de gens en parlent et il est vrai que ce silence est un mensonge cruel ». Qui, en effet, discute familièrement des anciens empires du Mali, du Tékrour (actuel Foutah Tooro), du Ghana, du Niger, de la Nubie, qui connaît au minimum les Peuls, les Dogons, les Touaregs. Que savons-nous des grandes langues africaines, des cultures, des civilisations originales de ce continent mal-aimé ? L'Afrique fut piégée par le folklore et l'exotisme colonial. Son art, ses techniques, ses philosophies, tout a basculé dans des univers marginaux.

C'est ici qu'intervient l'ouvrage pionnier d'Aoua Bocar Ly-Tall, un livre magnifiquement intitulé De la reine de Saba à Michelle Obama. *L'auteure pointe du doigt cette bien coupable amnésie qui a tant frappé le continent africain : comment a-t-on pu oublier à ce point notre mère à tous, le berceau, l'origine ? Comment a-t-on pu effacer de notre mémoire ces remarquables matriarcats, ces richesses, ces cultures, cette grande aventure humaine – l'Africaine ? Aoua B. Ly-Tall rejoint le constat d'une série radiophonique que j'ai animée pendant des années sur les ondes de Radio-Canada,* De Remarquables Oubliés, *série qui éclairait les zones ombragées de l'histoire, là où l'épopée des maîtres et des vainqueurs ne daigne jamais aller. Ce constat revenait sans cesse : dans le récit de l'Amérique, les Premières nations et les métis sont absents, les gens ordinaires et les Noirs sont absents, mais aussi et encore, les femmes sont exclues de la liste des personnages principaux.*

Si la femme en général apparaît comme une figure secondaire, si l'Afrique est occultée, alors imaginons le sort réservé à la femme africaine, à la femme noire, dans le récit universel de l'humanité !

Aoua B. Ly-Tall veut redresser ce tort. Elle présente dans ce livre une impressionnante revue de la femme africaine à travers les âges, près d'une trentaine de femmes qui furent des mères, certes, mais aussi des pharaonnes, des monarques, des intellectuelles, des savantes. L'auteure met en lumière ce matrimoine oublié qu'il est si urgent de dévoiler aux nouvelles générations. Dans l'esprit des travaux et enseignements du professeur sénégalais Cheikh Anta Diop, qui a « extirpé l'histoire et la culture africaines des profondeurs obscures dans lesquelles l'idéologie esclavagiste les avait enfouies », Aoua B. Ly-Tall nous sensibilise à cette place importante qu'ont occupée ces « héroïnes » tout au long des époques. Pendant quarante ans et jusqu'à sa mort, Cheikh Anta Diop s'est évertué à redonner leurs lettres de noblesse aux cultures et civilisations africaines, retraçant le legs de l'Afrique à la civilisation universelle. Il l'a fait dans l'adversité, dans l'incrédulité, affrontant les vieux schèmes de la pensée européocentriste. Or, Aoua B. Ly-Tall pousse encore plus loin. À la lecture de son ouvrage, on se plaît à penser qu'au moment où la Grèce antique était si dure envers les femmes, au point de les effacer de la philosophie et même de la Cité, l'Afrique précoloniale leur faisait une bien meilleure part. Se pourrait-il que la pensée présocratique ait protégé en Afrique des valeurs humaines fondamentales que les dires de Socrate dénigraient en bloc : la famille étendue, l'égalité des genres, la moralité des mythes, une sagesse d'avant la raison – d'avant les abus de la raison – ?

Aoua B. Ly-Tall, inspirée par la mère de Barack Obama et par sa femme, Michelle Obama, retrace le chemin remarquable des Africaines à travers le temps, sur le continent, jusque dans la diaspora contemporaine. Son inventaire commence à l'époque des pharaons. La culture pharaonique aurait non seulement été d'origine africaine, mais les premiers pharaons auraient même été des femmes, des femmes noires, comme le témoigne la vie de la reine-déesse Hatshepsut, 1 500 ans avant Jésus-Christ. À la même époque, la légendaire reine de Saba, cette guerrière et grande femme politique nommée Azeb ou Makéda, régnait sur l'Éthiopie et sur une partie de l'Arabie. Sa vie est une illustration magistrale du pouvoir féminin en Afrique ancienne. Et ainsi défilent les grandes figures, plus flamboyantes les unes que les autres, depuis l'empire de Nubie jusqu'à l'actuelle Washington... jusqu'à franchir le seuil de la célèbre Maison-Blanche ! Immense chantier ouvert par Aoua B. Ly-Tall, coup de semence contre l'amnésie ; voici un livre qui change totalement notre vision de l'histoire. Il s'agit quand même d'un redressement profond : que la femme noire, la déesse-mère, mais aussi les grandes personnalités des temps modernes reprennent leur place première dans nos savoirs et dans nos cœurs, que l'Africaine et que l'Afrique, la femme et tout un continent, ne soient plus jamais l'objet d'un si remarquable oubli.

Serge Bouchard
octobre 2017

Docteur en anthropologie et chercheur en études nordiques, **Serge Bouchard** est **auteur** d'une vingtaine d'ouvrages et **animateur** d'émissions phares telles que *De remarquables oubliés*, sur Radio-Canada.

Il a reçu en 2015 le **prix Gérard-Morisset** pour l'ensemble de sa carrière et est devenu, l'année suivante, **Officier de l'Ordre national du Québec.**

AVANT-PROPOS

Le peu que l'on connaît de la mère de Barack Obama, Ann (Stanley) Dunham, est sa générosité et son ouverture vers l'autre. Elle qui, semble-t-il, « observait les différentes cultures comme d'autres étudient les pierres précieuses » (*Time*, 2009, 44). Plus que d'observer les cultures, elle y plongeait corps et âme, ses amours en sont la preuve. « Elle est devenue amoureuse – à deux reprises – d'étudiants issus de pays étrangers. » (*Time*, 2009 : 42)

Ainsi, américaine blanche, elle a eu l'audace de les épouser dans les années 1960. Le premier était un Africain (Kenya), le second, un Asiatique (Indonésie). Elle n'a vécu en Afrique qu'en rêves, colorés d'images mythiques telles que celles projetées par le film *Orphée Négro*, qui relate un récit sentimental filmé au Brésil. C'était le premier film étranger qu'elle vit dans sa jeunesse et qu'elle tint à revoir à New York, en compagnie de son fils. Celui-ci avait alors presque le même âge qu'elle au moment où, enfant, elle avait découvert ce film.

Barack nous raconte : « J'ai soudain compris […] que le portrait enfantin des Noirs que je voyais à l'écran était l'image que ma mère avait apportée avec elle à Hawaï des années auparavant, le reflet de rêve interdit à une jeune Blanche de la classe moyenne au Kansas, la promesse d'une vie différente, plus chaleureuse, sensuelle, exotique » (B. Obama, *Les rêves de mon père*, cité par *Time*, 2009 : 44).

C'est en effet à l'université d'Hawaï qu'Ann Dunham rencontre Barack Obama père. Il était l'un des premiers Africains à fréquenter cette université. Par « sa personnalité magnétique », il faisait l'objet d'une curiosité générale. Ann l'épouse le 2 février 1961, des mois après leur rencontre, alors qu'elle est enceinte de trois mois de Barack Obama fils, futur président des États-Unis d'Amérique (2008–2016). Après l'obtention de son doctorat en économie à l'université de Harvard, son mari décide de retourner au Kenya pour « contribuer à réinventer le pays » (*Time*, 2009 : 45). La mère de Barack Obama ne le suivra pas et ne vivra donc jamais en Afrique.

En revanche, elle fera corps avec l'Indonésie en y rejoignant son second mari, Lolo Soetoro. Ainsi, elle vivra d'abord à Jakarta de 1967 à

1970, avec son mari et son enfant, Barack. Cinq années après son retour à Hawaï et après avoir divorcé une seconde fois, elle retourne en Indonésie pour y mener des enquêtes de terrain dans le cadre de la préparation d'un doctorat en anthropologie. Là, elle pénètre dans l'Indonésie des profondeurs : « Elle partait, juchée à l'arrière d'une motocyclette, pour mener des enquêtes rigoureuses sur le terrain » (*Time*, 2009 : 42). Travaillant d'abord pour la fondation Ford, elle passera beaucoup de temps avec les villageois afin de mieux connaître leurs priorités et leurs problèmes. « Elle était déterminée à aider les femmes démunies » (*Time*, 2009 : 46). Si elle avait été désespérée de voir son fils de 14 ans, qui ne s'intéressait qu'au basket-ball, avoir un jour une conscience sociale, dix ans plus tard, elle fut ravie de l'orientation de la carrière de celui-ci quand elle apprit que « pendant qu'elle aidait les pauvres en Indonésie… Obama tentait de faire la même chose à 11 000 km de là, en tant qu'activiste social à Chicago » (*Time*, 2009 : 46).

Comme l'explique Amanda Ripley (*Time*, 2008 : 42-47) dans *L'histoire d'une mère* : « ses rêves d'harmonie sociale étaient simplistes ». Elle fait appel au témoignage d'Obama lui-même : « elle croyait que les gens étaient les mêmes sous la couleur de leur peau. Elle pensait que toute forme de sectarisme était condamnable et qu'il fallait traiter tout le monde comme des individus uniques ». Ann Dunham a donc savamment inculqué ses valeurs et ses rêves à son fils, **Barack Hussein**[1].

Elle l'a offert comme un don précieux à l'humanité, qui avait tant besoin d'un leader mondial pacifique et d'un homme de dialogue pour la réconciliation des peuples, des cultures, des civilisations, des religions et des genres, bref, pour la paix dans le monde.

C'est en guise de reconnaissance que nous lui dédions ce livre sur les grandes figures féminines africaines, parmi lesquelles sa belle-fille, Michelle Obama, Première dame des États-Unis d'Amérique, première femme noire à devenir la maîtresse de la Maison-Blanche.

---

[1] Cf. **Annexe I :** « Obama : un rayon de soleil sur l'humanité », poème.

1. Ann Dunham et son fils Barack Hussein Obama

Ce livre est dédié à Ann Dunham pour le don de son fils, Barack Hussein Obama, à l'humanité.

INTRODUCTION

Dans l'histoire de l'humanité, la contribution des femmes a très souvent été occultée. Le triomphe de la révolution féministe avait permis de faire connaître un certain nombre de figures féminines en Europe et en Amérique, dont certaines avaient même été contraintes de prendre des pseudonymes masculins pour publier leurs écrits. Mais malgré l'importance des résultats de ces « fouilles archéologiques », qui ont déterré de nombreuses « momies féminines » des décombres de l'histoire universelle, il reste encore beaucoup à faire, surtout du côté des Africaines d'origine et d'ascendance.

Triplement victimes de la domination masculine au sein de leurs peuples, de la colonisation, de l'esclavage et de leurs idéologies racistes, malgré leur rôle capital, beaucoup de grandes figures féminines africaines restent méconnues ou peu valorisées. Cependant, au cours du dernier quart de siècle, des études et des recherches menées par certaines féministes africaines ou africanistes sont arrivées à en sortir de l'ombre un nombre significatif. Ce faisant, comme le dit l'historienne africaniste française Catherine Coquery-Vidrovitch : « un travail énorme attend historiennes et anthropologues femmes, car ce qui reste de cette culture ne peut être bien rapporté qu'à des personnes de mêmes sexes... » (2013 : 12).

C'est dans cette perspective de rétablissement de l'histoire africaine en général, et de celle des femmes africaines en particulier, que nous nous inscrivons. Il s'agit de participer à une meilleure connaissance de leur contribution à la civilisation universelle en mettant en relief leurs personnalités hors pair, leurs pouvoirs spirituel, politique, économique, social et culturel, ainsi que leur influence sur le cours de l'histoire de leurs sociétés respectives, et quelquefois sur celui du monde. C'est là une tâche à laquelle nous nous attelons depuis plus d'une vingtaine d'années à travers une série de conférences[2] sur diverses tribunes du monde. Nous envisagions de les publier, cependant, c'est avec le « phénomène Obama », qui a galvanisé l'énergie de nombre de

---

[2] **Annexe II :** liste des conférences données sur le thème durant les vingt-cinq dernières années (1991-2016).

citoyennes et citoyens à travers le monde, et la découverte de la personnalité de Michelle Obama, ainsi que celle d'autres distinguées Africaines-Américaines que la nécessité de reprendre et de finaliser la rédaction de ce livre s'est imposée.

On peut alors considérer que la décision d'écrire ce livre est une partie intégrante de « l'effet Obama » sur le monde. Elle a été renforcée par l'arrivée de la Première dame Africaine-Américaine à la Maison-Blanche et par la découverte des compétences, de la beauté et de l'élégance noires afro-américaines durant les trois jours de festivités (18, 19 et 20 janvier 2009) de l'investiture du premier Président Américain-Africain des États-Unis. À notre sens, la nomination du couple Obama à la présidence des États-Unis d'Amérique est un grand pas en avant pour la réconciliation de l'humanité avec elle-même. Elle a fortement secoué les mentalités des uns et des autres, autant celles de la communauté « noire » que de la « blanche ». Elle a donné à réfléchir sur les cinq siècles de déchirements entre les humains à cause de la pratique de l'esclavage et de la colonisation. Celles-ci étaient surtout soutenues par des idéologies et des stéréotypes qui ont classé les êtres humains en « races » supérieures et inférieures. **Ces idéologies racistes ont constitué des armes massivement destructrices de l'humanité et de graves sources de souffrances humaines.**

Dans cette ère, où les peuples aspirent à la paix et à la dignité, il est également important de déconstruire ces idéologies et de réhabiliter l'image des Africains d'origine et d'ascendance en général, et celle des femmes de ces communautés en particulier. Car, pour vivre en harmonie, les différentes composantes d'une société doivent s'estimer mutuellement. Et pour accepter l'autre et l'intégrer, il faut le découvrir et le connaître, surtout avec la globalisation qui met en relation divers peuples. C'est dire que ce livre vise également à contribuer à la compréhension mutuelle en vue du rapprochement interculturel et du vivre-ensemble en paix au sein des nations et sur la planète. Il fait appel au passé glorieux de l'Afrique ainsi qu'à son présent, victorieux de cinq siècles de résistance, grâce à la force de ses peuples à rester humains malgré les multiples supplices endurés.

En conséquence, nous présenterons tour à tour les héroïnes d'hier et d'aujourd'hui, à savoir les résistantes féminines africaines qui ont jalonné l'histoire, de l'Égypte antique à l'Afrique en passant par l'Amérique, les Caraïbes, les Antilles et même les îles de l'océan Indien. De Makéda, dont Marek Halter (2008) nous dit qu'« elle était noire. Elle était belle. Elle subjuguait par son esprit, guerrière, elle imposa la paix, neuf siècles avant notre ère, sur le fabuleux royaume de Saba, pays d'or et d'encens. Mais sa plus belle bataille fut celle de l'amour et de l'intelligence mêlés… », à Michelle Obama, la Première dame africaine des États-Unis d'Amérique, nous évoquerons la mémoire des déesses égyptiennes, des reines africaines, des femmes leaders africaines-américaines, afro-caribéennes et afro-antillaises, puis, celles des personnalités d'aujourd'hui en Afrique et dans ses diasporas.

Chapitre I

L'Africaine : mère de l'humanité

1.1. L'apport de Cheikh Anta Diop aux études féminines, voire féministes

Parmi le legs multidimensionnel du grand savant panafricain, Cheikh Anta Diop, figure un champ riche peu connu et peu exploré, pourtant capital, à savoir son apport aux études féminines, voire féministes.

Nul n'ignore plus qu'à l'instar des archéologues qui déterrent les momies égyptiennes du ventre de la terre, feu Cheikh Anta Diop avait extirpé l'histoire et la culture africaines des profondeurs obscures dans lesquelles l'idéologie esclavagiste les avait enfouies pour justifier l'esclavage. Contrairement à ce que celle-ci avait fait prévaloir, le « pharaon du savoir », Cheikh Anta Diop, démontra scientifiquement que les Africains avaient une âme et une culture et que l'apport de ce peuple noir à la civilisation universelle est considérable. Il démontra que cette contribution africaine a été déterminante pour l'évolution positive de l'humanité, et ce dans tous les domaines de la vie (sciences [astrologie, mathématiques, biologie], technologies, art, culture, mais aussi les relations Genre, etc.). Il conclut : « Le nègre ignore que ses ancêtres, qui se sont adaptés aux conditions matérielles de la vallée du Nil, sont les plus anciens guides de l'humanité dans la voie de la civilisation, que ce sont eux qui ont créé les arts, la religion, la littérature, les premiers systèmes philosophiques, l'écriture, les sciences exactes, la médecine, l'architecture, l'agriculture […] à une époque où le reste de la Terre (Asie, Europe…) était plongé dans la barbarie » (Cheikh Anta DIOP, g.: 2006).

Durant 40 ans (1949–1986)[3], il s'est battu contre la falsification de l'histoire africaine pour corriger les connaissances académiques et pour

---

[3] On pourrait même dire toute sa vie, puisque, esprit critique et perspicace, Cheikh Anta Diop contestait déjà au lycée les enseignements de ses professeurs, ce qui lui a valu d'être renvoyé de tous les lycées du Sénégal. Malgré tout, il s'est préparé et s'est présenté comme candidat libre aux examens de baccalauréat en Lettres et en Sciences et, d'un coup, les obtint tous les deux, ce qui lui valut l'attribution d'une bourse d'études universitaires en France.

restituer au peuple noir son riche patrimoine civilisationnel. « En effet, l'écriture *diopienne* est celle de la conscience historique africaine et de sa restauration. » (Le portail de l'espoir africain, in : http://www.newafrika.org/spip.php?article590)

Il appartient à présent à ce peuple de s'approprier ce patrimoine, de le vulgariser auprès de l'opinion publique en vue de faire tomber les préjugés et les stéréotypes, et surtout, de l'enseigner à sa jeunesse afin qu'elle soit fière de ses origines africaines et qu'elle prenne en mains son avenir ainsi que celui de l'Afrique et de sa diaspora avec confiance et détermination. C'est dans cette perspective que nous examinerons le statut et le rôle de la femme noire de l'Égypte pharaonique et de la Nubie jusqu'à l'Afrique noire précoloniale, mais aussi les résistances que cet héritage féminin a engendrées dans toutes les contrées où ont abouti les routes de l'esclavage (Amérique du Nord, Caraïbes, Antilles, îles de l'océan Indien telles que Madagascar et la Réunion).

C'est sous l'éclairage de l'œuvre de Cheikh Anta Diop que nous tenterons d'expliciter « **le genre en Afrique** » antérieurement à toute intervention étrangère, comme avait coutume de le dire Cheikh. Ainsi, **eu égard aux spécificités culturelles et historiques africaines, la jeunesse africaine pourra baliser les perspectives du genre dans l'Afrique du XXIe siècle.**

1.2. L'Afrique, berceau de l'humanité

L'histoire de l'humanité débute avec l'apparition de l'être humain sur la planète Terre. Aujourd'hui, en dehors de quelques soubresauts idéologiques, il est admis que l'Afrique est le berceau de l'humanité. Cheikh Anta Diop (Ch. A. D.) nous en fait la démonstration.

« En nous fondant sur les données de la chronologie absolue, de l'anthropologie physique et de l'archéologie préhistorique, nous croyons avoir montré que l'Afrique est le berceau de l'humanité au stade de l'homo erectus et à celui de l'homo sapiens sapiens. » (Ch. A. D., d., 1981 : 14)

« Toutes les autres races sont issues de la race noire par filiation plus ou moins directe et les autres continents ont été peuplés à partir de l'Afrique, tant au stade de l'homo erectus qu'à celui de l'homo sapiens, qui apparut il y a environ 150 000 ans. Les premiers négroïdes qui allèrent peupler le reste du monde sortir de l'Afrique par le détroit de Gibraltar, par l'isthme de Suez et peut-être aussi par la Sicile et l'Italie du Sud. » (Ch. A. D, d., 1981 : 19)

Professeur Cheikh Anta Diop (Source : *New Africa* dans un article intitulé « Cheikh Anta DIOP et la nouvelle génération Africaine »)

En effet, l'avènement de la chronologie absolue, c'est-à-dire des méthodes radioactives de datation, en particulier celle du potassium-argon, a permis de « savoir que le premier habitant de l'Europe était un négroïde migrateur, l'homme de Grimaldi » (Ch. A. D., d., 1981 : 25).

C'est dire que « l'humanité a pris naissance en Afrique et se serait différenciée en plusieurs races en Europe, où le climat était suffisamment froid à la fin de la glaciation würmienne » (Ch. A. D., d., 1981 : 27). En effet, « le premier leucoderme n'apparaîtra que vers - 20 000 ans av. J.-C. environ : c'est l'homme de Cro-Magnon. Il est probablement le résultat d'une mutation du négroïde grimaldien durant une existence de 20 000 ans sous ce climat excessivement froid de la dernière glaciation. L'homme de Chancelade, qui serait le prototype du Jaune, apparaît à l'âge du renne, il y a environ 15 000 ans, au Magdalénien » (Ch. A. D., d., 1981 : 26).

De fait, « l'origine monogénétique et africaine de l'humanité devient chaque jour un fait tangible » (Ch. A. D., d., 1981 : 39).

Notons en passant que pour éviter tout orgueil de la part des Africains, Ch. A. Diop fait cette mise en garde : « Il n'y a aucune gloire particulière à tirer de l'emplacement du berceau de l'humanité en

Afrique, car ce n'est qu'un fait du hasard ; si les conditions physiques de la planète eussent été autres, l'origine de l'humanité eût été différente. Et si l'humanité avait pris naissance en Europe, elle aurait été d'abord leucoderme pour se *négrifier* ensuite sous l'équateur, par l'apparition d'un écran de mélanine au niveau de l'épiderme, protégeant l'organisme contre les ultraviolets. » (Ch. A. D., d., 1981 : 27)

En outre, comme le souligne le portail de l'espoir africain le professeur Jean Devisse[4], le rapporteur du Colloque du Cameroun et grand contradicteur de Cheikh Anta Diop, celui-là même qui avait évoqué « le complexe de colonisé » à son endroit, réexaminera son appréciation sur lui de façon émouvante, peu de temps (un mois) avant le décès du savant. Il déclara : « l'homme et le savant [Cheikh Anta Diop] ont été au cœur de trop de contestations et de controverses, l'œuvre est trop importante pour que le silence les recouvre. […] L'Europe, tout particulièrement la France, a beaucoup hésité à prendre en considération cet homme et les idées dont il était porteur. […] Peu d'historiens auront renversé autant d'idées reçues, bouleversé autant de perspectives, ouvert autant de pistes de recherches […]. Je tiens à lui dire [à Cheikh Anta Diop], et je suis heureux de le faire à Yaoundé, à l'occasion de ce colloque, que je lui suis profondément reconnaissant de m'avoir, par sa ténacité, par son acharnement de chercheur, contraint à modifier plus d'un de mes points de vue, à abandonner nombre de préjugés que m'avait inculqués l'éducation que j'ai reçue. Même si je ne suis pas toujours d'accord avec lui sur tous les points, je lui devais cet hommage. » (http://www.newafrika.org/spip.php?article590)

Les démonstrations du professeur Cheikh Anta Diop montrant l'origine africaine de l'humanité sont également corroborées par d'autres savants, tels que le célèbre paléontologue Yves Coppens, codécouvreur de Lucy. Rendant compte de sa conférence aux Belles Soirées de la Faculté de l'éducation permanente de l'université de Montréal, le journaliste québécois, Daniel Baril, dit : « Pour Yves Coppens, l'Afrique demeure le seul berceau… Il y a 100 000 ans, ajoute-t-il, l'ancêtre de l'homo sapiens, apparut lui aussi en Afrique, quittait à son tour le berceau africain et partait à la conquête de la planète. » (Forum, 1997 :5)

---

[4] Jean Devisse, professeur émérite à l'université de Paris I : « Apport de l'archéologie à l'histoire de l'Afrique », in « L'archéologie du Cameroun », actes du 1er Colloque international de Yaoundé, 6-9 janvier 1986, études réunies par Joseph-Marie Essomba. Cité par René-Louis Parfait Étilé.

Le professeur Yvan van Sertima[5] disait que « nous avons tous du sang africain dans les veines ».

1.3. L'Africaine, mère de l'humanité

Cet ancêtre féminin de l'humanité, que l'archéologue Yves Coppens a baptisé du nom de « Lucy », est une jeune femme (18 à 25 ans) de type négroïde. Les Éthiopiens lui ont donné un nom africain, à savoir Dinqnesh (ou Dinknesh), qui veut dire « tu es merveilleuse » en langue amharique. La découverte de cette femme des origines et la reconstitution de son squelette révolutionnèrent le savoir en matière d'origines humaines.

En effet, le 30 novembre 1974, une équipe d'une trentaine de chercheurs de l'Éthiopie, des États-Unis et de la France, envoyée par l'« International Afar Research Expedition » et codirigée par le paléoanthropologue Donald Johanson, le géologue Maurice Taieb et le paléontologue Yves Coppens, découvre un fossile sur le site de l'Hadar dans la vallée de l'Aouach en Éthiopie (Afrique de l'Est).

Deux ans après (1976), la méthode de datation permit de déterminer qu'il était âgé d'environ 3,2 millions d'années avant Jésus-Christ. « Lucy » constitue alors le fossile le plus complet (40 %) à avoir été découvert pour une période aussi ancienne. En 1978, il fut rattaché à l'espèce *australopithecus afarensis* ou australopithèque de l'Afar (une des neuf régions de l'Éthiopie). Cette découverte fut historique et changea fondamentalement la perception des origines humaines car elle démontra que les humains avaient acquis la marche bipède depuis environ 3 à 4 millions d'années (Maurice Taieb : 2007).

Cette bipédie (position debout qui libère les membres supérieurs) fut une étape décisive de l'évolution humaine, car c'est elle qui permettra au fil des ans l'invention de l'outil, la découverte du feu et donc l'avancement des humains et des techniques jusqu'aux perfectionnements d'aujourd'hui.

Certes, depuis, les équipes de fouilles archéologiques ont découvert d'autres fossiles. C'est le cas de celui qui fut découvert au Tchad

---

[5] Britannique originaire de la Guyane, le docteur Yvan van Sertima (1935–2009) fut professeur agrégé en études africaines. Il a enseigné durant une trentaine d'années à l'université de Rutgers, dans le New Brunswick de New Jersey, en tant que professeur associé au Département d'études africaines de cette université. Il est l'auteur du livre *Ils y étaient avant Christophe Colomb*, aux éditions Flammarion (en anglais, *They Came Before Columbus: The African Presence in Ancient America*).

(Afrique centrale) le 19 juillet 2001 par l'équipe du paléontologue français, Michel Brunet. Baptisé « Toumaï » (« espoir de vie ») en langue goran, son âge est estimé à 7 millions d'années. Si Toumaï détrône Lucy du statut de l'ancienneté de la lignée humaine, ni lui ni aucun autre fossile n'a cependant jamais été un aussi complet que celui de Lucy. En outre, Toumaï est un mâle.

C'est donc dire avec Jacqueline Sorel, de Radio France Internationale (RFI), que « jusqu'à ce jour en tout cas, l'Afrique reste le berceau de l'humanité. Et Lucy est la première femme des origines dont on a pu reconstituer le squelette ». Certes, comme elle le prévoit : « demain peut-être, la découverte d'une Africaine encore plus ancienne viendra détrôner Lucy de son auréole d'ancêtre féminin de l'humanité » (http://www1.rfi.fr/fichiers/MFI/CultureSociete/631.asp).

Pour le moment, Lucy (Dinqnesh) demeure l'Africaine la plus ancienne et la mère de toute l'humanité.

Chapitre II

L'Africaine : femme de pouvoir. De l'Égypte pharaonique à l'Afrique noire précoloniale

2.1. Rôle et statut de la femme noire à la lumière de l'œuvre de Cheikh Anta Diop

L'histoire des femmes noires est intimement liée à celle de leur continent actuel ou d'origine (si l'on parle des Africains-Américains, Antillais, etc.). Pour la saisir, force est de remonter la chaîne de cette origine. Or, « la culture africaine actuelle plonge ses racines dans les limons de la vallée du Nil […]. **Il est admis maintenant […] que la culture pharaonique est africaine** » (Ch. A. Diop, c., 1967 : 70 et 69).

Et « le matriarcat est à la base de l'organisation sociale en Égypte comme dans le reste de l'Afrique noire » (Ch. A. Diop, f., 1979 : 214).

À l'image de l'Égypte pharaonique, les plus anciennes sociétés sédentarisées de l'Afrique noire étaient organisées selon un régime matriarcal « que l'homme a conçu en accord avec la femme pour la plus grande puissance du clan » (Ch. A. Diop, c., 1967 : 72).

Dans l'organisation sociale noire africaine, « le régime matriarcal aidant, nos ancêtres, antérieurement à toute influence étrangère, avaient fait à la femme une place de choix […], non pas la courtisane, mais la mère de famille. Ceci est vrai depuis l'Égypte pharaonique jusqu'à nos jours » (Ch. A. Diop., a., 1960 : 73).

À propos du pouvoir politique des femmes, se référant à Pétrie, qui a tenté de reconstituer la structure prédynastique égyptienne, Cheikh Anta Diop nous présente la lignée des Shepsu en ces termes : « Au-dessous de ces chefs territoriaux, il y avait la classe des nobles, les Shepsu, qui étaient de riches propriétaires, plus souvent femmes que hommes, vu que les femmes étaient toujours les tenancières de la propriété sédentaire. La charge directoriale des Shepsu était une fonction élective annuelle et la situation la plus élevée pour une femme était celle de la princesse Shepsu, bien connue dans le cas de la reine Hatchepsout de la XVIIIe dynastie. » (Ch. A. Diop., a., 1960)

Rapportant les témoignages de Moret (1926 : pp. 358 et suivantes) au sujet de cette reine-déesse, Doria Ragaï Shafik (1940 : 179) nous dit : « Hatchepsout faisait les affaires du pays des deux terres d'après ses propres plans. L'Égypte travaillait en courbant la tête pour elle, l'excellente graine sortie de Dieu. Elle était le câble qui sert à haler la Basse-Égypte, le poteau où l'on amarre la Haute-Égypte ; elle était la dosse parfaite du gouvernail du Delta, la maîtresse qui donne des ordres, dont les plans excellents pacifient les Deux Terres quand elle parle. » (D. Ragaï Shafik, 1940 : 16)

Signalons que cette déesse fut choisie par son père comme son successeur au trône alors qu'elle avait deux frères, Thoutmès II et Thoutmès III, mais dont la mère n'était pas de sang royal.

C'est dire que l'individu acquérait la noblesse par sa mère, en d'autres termes, que la succession au pouvoir se faisait par voie utérine, donc par la lignée des femmes. C'est pourquoi bien plus tard encore, les fondateurs des nouvelles dynasties, pour accéder au trône, « épousaient ces princesses de sang royal. Ces grands prêtres d'Amon et les princes saïtes ne furent rois qu'au nom de leurs femmes et de leurs mères » (D. Ragaï Shafik, 1940: 16).

Et, contrairement à ce que l'on a vu en Europe, le pouvoir de ces reines égyptiennes n'était pas de façade. Elles l'exerçaient effectivement avec la plus grande autonomie, même quand leurs époux avaient un rang de roi, comme la reine Hatchepsout dont le mari vécut dans son ombre.

De même, en Afrique noire anté-coloniale, l'héritage des biens et du pouvoir se faisait par la mère. « Le fait que ce soit les femmes qui gouvernent, dit Cheikh Anta Diop, est resté ancré dans la conscience collective égypto-africaine au point qu'encore aujourd'hui, chez certaines ethnies en Afrique, celui qui assure cette fonction porte le titre de "mère de la patrie" ».

En effet, « au Sénégal, un homme qui gouverne selon la coutume est appelé dans certains cas *n'deye ji rèw* ("la mère de la patrie") et cela ne choque personne. Cette fonction coutumière existe encore chez les Lébous » (Ch. A. Diop., a., 1960 : 53).

C'est dire que « les femmes participaient à la direction des affaires publiques dans le cadre d'une assemblée féminine, siégeant à part mais jouissant des prérogatives analogues à celles de l'assemblée des hommes

[…]. Ces faits sont demeurés sans changement jusqu'à la conquête coloniale » (Ch. A. Diop., a., 1960 : 53).

C'est d'ailleurs selon ce pouvoir que l'assemblée des femmes du royaume de Béhanzin, réunie la nuit, renversa la décision de celle des hommes, réunie le jour, et choisit l'ordre de mobilisation et de guerre pour résister à l'armée française commandée par le colonel Dodds. Cette décision fut ratifiée par les hommes (Ch. A Diop, a., 1960 : 54).

Ce fut aussi grâce à ce pouvoir décisionnel que les femmes casamançaises, contrairement à l'avis des hommes, décidèrent de ne pas livrer leurs récoltes aux colonisateurs et engagèrent la bataille contre la domination et l'exploitation économique. C'est là un cas de figure de résistance féminine africaine immortalisé par le film *Émitaï*, de notre regretté Sembène Ousmane, l'un des plus illustres cinéastes africains.

Une autre source nous corrobore le fait que les Africaines avaient accès au pouvoir politique. Elle nous vient de l'anthropologue sénégalaise, le docteur Fatou Sarr, qui évoque le système politique du Waalo. Dans ce royaume, qui se situait dans le nord du Sénégal, le choix du *brack* (roi du Waalo) était assumé par les femmes. Elles portaient cette fonction importante d'électrices du roi, à titre de *linguère*. **Ce partage des fonctions permettait le respect de l'équilibre des lignées (maternelle et paternelle) de la royauté.**

Comme nous l'explique docteur Fatou Sarr, les femmes utiliseront cette position stratégique d'influence pour arriver à un contrôle absolu du pouvoir au royaume du Waalo. Fait anticipé par l'historienne Catherine Coquery-Vidrovitch, « la transmission des fonctions et des biens passant par les femmes, le pouvoir des hommes s'en trouvait plus dispersé, car la vie était organisée autour de la mère. **La lignée maternelle avait une telle importance que le pouvoir effectif put même tombé entre les mains des femmes** » (2013 : 65). C'est ainsi qu'« en 1795, on note un tournant décisif dans la stratégie de contrôle du pouvoir par les femmes » (Fatou Sarr, 2007 : 4).

Ce bicaméralisme spécifique en Afrique noire, notamment, **le partage des pouvoirs entre les hommes et les femmes**, reposant sur la dualité des sexes, « loin d'entraver la vie nationale et d'opposer les hommes et les femmes, garantissait l'épanouissement de tous. C'est à l'honneur de nos ancêtres d'avoir su créer un tel type de démocratie » (Ch. A. Diop, a., 1960 : 54).

C'est là, pourrait-on affirmer, le Genre avant la lettre. C'est dire que de l'Égypte pharaonique à l'Afrique noire précoloniale, la femme a joui d'un statut privilégié et joué un rôle primordial dans sa société. C'est au titre de reines, de leaders et d'âmes douées de force morale et spirituelle que beaucoup d'Africaines ont effectivement exercé le pouvoir.

2.2. Conquêtes et déstabilisation de l'Afrique

Mais entre « conquête et pénétration, l'intervention européenne a partout brisé les organisations sociales autochtones, a partout perturbé et modifié profondément toutes les conditions d'existence des peuples vaincus » (Jacques Giri, 1983 : 20-41), et plus particulièrement celles des femmes.

En effet, les Africains subirent la barbarie de la traite des humains durant quatre siècles, le moteur n'étant autre que le **profit**, le goût de l'avoir et la recherche aveugle des biens matériels. La richesse est en général source de bonheur, mais, pour l'Afrique, elle a été source de malheurs puisqu'elle n'a fait que lui attirer les pires convoitises. Elle possédait d'énormes richesses, révélées au monde par le pèlerinage du *mansa* Boubacar II en 1325 (Jean-Louis Roy, 1998). L'Occident voulait s'en accaparer. Pour ce faire, il pratiqua sur les populations africaines les pires atrocités, telles que l'esclavage et son lot de violations des droits humains (meurtres, viols, exploitation économique, domination politique, humiliations culturelles, génocide identitaire).

Après l'abolition de l'esclavage en 1848, due non pas à la magnanimité des esclavagistes, mais à la farouche résistance des Africains et à l'appui de quelques progressistes et humanistes du monde occidental, les peuples africains tentèrent de reconstituer leurs sociétés.

Le journaliste français Jacques Giri témoigne de ces tentatives de reconstruction après les ravages de l'esclavage. En effet, dans le sous-chapitre « Le Sahel des grands empires », il affirme : « C'est une société qui ne se résigne pas non plus à la situation d'anarchie grandissante. Dès le XVIIIe siècle, des tentatives de recréer des États forts, à l'abri de la traite négrière et des incursions des nomades pillards, vont être faites, l'islam servant d'idéologie. » (J. Giri, 1983 : 30)

Jacques Giri poursuit dans les lignes suivantes, montrant que l'Afrique était un continent des grands empires et de brillantes civilisations : « Au XIXe siècle, les tentatives vont se multiplier : État peul du Macina, État peul de Sokoto, empire toucouleur d'El Hadj Omar Tall, empires successifs de Samori, empire de Rabah, en Afrique centrale, etc. Le Sahel, quelques décennies avant la colonisation, connaît une sorte de renaissance ou de sursaut. Mais il ne parviendra ni à retrouver son unité ni à préserver son autonomie face à la vague colonisatrice » (1983 : 34-35), surtout parce qu'à la barbarie de l'esclavage suivra le terrorisme de la conquête coloniale, que les Européens ne gagneront que par leur supériorité militaire ainsi que par des intrigues telles que la « pratique du diviser pour régner ».

Mais, **vaincus, les Africains ne se rendirent jamais.** Après une résistance militaire et stratégique contre l'esclavage, ils développèrent une résistance à la colonisation.

2.3. Résistances féminines africaines

Cependant, dans toutes les violences (guerres, conflits interethniques, etc.), les femmes africaines ont été les principales victimes de l'esclavage, tant sur leur continent d'origine que sur celui de la déportation (Amérique du Nord et du Sud). Soumises aux travaux forcés comme les hommes, elles subirent des viols répétés et furent utilisées comme ventres à produire des travailleurs, au prix de leur vie.

Beaucoup moururent à la suite de multiples grossesses, se virent enlever leurs enfants, vendus ou transférés à d'autres maîtres pour d'autres travaux. Pourtant, malgré leurs souffrances extrêmes, elles ont été les principales résistantes contre l'esclavage physique, mais surtout mental.

Certaines se sont vaillamment opposées à la conquête coloniale et à l'esclavage. **Toutes les femmes ont contribué au passé glorieux de l'Afrique et à son présent victorieux,** une Afrique victorieuse de cinq siècles de résistance et de la capacité de sa population à rester humaine malgré les multiples supplices inhumains subis au fil des siècles.

Évoquons ici quelques-unes de ces figures héroïques.

Chapitre III

Les africaines : héroïnes d'hier et d'aujourd'hui

3.1. Nos ancêtres féminines de l'antiquité égypto-africaine

3.1.1. Hatshepsout : la reine-pharaon

3. Le pharaon Hatshepsout (1457–1478 av. J.-C.), reine de la Haute et de la Basse-Égypte.

> *« Au milieu du delta coule le Nil*
> *Pacifique est la vie dans les deux terres*
> *Shepsu la Grande veille*
> *Heure de gloire des princes Saïtes*
> *Égypte d'Amon sans faillite*
> *Trésor d'Afrique scellé par la sueur d'un peuple uni ».*
>
> Tan'amar Sago

- **Hatshepsout : première femme souveraine au monde (15 siècles av. J.-C.)**

Déesse-reine de la Haute et de la Basse-Égypte (1457–1478 av. Jésus-Christ), elle fut la première femme à prendre le pouvoir ainsi que la reine la plus renommée et la plus habile de tous les temps, de 1500 av.

J.-C. à nos jours. Première à se questionner sur la suprématie mâle, elle fut une grande diplomate qui améliora beaucoup les relations avec ses voisins, répandit le commerce extérieur de l'Égypte et perfectionna la défense nationale. Bâtisseuse, elle réalisa la construction de célèbres édifices publics qui sont encore aujourd'hui parmi les merveilles de l'Égypte et même du monde.

Nous avons déjà démontré avec Cheikh Anta Diop combien **le pouvoir politique des femmes dans l'Égypte antique était important et comment, parmi la lignée des Shepsu, cette reine, Hatshepsout, de la XVIIIᵉ dynastie,** fut la plus illustre (Ch. A. Diop., a., 1960).

- **Hatshepsout, la reine-pharaon**

Femme de pouvoir, elle se fit élever au rang de pharaon par les prêtres égyptiens et fut l'unique femme souveraine au monde à porter ce titre.

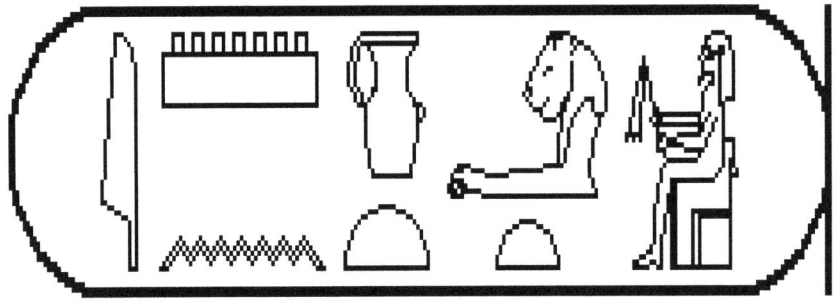

1. *Hatchepsout khenemet Imen* (celle qui s'unit à Amon)

- **Hatshepsout, la diplomate**

Stratège politique, elle sut gagner à son compte la confiance et l'appui de beaucoup de prêtres, qui étaient les réels décideurs dans les dynasties pharaoniques. Ce fut le cas de Hapouseneb, vizir et grand prêtre d'Amon, chargé d'inspecter les grands travaux et de superviser les longs voyages, ainsi que Pouymrê, deuxième prophète d'Amon et architecte talentueux.

De plus, elle s'entoura de professionnels efficaces tels que Senmout, l'architecte avec qui, disait-on, elle était en amour, ainsi que le chancelier Nehesy, qui conduisit son expédition vers le pays de Pount.

Elle développa des relations diplomatiques et commerciales avec quelques pays riches et puissants.

- **Hatshepsout, la bâtisseuse**

Bâtisseuse, elle procéda à la restauration de divers monuments détruits par les Hyksos et fit de nombreux travaux dans le temple de Karnak. Elle aménagea d'abord une tombe entre la vallée des Rois et la vallée des Reines. On y a d'ailleurs trouvé un sarcophage qui lui était certainement réservé, mais, en plein pouvoir après son couronnement à titre de pharaon, elle abandonna la construction de cette tombe et fit la plus magnifique des réalisations architecturales de l'époque antique. Elle fit bâtir le temple funéraire de Deir el-Bahari, qui constitue l'une des sept merveilles du monde antique et qui est frappant encore aujourd'hui par sa modernité. Situé sur la rive gauche du Nil, au sein de la Haute-Égypte, ce temple est creusé dans le roc de la montagne thébaine dans lequel il s'y intègre harmonieusement. Il a été conçu par Senmout, l'architecte de Hatshepsout.

4. **Temple de Deir el-Bahari (Égypte) de la reine égyptienne de la XVIIIᵉ dynastie, Hatchepsout, bâti aux environs de 1500 av. J.-C.**

5. La reine-pharaon, Hatshepsout

Diverses sources s'accordent sur le fait que le règne de Hatshepsout fut une époque de prospérité et d'expansion commerciale et artistique pour son empire, la Haute et la Basse-Égypte.

3.1.2. Makéda : beauté noire, reine de la sagesse et de l'intelligence

6. Makéda

« Maison d'Éthiopie, mère des juifs d'Afrique
Akebo, ton père, te fit de Saba la Reine
David, roi d'Israël, te fit de son cœur la Reine
Et ta sagesse te fit de la vertu la Reine
Kamna et Kharibat courbèrent devant cette Reine
Axoum te vit toujours triompher, ô Reine des Reines. »

Tan'amar Sago, île de la Réunion

- **Situation géo-historique du royaume de Saba**

Le royaume de Saba aurait existé en 1500 avant J.-C. Mais, toute une controverse entoure sa localisation géographique. Certains le situent en Arabie, d'autres en Afrique. Ce faisant, les Arabes, et plus particulièrement les Yéménites, ainsi que les Africains, avec les Éthiopiens, revendiquent ce royaume. Les uns et les autres tentent de s'approprier l'origine d'une des personnalités les plus illustres de l'histoire universelle, qui a régné sur ce royaume dix siècles avant J.-C., à savoir, la reine de Saba.

S'appuyant sur le témoignage du père Perô Pais, un homme dont il dit être d'une grande sincérité, d'un grand mérite, d'un sage jugement, Baltasar Teles avance tout un argumentaire pour fonder la situation géographique du royaume de Saba. Ce père fut fait prisonnier par les Turcs et conduit avec son compagnon, Antoine de Montserrat, dans les environs de l'Arabie. Devant de grandes et très antiques ruines d'édifices, il questionna les habitants de cette localité sur l'origine de ces vestiges. Ceux-ci lui expliquèrent qu'ils étaient les restes d'une étable dans laquelle étaient gardées les bêtes de la reine de Saba, d'un temps très ancien. Le père Perô Pais de conclure : « Cette grande reine était souveraine de l'Éthiopie et de cette partie de l'Arabie, qui lui est frontalière de l'autre côté de la mer Rouge, de la même façon que les rois de Portugal portaient le titre de seigneurs des Algarves, d'un côté et de l'autre de la mer. Et avec cette convention, **les auteurs ont autant raison quand ils affirment qu'elle était reine d'Arabie, que lorsqu'ils la disent reine d'Éthiopie**. » (Baltasar Teles : chap. XXV)

En plus, explique-t-il, près d'Axoum, dans le royaume du Tigré, en Éthiopie, on trouve encore aujourd'hui une petite localité appelée Saba ou Sabaim. « On dit que c'est là que naquit la reine de Saba. » (Baltasar Teles : chap. XXV)

Il y existe également des localités du nom d'Azebo, d'Azeb et de Beth David (deuxième nom de Ménélik, fils de Madéka et de Salomon).

Dans leurs livres, les Éthiopiens (Abyssins) appellent cette reine tantôt la « reine de Saba », tantôt « Azeb » ou encore tel qu'on la dénomme en arabe, « Makéda ». C'est dire qu'en tant qu'Éthiopienne, elle a régné sur Saba, un royaume qui s'étend de part et d'autre de la mer Rouge, anciennement appelée, mer Pourpre. D'ailleurs, les adversaires de son père, le puissant Akébo, roi de Saba, ne rappellent-ils pas que la lignée de celui-ci vient de l'autre côté de la grande mer, du pays du Kouch (ou des Noirs) ? (Marek Halter, 2008 : 29)

Situé donc à l'extrême sud entre l'Arabie et l'Égypte (voir carte I), le royaume de Saba s'étend de Maryab à Axoüm, soit à cheval sur la mer Pourpre. Sa première capitale, Saba, était à mi-chemin entre les deux villes (Maryab et Axoum), non loin du lac Tana et du Nil Bleu. Selon cette délimitation, le royaume de Saba s'étendrait aujourd'hui sur la corne de l'Afrique, touchant une partie de l'Égypte, du Soudan et de l'Éthiopie, à l'est de la mer Rouge, et une partie du Moyen-Orient, soit l'Arabie Saoudite et du Yémen, à l'est.

Appelé aussi « pays de Kouch » ou « le pays des Noirs » (Marek Halter, 2008: 43), ce royaume aurait connu une période de croissance entre le XIIe et le Xe siècle av. J.-C., période à laquelle il aurait été gouverné par la reine de Saba, pendant que le roi Salomon régnait sur Juda et Israël.

Carte 1 : Royaume de Saba

- **La reine de Saba selon les nouvelles données archéologiques et historiques**

Si nul n'ignore le nom de cette légendaire reine, peu de gens savent cependant qu'il s'agit d'une Africaine, donc une femme noire. L'un des derniers auteurs à écrire sur elle, à savoir, le célèbre écrivain et essayiste, Marek Halter, est affirmatif là-dessus. D'entrée de jeu, il nous dit à propos de la reine de Saba : « Elle était noire. Elle était belle. L'Ancien et le Nouveau Testament ainsi que le Coran l'attestent. » (Marek Halter, 2008 : page de couverture).

Et d'après les critiques, on peut se fier à son livre *La reine de Saba*, car, affirme Thomas Yadan, « c'est également la vérité de l'histoire et des données archéologiques qui vont être exposées » (http://www.evene.fr/livres/livre/marek-halter-la-reine-de-saba-36770.php).

Dans sa présentation, l'éditeur du livre le confirme :

« À la suite de la Bible, des Évangiles et du Coran, la reine de Saba a fait rêver des générations de peintres, de poètes et d'écrivains. Aujourd'hui, s'appuyant sur les dernières fouilles archéologiques, Marek Halter part à son tour à sa rencontre. Il nous révèle une reine de Saba d'une modernité inattendue. » (Marek Halter, 2008 : page couverture)

D'autres critiques du livre le confirment :

« Sur le terrain, c'est grâce aux dernières fouilles archéologiques à Axoum, en Éthiopie. S'appuyant donc sur les dernières recherches historiques, Marek Alter dessine les frontières du royaume de Saba, raconte la vie mouvementée de cette jeune reine, éclaire les guerres qu'elle a menées au Yémen de l'autre côté de la mer Rouge et son alliance avec le royaume d'Israël du sage Salomon. » (http://www.evene.fr/livres/livre/marek-halter-la-reine-de-saba-36770.php)

Sur le plan politique, son livre prend sa source dans la plupart des pays d'Afrique, où des groupes se réclamant de la lignée de Saba commencent à s'organiser. D'ailleurs, le renommé Haïlé Sélassié (23 juillet 1892–23 août 1975), empereur d'Éthiopie de 1930 à 1936, puis de 1941 à 1974, se réclamait de la descendance de la reine de Saba.

« **Guerrière, elle imposa la paix, neuf siècles avant notre ère**, sur le fabuleux royaume de Saba, pays d'or et d'encens. » (Marek Halter, 2008 : page de couverture)

D'une vive intelligence, « elle subjuguait par son esprit », nous dit encore d'elle Marek Alter.

« La légendaire reine de Sheba a été connue sous divers noms à différentes périodes. Selon saint Mathieu, elle était la reine du Sud. Selon les musulmans antiques, elle était Bilqis. Selon le roi Salomon d'Israël, elle était la reine de Sjeba ou de Saba. Pour les Grecs antiques, elle était la Minerve noire et Diana l'Éthiopienne. Et pour ses proches, elle était Makéda, la Belle. » (http://www.laffont.fr/site/page_ accueil_site_editions_robert_laffont_&1.html?code=978-2-221-10907-)

- **Makéda, reine noire d'ébène**

Nous nous sommes exercés à identifier dans les 329 pages écrites par Marek Halter sur la reine de Saba, le nombre de fois où il affirme qu'elle est noire comme le sont les gens de son peuple, ceux du sud de son royaume, alors que ceux du nord ont une peau claire.

Parlant de Himyam, prêtre d'Almaqah et fidèle conseiller d'Akébo, il dit : « **sa peau était d'un noir absolu** » (M. Halter, 2008 : 22). Quand celui-ci conseille au roi Akébo de mettre fin à son deuil qui dure depuis six ans, à la suite de la mort de son épouse, la mère de Makéda, et d'épouser Kirisha, il argumente : « Les clans du Nord auront l'assurance que leur sang d'hommes à peau claire se mêlera à **ton sang d'homme noir,** comme ta richesse se mêlera à la leur » (M. Halter, 2008 : 27). Et, il l'avertit : « Ils ont réussi leur grande alliance. Le seigneur d'Al-Lisan se joint à eux. **C'est tout le Nord qui se lie contre toi.** Les vieilles haines les unissent : **contre la couleur de notre peau et de nos ancêtres du Nil**, contre Almaqah [Dieu], notre puissant » (M. Halter, 2008 : 28). Il poursuit : « Ils rappellent aussi que ta lignée vient de l'autre côté de la grande mer, du **pays Kouch** [pays des Noirs]. Tu n'es qu'un usurpateur qui va attirer les malheurs sur Maryab. » (M. Halter, 2008 : 29)

Quant à Tan'amar, le chef de garde, il dit que « sous l'apparence d'un **taureau noir** et les grondements d'un fauve, se cachait une intelligence sans détour » (M. Halter, 2008 : 43). À propos de leurs relations avec le pharaon d'Égypte, Myangabo, le fidèle frère du roi Akébo explique : « **Pharaon ne s'offusque pas de notre peau noire**. Il a l'habitude. Ses plus vaillants guerriers viennent de l'ancien pays du Kouch. Homme blanc, homme noir, cela n'a pas d'importance. » (M. Halter, 2008 : 78)

Mettant en relief la beauté de Makéda, Marek Halter affirme : « Sous les tuniques, on devinait un corps de femme. **Sa peau noire** paraissait lumineuse » (M. Halter, 2008 : 127). Avec une note quasi admirative, M. Halter compare cette peau à celle des gens du Nord et décrit ainsi Élihoreph, l'Hébreux : « Sa peau était d'une pâleur excessive ». Il ajoute : « **Pour les gens de Saba, aux chairs si finement sombres**, elle laissait craindre qu'il ne soit devenu un fantôme » (M. Halter, 2008 : 146).

Déjà dans sa lettre à Salomon, en présentant ses messagers, Makéda annonce la couleur : « En gage de vérité, je t'envoie avec tes marins et ton serviteur Zacharias, un Hébreu qui vit dans notre royaume depuis la nuit des pères de ses pères. [...] Je t'envoie aussi mon serviteur, Tamrin. Tu verras sur son visage que **la peau de notre peuple est noire.** Cependant, les dieux ont voulu que, **sous l'obscurité de notre apparence, notre sagesse possède la lumière du bien et du juste.** Elle sait rendre droit ce qui a été tordu. » (M. Halter, 2008 : 218)

À l'annonce de l'arrivée des navires de la reine de Saba au port d'Ézion-Guézert avec une caravane de serviteurs montés sur des chameaux noirs et des chamelles blanches, « Salomon leva les sourcils. Il se rappelait de leurs deux lettres. Celle écrite par cette femme qui lui enseignait la géographie, qui possédait de l'or comme du grain pour les colombes et qui avait **la peau noire comme les Kouchites de Moïse.** Et de sa réponse, il se souvenait assez bien pour sourire de plaisir » (M. Halter, 2008 : 263).

Aux remontrances de Tsadok, le grand prêtre et de Natan, le prophète, qui lui dit : « Nous t'avons vu construire ta sagesse et nous éblouir. Nous te voyons construire ta défaite et nous accabler » (M. Halter, 2008 : 266), Salomon répond : « Apaisez-vous mes amis, je ne vous couvrirai pas de honte ». Puis, il poursuit : « Le fait est que **je n'ai pas encore connu de femme à la peau noire.** Si le Tout-Puissant, béni soit-il, a la volonté d'en pousser une vers moi, qui est Salomon pour détourner les yeux ? » (M. Halter, 2008 : 270).

Parmi les officiers qui accueillirent la reine de Saba et sa suite au port d'Ézion-Guézert, l'un d'eux saisit Élihoreph sans ménagement et lui posa une avalanche de questions : « Qui étaient-ils ? D'où venaient-ils ? Dans quel but ? Et **pourquoi avaient-ils la peau si noire** ? Et que faisait-il lui-même [Élihoreph], qui paraissait un véritable Hébreu, en cette compagnie ? » (M. Halter, 2008 : 272).

L'entrée de Makéda et de son escorte dans Bersabée, en Israël, fut éblouissante. « **Montés sur des chameaux aussi noirs que leurs visages,** les gardes royaux de Saba, aux culottes bouffantes couleur de l'arc-en-ciel, aux cuirasses et aux casques de cuir lustrés et cloués d'or, formaient deux haies entre lesquelles marchait une horde de chamelles blanches. Un tapis épais à franges d'argent recouvrait la bosse et le cou des bêtes, où reposaient les pieds nus des femmes. » (M. Halter, 2008 : 277)

« Les servantes étaient vêtues d'une tunique simple, brodée au cou d'un cordon d'or et couvertes d'un voile qui laissait admirer **leurs visages sombres.** » (M. Halter, 2008 : 278)

À l'explication de Salomon de l'appellation *Bersabée*, « le puits de la paix » et l'affirmation qu'Abraham a respecté son serment d'être fidèle à Abimélek, Makéda fut prise de colère. « Cette fois elle dévoila son visage, **ses yeux plus noirs que sa peau.** » (M. Halter, 2008 : 284)

S'imaginant en intimité avec cette beauté sous ces yeux, Salomon pensa qu'il pourra demander à la reine de Saba de lui chanter les paroles qu'elle avait écrites dans sa lettre. « **Et lui, sa bouche contre sa gorge noire**, il sentirait les mots le pénétrer. » (M. Halter, 2008 : 286)

Aussi, quand il la laissa à Bersabée pour retourner à Jérusalem engager un autre combat « plus d'une fois la pensée de la reine du Midi lui était venue. Plus tard, durant la nuit de sang, il avait songé à **sa beauté noire** » (M. Halter, 2008 : 291).

Après la décapitation de Benayayou, Salomon savait que la ville se réveillerait avec la nouvelle : « Salomon est redevenu Salomon », de même que l'autre rumeur : « Salomon est de retour avec la reine du Midi ! Salomon s'est trouvé **une épouse couleur de nuit** » (M. Halter, 2008 : 292).

La tête de Benayayou à ses pieds continuait de peser sur ses pensées : « Il savait qu'il en serait ainsi jusqu'à ce qu'il la tienne dans ses bras. Qu'il goûte la peau de la reine du Midi. Que ses baisers arpentent son corps noir en une nuit hors du temps où le désir consumerait le vieux Salomon. Qu'il s'offre à sa source. » (M. Halter, 2008 : 299)

Acceptant la mise à l'épreuve de sa sagesse par la reine du Midi, il organisa une séance publique dans la plus vaste salle du palais, appelée la « forêt du Liban ». « Et devant tous, il prit sa main. À elle, **Makéda, la reine noire.** » (M. Halter, 2008 : 304)

Ce soir-là, « elle portait une tunique qui ne dévoilait rien de son corps. Le lin de la pièce qui couvrait **son dos était aussi noir que sa peau** » (M. Halter, 2008 : 303).

« Devant elle dans la forêt du Liban, il avait oublié la tête de Benayayou. **Sa peau noire** effaçait dans son esprit le sang écarlate dans la poussière de la forteresse de Thamar. » (M. Halter, 2008 : 307)

Plus tard, dans l'intimité, « ils dansaient dans le désir. La nudité de leurs peaux moins nue que leur désir. **Elle noire, lui blanc,** tous les deux comme les attelages des chars, comme les chameaux et chamelles des champs d'encens de Saba » (M. Halter, 2008 : 309). C'est alors « qu'il comprit que le Tout-Puissant l'avait exaucé. Voilà qu'il lui envoyait l'âme et le corps qui allaient le purifier. La fontaine qui allait le laver de cette nuit de sang, de haine, de pauvreté de la puissance des hommes » (M. Halter, 2008 : 294).

Quand la reine du Midi annonça qu'elle retournerait le lendemain à son royaume, « il mourrait de penser qu'il ne la reverrait plus, que **l'aube ne se lèverait plus sur les courbes noires de ses fesses** dans la blancheur des draps, qu'il ne s'endormirait plus dans l'encens de sa peau, qu'elle ne chuchoterait plus sur sa bouche alors qu'il s'envolait au-dedans d'elle. Il pleura sans larmes ». Puis, il songea : « Pourquoi est-elle plus forte que moi ? » (M. Halter, 2008 : 311).

Observant les deux prêtres vêtus de tuniques noires qui l'attendaient du haut du bain rituel où elle se lavait pour aller se soumettre à Yahvé, le dieu de Salomon, elle eut cette pensée : « La chair de Makéda, reine de **Saba, était sa tunique noire et pure** » (M. Halter, 2008 : 311).

Des années après, complétant les rouleaux d'écriture que Salomon avait remis à son fils Ménélik et sur lesquels il avait écrit le Chant des chants de l'Amour, Makéda, fille de Bilqîs, y écrit entre autres, dans « un chant aussi long que nos amours, que nos trois nuits et deux jours, autant de mots que de baisers et de jouissance » (M. Halter, 2008 : 328).

Puis, narguant presque les Israéliennes, elle proclame avec fierté : « Il passe la nuit entre mes seins, filles de Jérusalem, **je suis noire et magnifique** » (M. Halter, 2008 : 328).

7. Reine de Saba

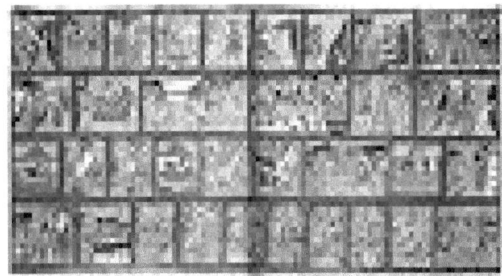

Saba ephiop

8. Reine de Saba

- **Makéda : « enfant aimé d'un père présent », une fille née pour être reine**

Si l'on peut dire avec l'auteur et psychanalyste québécois, Guy Corneau, « père manquant, fils manqué » (1989), on peut affirmer à l'inverse, à propos de Makéda, « père présent, fille réussie ». Cette fille qui, dès six ans, avait fait preuve d'une vive intelligence et d'une force de caractère exceptionnel, était **née pour devenir reine**.

Enfant aimée, née d'un grand amour, comme le fait remarquer Himyam au roi Akébo : « Tu ne vois qu'elle, par le regard et par le cœur » (M. Halter, 2008 : 25), puis : « Ton cœur est trop plein de Bilqîs et de ta fille » (M. Halter, 2008 : 26).

Makéda perd sa mère au moment de venir au monde. Cette princesse est donc orpheline de sa mère, Bilqîs, fille de Yathî Amar Bayan. **Dès six ans déjà, son père la désigne comme son successeur au trône du royaume de Saba.** Devant les réponses perspicaces de celle-ci à son sage conseiller, « Akébo ne put retenir un rire où perçait toute sa fierté pour sa fille » (M. Halter, 2008 : 22).

Himyam, prêtre d'Almaqah et fidèle conseiller d'Akébo, explique cela à Tan'amar, qui ne comprend pas que son puissant roi préfère fuir plutôt que d'affronter ses ennemis. Il lui dit : « Le seigneur Akébo veut transmettre sa puissance à sa fille Makéda. Elle n'a que sept années. Il ne veut pas la mettre en danger et doit se montrer plus patient que le serpent » (M. Halter, 2008 : 49).

En effet, devant sa demande au roi Akébo de mettre un terme à son deuil, qui a déjà duré six années et d'épouser Kirisha, qui lui donnerait un fils, il lui avait rétorqué sans ambiguïté : « Himyam, je n'ai pas besoin d'enfanter un fils, pas plus demain qu'hier. Makéda me suffit comme descendance. Pour moi et pour le peuple de Saba, elle sera fille et fils, princesse et prince. Et reine et roi à l'heure venue. Ainsi en ai-je décidé. » (M. Halter, 2008 : 26)

Pourtant, avec tact et délicatesse, Himyam avait fait comprendre au roi la trahison qui se tramait contre lui : « Les Mukaribs de Kamna et Kharibat ne doutent plus que tu les as trompés. Ils ont compris que tu entrerais dans le temple de Bilqîs main dans la main avec ta fille et non pas avec Kirisha, ta future épouse, qui fréquente ta couche depuis deux ans » (M. Halter, 2008 : 27). Il conclut : « Les Kamna et les Mukaribs ne doutent plus de tes intentions véritables. **Tu vas tuer le taureau de Bilqîs pour faire de ta fille la reine de Saba**. Kirisha ne sera jamais ta seconde épouse » (M. Halter, 2008 : 28).

Malgré les tentatives de Himyam de le convaincre d'épouser Kirisha, fille du seigneur de Kamna, afin que s'estompe l'alliance du Nord contre lui, Akébo reste inflexible : « Ne m'en veux pas, Himyam. J'ai promis à Bilqîs, j'ai promis à Makéda. Je n'aurai pas d'autre épouse et je n'aurai pas d'autre descendance. Quoi qu'il m'en coûte. Même la beauté de la plaine de Maryab ne vaut pas que je revienne sur mes promesses » (M. Halter, 2008 : 30).

Ainsi, à deux nuits et trois jours de la date qui le séparait du jour promis à Bilqîs de sacrifier le taureau dans le plus beau temple qu'il avait construit pour le repos de son âme, Akébo le Grand se voit dans l'obligation de laisser une partie de son royaume afin de sauver sa fille. Cette fille née de « Bilqîs, mère de Makéda, fille de Yathî Amar Bayan, épouse d'Akébo le Grand. Bilqîs, mille fois aimée, mille fois pleurée » (M. Halter, 2008 : 19).

Furieuse de devoir quitter Maryab sans que son père ne fasse le sacrifice promis à sa mère, Makéda refuse de partir avec le convoi.

« Une reine doit savoir être patiente, gronda Akébo. Rien ne compte plus au monde que toi et les promesses que je t'ai faites. » (M. Halter, 2008 : 57)

Il tente de lui expliquer : « Je te veux reine et je te veux vivante » (M. Halter, 2008 : 56).

Myangabo, frère d'Akébo et fidèle conseiller, finit par le reconnaître : « Mon frère a raison, sa fille n'a rien des autres femmes, si ce n'est l'apparence » (M. Halter, 2008 : 125).

C'est dire que **c'est une femme d'exception, promise à une grande destinée**. Et Himyam, le sage, de se rendre à l'évidence au bout de dix années d'épreuves (exil à Maryab, maladie de son père, allégeance au pharaon par stratégie politique…) et de détermination. Il dit à Makéda : « Nous savons que tu peux être une grande reine. Ton père le sait depuis longtemps » (M. Halter, 2008 : 87).

Ainsi, Akébo consacra sa fille Reine de Saba devant le peuple d'Axoum, qui reprit après lui : « Longue vie à Makéda, fille d'Akébo et de Bilqîs, fille de Râ et fidèle d'Almaqah, reine de Saba ! » (M. Halter, 2008 : 120).

Quand elle tenta de convaincre son père de construire des bateaux de combat afin de régner sur la mer Pourpre et d'aller déloger ceux qui les avaient trahis et fait fuir d'Axoum, il lui répondit : « C'est ta décision. Tu ordonnes et tu décides, ma fille, reine de Saba par le sang et la justice. » (M. Halter, 2008 : 125)

Akébo le Grand donna plein pouvoir à sa fille dès l'âge de seize ans. « Ainsi commença la rumeur. **Saba avait désormais une reine qui valait un roi.** La fille de Bilqîs, de Maryab, était élue des dieux. Le sang guerrier d'Akébo coulait à flots dans son corps et avec autant de vigueur que si elle possédait celui d'un homme. » (M. Halter, 2008 : 126)

L'oraison funèbre que Makéda rend à son père à travers un poème, au moment de disperser ses cendres, est tout **un hommage d'un enfant aimé à un père aimant** qui vient de disparaître :

« Ô mon roi, mon père,

Père de mes joies, roi de mes années, très bon et très sage,

Visage de joie, paroles d'amour,

Ta fille est sculptée par ta mémoire noire et magnifique,

Joie pour nous, joie pour toi,

L'amour est fort comme la mort. »

(M. Halter, 2008 : 160)

- **Le roi Salomon et la reine de Saba : une rencontre de l'intelligence et de l'amour**

Si l'explication des motivations (recommandation de son père, commerce, invitation de Salomon, destinée divine, quête de la sagesse humaine, etc.) qui ont poussé la reine de Saba à se rendre en Israël divergent d'une source à une autre, en revanche, toutes s'accordent sur le fait qu'elle a bel et bien rendu visite à Salomon, roi de Juda et d'Israël.

Ce séjour de la reine de Saba à Jérusalem est en effet mentionné dans des livres saints (la Bible, [Ancien et Nouveau Testament]) et le Coran), ainsi que par différents historiens, écrivains, etc., de diverses époques.

Baltasar Teles résume assez bien cet état de fait[6] :

« Un jour, il advint que régna en Éthiopie une reine très puissante qu'on appelait Azeb ou Makéda. Elle eut la connaissance de la puissance et de la sagesse de Salomon par le truchement d'un sien marchand appelé Tamrin. Et comme elle désirait voir et écouter Salomon, elle fit rassembler de nombreuses richesses et, accompagnée de la longue escorte des plus grands princes et seigneurs d'Éthiopie, elle partit pour Jérusalem. »

Bref, « elle était venue pour le commerce de leurs royaumes et **le commerce de la sagesse** » (Marek Halter, 2008 : 280). Selon Teles, « **il n'y avait en ce temps-là, dans tout le monde, aucun souverain comparable au roi Salomon en Judée et à la reine Makéda en Éthiopie** ».

Mais, quand Kirisha dit : « Tu as seize ans, Makéda, l'âge où plus d'un homme noble et puissant aimerait faire de toi une femme et une épouse » (Marek Halter, 2008 : 66), elle rétorqua : « Il n'y a pas à Axoum ni dans tout le royaume de mon père un seul homme qui soit assez puissant et assez noble pour être digne de moi ». Puis, elle ajoute sur un ton plus sérieux : « Je serai comme toi, fidèle à l'amour qui me vient, s'il me vient » (Marek Halter, 2008 : 68).

Est-elle alors allée à Jérusalem à la recherche de son alter ego ou de l'âme sœur ? C'est là une autre piste à suivre.

Salomon, roi de Juda et d'Israël, mais aussi rois des fleurs, des sources et des oiseaux. Il aurait découvert la reine de Saba grâce à l'un de ses oiseaux. Il surprendra dans son jardin une conversation entre la huppe royale et une huppe ordinaire, au moment où celle-ci informait sa consœur : « en survolant le pays de Kouch, **j'ai aperçu la plus belle des reines. Une reine de splendeur,** tu peux en être certaine. Ton maître ne trouvera pas sa pareille parmi les trois cents légitimes et les sept cents concubines de son harem » (Marek Halter, 2008 : 9). Il lui enverra alors une lettre d'invitation et de proposition de pacte d'or (Saba) et de fer (Israël).

Contrairement à ceux qui disent que Makéda est venue porter allégeance à Salomon, **la rencontre de la reine de Saba avec le roi**

---

[6] Source : www.osti.org/pj_salomon_makada1.html.

d'Israël se fit sur un pied d'égalité. Même le récit biblique le mentionne (*Le Livre des Rois*, chapitre 10).

En effet, **la reine de Saba ne se mit jamais en position d'infériorité vis-à-vis de Salomon.** Bien au contraire, elle s'affirma en toute occasion. Par exemple, quand elle constata à son arrivée au port d'Ézion-Guézert, qu'elle n'était attendue ni par Salomon ni par ses messagers, elle se mit en colère et douta même de sa sagesse d'entreprendre ce voyage. Sous les conseils d'Élihoreph, elle accepta d'avancer et, surtout, de s'éloigner du port d'Ézion-Guézert, lieu peu confortable du fait de la chaleur et du vacarme des forges et d'autres multiples activités. Alors que Salomon lui avait écrit qu'il l'attendait aux portes de Jérusalem, elle décida et ordonna : « Dressons nos tentes et établissons notre camp. Je n'irai pas plus loin. Si Salomon veut me rejoindre, c'est ici [à Bersabée] qu'il me trouvera » (Marek Halter, 2008 : 271). En fait, les premières personnes que Salomon envoya à sa rencontre (A'hia, Zacharias et Tamrin) lui expliquèrent qu'il n'avait pas eu connaissance de son arrivée car ses messagers n'étaient jamais revenus de Maryab/Saba. Quand ceux-ci lui racontèrent que Salomon avait déclaré dans tout son palais qu'il n'avait pas plus grand bonheur que d'accueillir la reine du Midi, qu'il était impatient de la rencontrer et qu'il avait fait dresser à Bersabée une tente pour l'accueillir et avait organisé une fête digne d'elle, elle répondit sèchement à Zacharias : « Nous partirons pour Bersabée quand nous serons prêts. Tu peux prévenir ton maître. La reine de Saba s'annoncera devant sa tente » (Marek Halter, 2008 : 276).

Aussi, dès leur première rencontre, elle ne le ménagea point et lui dit des vérités de façon crue. Ce fut le cas par exemple quand Salomon lui proposa un pacte du roi et de la reine à l'image d'Abraham, qui avait signé un pacte d'amitié avec Abimélek et qui avait respecté son serment. Elle répondit : « Abraham a été fidèle à Abimélek. Mais, c'est Agar, sa servante et la mère de son premier fils, qui a trouvé l'eau de Bersabée. C'est elle qui, la première, s'est penchée sur ce puits pour en tirer la vie. Elle errait dans le désert avec son nourrisson hurlant de soif. Lui, Abraham, l'avait prise puis ignorée et chassée de sa tente ». Devant ces paroles d'indignation et de colère, Salomon répondit avec douceur : « Abraham fut le premier de nos pères, mais il ne fut pas parfait » (M. Halter, 2008 : 284).

Aussi, en perspicace politicienne, elle définit bien leurs différences et situa l'intérêt de chacun d'eux à nouer cette alliance. « Saba et

Juda/Israël n'honorent pas le même dieu. Ton royaume et le mien se situent aux extrémités de la mer Pourpre. Nous possédons l'encens et l'or, tu as le fer et les chars de chevaux. Tu bâtis et nous aussi. Tu crains la sécheresse, nous craignons l'eau. Nous sommes différents. **Mais les langues des peuples s'apprennent. C'est ainsi qu'elles peuvent acquérir la même sagesse et le même savoir. Et c'est pourquoi je suis venue**, puisque l'on dit que tu es le plus sage. » (Marek Halter, 2008 : 282)

En conséquence, même si elle vint pour nouer « un pacte d'or et de fer » (Marek Halter, 2008 : 393), **elle mit plutôt l'accent sur leur commerce de sagesse et de savoir.** Son père ne lui avait-il pas donné cette recommandation avant son dernier souffle : « Ne te soucie pas que de vengeance et de guerre. **Trouve le roi de la sagesse** » ? (Marek Halter, 2008 : 156)

Grâce à l'Hébreux, Élihoreph, de façon consciente et inconsciente, Makéda avait préparé sa rencontre avec ce roi réputé pour sa sagesse. « Je parle ta langue et connais l'histoire de tes pères », lui dira-t-elle, provoquant sa stupéfaction de l'entendre parler parfaitement l'hébreu (Marek Halter, 2008 : 281).

Quant à Salomon, quasiment ruiné par la construction de son temple, il avait besoin d'or, comme le lui fit remarquer Benayayou : « Les caisses sont vides. Nos chars sont les plus beaux qu'on ait jamais vus à ce jour, mais nous n'avons assez de chevaux pour les tirer. Pharaon le sait. Il joue avec cette idée. Et s'il nous sent faibles ou pauvres, jamais il n'ouvrira ses écuries » (Marek Halter, 2008 : 263).

Avant de terminer ses lamentations, on annonça l'arrivée de la caravane de la reine du Midi et Salomon lui répondit : « Tu peux en finir avec tes tourments. Considère que tes chevaux d'Égypte sont payés. Il se pourrait même que le temple soit payé dans son entier » (Marek Halter, 2008 : 264). Car, « c'est tout l'or de Pount, de Kouch ou d'Ophir, quel que soit le nom donné à ce royaume, qui nous arrive » (Marek Halter, 2008 : 265).

En effet, la reine lui apporta une énorme quantité d'or, d'aromates (myrrhe et encens) et de pierres précieuses. Elle arriva avec « cent vingt talents d'or » selon le *Livre des rois* (chapitre 10). Et Salomon d'affirmer devant son peuple venu écouter le test de sagesse auquel lui soumit la reine de Saba avant de déposer ses cadeaux : « Moi Salomon fils de David, je dis : **Makéda, fille d'Akébo, fille de Bilqîs, se**

présente dans les jardins de mon palais comme un torrent d'abondance ».

Cependant, au-delà de l'intérêt pour les biens matériels qu'elle lui apporte au moment où il en a le plus besoin, **Salomon est frappé par l'intelligence de la reine et subjugué par sa beauté.** « Pour une fois, une femme peu semblable aux autres », pense-t-il face à elle. Pour lui, « elle n'était pas seulement une femme belle. Elle était la beauté. Cette beauté que le Tout-Puissant avait glissée dans le monde pour que les hommes s'initient à la reconnaître » (Marek Halter, 2008 : 282). Il s'aperçut que « **le regard de la reine de Midi était d'une autre trempe, possédait autre chose**. Il n'avait pas de mot pour dénommer cette chose » (Marek Halter, 2008 : 294). Jamais le roi Salomon n'avait eu un tel choc devant une femme. Plus tard, il lui dira : « Toi, tu ne t'étonnes de rien, moi, je m'étonne de toi. Toi, tu me connais, moi, je te découvre, comme un voyageur qui s'aventure très loin du pays de sa naissance » (Marek Halter, 2008 : 287).

Pour lui, « elle était une énigme que Yahvé envoyait à son côté. On la brisait ou on en découvrait la clé » (Marek Halter, 2008 : 300). Bien que brûlant de désir, il comprit qu'il devait s'armer de patience, car « elle n'appartenait pas à celles qui plient sous un regard ou s'éblouissent d'être caressées par la paume du pouvoir. **Elle était neuve pour lui comme pour une multitude d'hommes. Qu'il soit roi ou qu'il ne fut rien** » (Marek Halter, 2008 : 299-300).

Du côté de Makéda, subjuguée par l'intelligence du roi Salomon, qui répondit à toutes ses énigmes, confirmant ainsi sa réputation de sage, elle oublia son âge et succomba à son amour. **De cette croisée de la beauté et de l'intelligence naîtra donc un grand amour et un ardent désir entre ces deux êtres d'exception que sont la reine de Saba et Salomon, le roi de Juda et d'Israël.** Ce faisant, « elle se donna à lui pour trois éblouissantes nuits. Trois nuits que le chant du Cantique des cantiques inscrira pour l'éternité dans la mémoire amoureuse de l'Occident » (Marek Halter, 2008 : 300).

De leur union naquit « Mélékit », fils du roi, une lignée de rois africains dans laquelle on situe l'empereur Haïlé Sélassié (Denis Gérard : 2006), premier Président d'Éthiopie (1892-1975).

Makéda ouvrira également la voie à de nombreuses reines d'Afrique et à d'éminentes résistantes africaines aux actes glorieux et à l'attitude royale, dont la première fut la reine Candace.

Son influence, qui transcende le temps et l'espace, est quasi universelle. Elle est de plus en plus d'actualité. On dirait aujourd'hui que tout le monde en parle ou que tous parlent d'elle.

Personnalité transreligieuse (christianisme, islam, judaïsme), la reine de Saba est le symbole du courage, de la beauté et de l'intelligence féminine.

Makéda, fille d'Akébo, fille de Bilqîs, demeure la *first lady* de toutes les époques.

3.1.3 LA REINE CANDACE, IMPÉRATRICE DE L'ÉTHIOPIE (332 AV. J.C.)

9. Selon Cheikh Anta Diop (f., 1979 : 217) : « figure relevée par Lepsius, publiée par François Lenormand dans son *Histoire d'Égypte* ».

« Comme cent mille hommes
Armée de ton diadème
Ne reculant jamais en fin stratagème
Devançant à la première cataracte du Nil
Alexandre le Grand qui battit en retraite blême
Combattre une lionne protégeant ces lionceaux
Et pure folie de jouvenceau. »

Tan'amar Sago

Impératrice d'Éthiopie, cette reine noire, la formidable Candace, était célèbre dans le monde. Chef des forces armées, elle est considérée comme l'un des plus grands généraux du monde antique.

C'est durant son règne qu'Alexandre, dans sa conquête, atteint le Kemet (Égypte antique), en 332 avant J.-C., saccageant tout sur son passage. Mais quand il apprit que l'impératrice Candace l'attendait avec ses troupes aux premières cataractes du Nil, à la frontière entre l'Égypte et l'Éthiopie, il prit ses jambes à son cou et battit en retraite. Il avait, semble-t-il, très peur de cette tacticienne militaire qu'était la reine Candace.

Selon Cheikh Anta Diop, « son nom fut souvent adopté par les reines soudanaises postérieures en souvenir de sa résistance glorieuse qui fit d'elle une Jeanne d'Arc avant Jeanne » (Ch. A. Diop, f., 1979 : 217).

3.1.4. Lalla Fatma N'Soumer :
l'incarnation de la résistance féminine algérienne face à la conquête et à l'occupation coloniales

En 1995, **Lalla Fatma N'Soumer faisait son entrée dans le panthéon des héros de la Nation.** L'État algérien avait en effet décidé de transférer ses restes du cimetière de Sidi Abdellah, à Toutatine, au Carré des martyrs de la révolution d'El Alia, à Alger. **L'Algérie l'élevait ainsi officiellement au rang de résistante nationale.**

10. Portrait de Lalla Fatma N'Soumer (in fr.wikidepia.org)

La trajectoire de cette héroïne algérienne est singulière à bien des égards.

• **Fille de la Kabylie**, Fadhma Nath Sid Ahmed (son nom de naissance) est née en 1830 à Werja (ou Ouerdja) non loin du village d'Aïn El Hammam, dans le nord de l'Algérie. De descendance maraboutique, elle est de la Rahmaniya, une confrérie soufie fondée par Sidi Mohamed Ibn Abderrahmane Abu Qabrein, **le Saint dit le « Wali aux deux tombeaux »** (Histoire par les femmes). Son père, **Taieb Ben Cheik Ali Ben Aissa** y dirigeait une école coranique dénommée en kabyle *Thimâammert*. Benjamine de la famille, Fadhma avait quatre frères.

• **Enfant rebelle**, Fadhma refuse catégoriquement d'être mariée à 12 ans, ce qui était la tradition à cette époque tant en Occident qu'en Orient. Toutes les sources concordent sur le fait que « Fadhma avait montré un caractère décisif et entêté dès sa petite enfance » (KabyleUniversel). **Belle et de très bonne famille**, elle attira plusieurs prétendants. Mais elle les renvoyait tous. Finalement, bien qu'elle s'y oppose sous prétexte de reprendre ses études religieuses, ses parents la forcèrent à épouser son cousin maternel, Yayia Nath Iboukhoulef. Se refusant à son mari, elle s'enfermait nuit et jour dans sa chambre et se consacrait aux prières. Au bout d'un mois, ne sachant que faire de cette femme, la famille du mari la renvoya au domicile paternel. Pour la punir de cette désobéissance sociale, ses parents l'enfermèrent pendant des jours. Elle sortit totalement métamorphosée de cet isolement. Certains soutiennent qu'elle était folle ou possédée par les esprits, d'autres qu'elle avait eu une révélation divine. Elle fut alors mise en quarantaine dans le village ; sa famille aussi d'ailleurs. Elle se tourna donc vers la Nature et passa ses journées à arpenter les montagnes et les forêts. Elle y découvrit une grotte dénommée par les Français la « grotte du Macchabée » parce qu'on y avait découvert un squelette momifié.

• **D'une intelligence exceptionnelle, Fadhma** mémorise le Coran rien qu'en écoutant les disciples de son père psalmodier les différentes sourates du Saint livre (Histoire racontée par les Femmes). Autant elle a une aversion pour le mariage, **autant elle a une passion pour le savoir.** Elle insiste pour suivre l'enseignement coranique dans l'école de son père, ce qui était exceptionnel chez les filles de son époque. À la mort de celui-ci, et certainement à cause de sa marginalisation dans le village, elle demande à rejoindre son frère, Si

Tayeb, cheikh dans le village de Soumer. Celui-ci l'accueille et poursuit sa formation religieuse. Elle y étudie le Coran et l'astrologie.

● Révélation de la vraie personnalité de Fadhma au village de Soumer

C'est dans son village d'accueil que se produira la révélation de la vraie Fadhma. Ne dit-on pas que **nul n'est prophète chez soi ? Le cas de cette prophétesse le prouve une fois de plus.**

Humaniste, à Soumer, elle seconde son frère dans la direction de l'école coranique. Elle prend soin en particulier des enfants et des pauvres (Histoire par les femmes). **Pieuse**, « ayant choisi la dévotion et la méditation, Fadhma N'Soumer s'impose progressivement dans le monde de la médiation et de la concertation politico-religieuses jusque-là réservées aux hommes. Forte de sa lignée (du marabout Ahmed ou Méziane), **elle exerce une grande influence sur la société kabyle** » (Wikipédia). **Diplomate,** « dans le village de Soumer, elle devient vite considérée comme une personne très intelligente et apte à résoudre les conflits avec beaucoup de diplomatie » (*La Dépêche de Kabylie*). En effet, ses covillageois « apprécient son intelligence et remarquent le talent, équivalent à celui de son frère, en ce qui concerne les prédictions, la résolution des litiges et la capacité d'attirer de favorables augures » (« Histoire de Lalla Fadhma », in www.kabyle.com). **Descendante d'un saint,** le Wali Sidi Mohamed Ibn Abderrahmane Abu Qabrein, on disait d'elle qu'elle avait le pouvoir d'entrer en contact avec lui et de faire des prédictions. Sa renommée grandissait. De toute la Kabylie, elle recevait des pèlerins venus lui demander des conseils, solliciter ses prières, etc. **Elle finit par acquérir à Soumer une excellente réputation.**

Dès lors, Fadhma acquit le statut de **Lalla**, titre honorifique donné aux femmes par respect de leur âge ou de leur rang ou pour désigner une femme sainte ou vénérée. Elle devint la **Lalla Fatma du village de Soumer** ou **Lalla Fatma N'Soumer.**

● Lalla Fatma ou la beauté et l'élégance alliées aux valeurs morales et spirituelles

Selon toutes les descriptions, Fatma N'Soumer était d'une grande beauté et d'une élégance remarquée.

Même ses adversaires français reconnaissent ses qualités physiques et son élégance. Un écrivain, Émile Carrey, et un médecin, Alphonse Bertherand, qui accompagnaient les troupes françaises en 1857, nous la décrivent ainsi :

« **Seule la prophétesse**, formant disparate avec son peuple, **est soignée jusqu'à l'élégance.** Malgré son embonpoint exagéré, **ses traits sont beaux et expressifs.** Le kohl étendu sur ses sourcils et ses cils agrandit ses grands yeux noirs. Elle a du carmin sur les joues, du henné sur les ongles, des tatouages bleuâtres, épars comme des mouches sur son visage et ses bras, ses cheveux noirs soigneusement nattés s'échappent d'un foulard éclatant, noué à la façon des femmes créoles des Antilles. Des voiles de gaze blanche entourent son col et le bas de son visage, remontant sous sa coiffure comme les voiles de la Rebecca d'Ivanhoé. Ses mains fines et blanches sont chargées de bagues. Elle porte des bracelets, des épingles, des bijoux plus qu'une idole antique » (Wikipédia).

11. Lalla Fatma N'Soumer

En effet, « pour tous, cette **femme ermite** semblait non seulement **pieuse et sage,** mais **aussi jeune et belle** ; elle prenait grand soin de son corps et de ses vêtements, et elle s'ornait habituellement de bijoux de luxe. Tout ce monde qui la connaissait de près ou de loin **portait une vive admiration pour ses qualités physiques et morales** » (KabyleUniversel).

● **Vision et préparation de la résistance kabyle à la conquête coloniale**

Un jour de 1852, Lalla Fatma N'Soumer eut une révélation. Elle en fit part à son frère, puis convoqua les villageois sur l'agora et leur annonça ceci :

« Chaque nuit, je vois des hordes farouches qui viennent nous exterminer et nous asservir. Nous devons nous préparer à la guerre ! » (Histoire par les Femmes).

La France était déjà à l'œuvre dans sa conquête coloniale de l'Algérie depuis 1830, année de naissance de Fadhma Nath Sid, soit depuis plus de deux décennies. Mais face à la **résistance des populations algériennes, il fallut 16 ans à l'armée française pour atteindre et conquérir Tizi Ouzou.** Sa prise ouvrait l'accès à la Kabylie et au massif de Djurdjura. Au courant de cette situation, les habitants de Soumer prirent très au sérieux la vision prémonitoire de Lalla Fatma N'Soumer et entreprirent de s'organiser. Des émissaires parcoururent toute la Kabylie pour mobiliser les hommes contre l'envahisseur français que tout annonçait (Histoire par les Femmes).

- **Lalla Fatma N'Soumer, l'amazone du nord du Sahara**

Les amazones africaines sont des femmes guerrières prêtes à mourir pour leur patrie. Si l'histoire en a retenu un certain nombre au sud du Sahara (pp. 56-62), on peut affirmer que **Lalla Fatma N'Soumer constitue l'amazone au nord du Sahara,** à savoir celle de l'Afrique du Nord.

Tel qu'elle l'avait prédit, après la « pacification » de Tizi Ouzou, les Français entreprirent la conquête de la Kabylie. **Éprise de la liberté individuelle** (refus de se marier), **Lalla Fatma N'Soumer l'est encore plus pour la liberté collective.** Éprouvant en plus une réelle aversion à l'égard des colonisateurs, elle s'engagea corps et âme dans le Mouvement de résistance kabyle.

En 1849, soit à 19 ans, « elle se rallie à Si Mohammed El-Hachemi, un marabout qui a participé l'insurrection du Cheikh Bouzama dans le Dahra en 1847 » (Wikipédia). Au début, elle récoltait les denrées utiles aux combattants, puis elle finit par s'engager activement dans la défense de sa Kabylie natale. D'ailleurs, « dès les premières batailles, les cheikhs des autres villages se rangent à ses côtés, reconnaissant en elle une grande stratège » (*Dépêche de Kabylie*). Elle devint en effet l'un des leaders de cette guerre de résistance au point d'accéder à des assemblées jusque-là réservées uniquement aux hommes.

À la même période, un autre résistant, Mohammed Lamjad ben Abdelmalek[7], surnommé Cherif Boubaghal, organisait un grand mouvement populaire de résistance. Pour ce, il consultait les leaders des communautés et les autorités religieuses de la Kabylie, dont ceux du village de Soumer. C'est là qu'il découvre Lalla Fatma. Il fut impressionné par sa force de caractère, sa détermination et sa capacité à convaincre des femmes et des hommes à s'engager dans les combats comme « *Imseblen* » ou volontaires à la mort, autrement dit comme martyrs. Il ne lui fut point difficile de la convaincre à se joindre à son mouvement d'insurrection. **Boubaghal et Lalla Fatma N'Soumer nouèrent une alliance de combat commun à partir de 1850.**

- **Alliance entre Lalla Fatma N'Soumer et le Cherif Boubaghla**

Elle assista à plusieurs de ses combats, dont le plus célèbre fut la bataille de Tachkirt, qui eut lieu du 18 au 19 juillet 1854. Les forces de Boubaghla la remportèrent.

12. Chérif Boubaghla et Lalla Fatma N'Soumer.

Une idylle serait même née entre ces deux êtres exceptionnels. Mais elle ne put se concrétiser en mariage. Car si Boubaghal était libre de tout lien conjugal, ce n'était pas le cas de Lalla Fatma, dont le mari rancunier n'accepta jamais de libérer du mariage religieux, non

---

[7] Il serait un ex-lieutenant de l'armée de l'émir Abd El Kader, qui refusa de se rendre suite à la bataille perdue de 1847 et se retira dans les montagnes de la Kabylie (KabyleUniversel).

consommé depuis 8 ans, malgré les médiations et les propositions de compensation matérielle et financière.

À cause d'une trahison que les forces françaises eurent l'art de susciter pour mettre la main sur les résistants, Chérif Boubaghla fut tué le 26 décembre 1854 par les troupes coloniales françaises. Malgré la perte de ce précieux allié, Lalla Fatma poursuivit quand même le combat.

Cette même année, Fatma N'Soumer remporta sa première victoire de guerre. Elle infligea une défaite cuisante à l'armée française lors de la bataille du Haut Sebaou menée à Tazrouk, près d'Aïn El Hammam. « Elle dure deux mois, juin et juillet 1854. **Les troupes françaises sont vaincues et contraintes de se retirer.** Les villages environnants sont toujours indépendants. » (Wikipedia/Lalla Fatma N'Soumer)

Alors qu'elle n'était âgée que de 24 ans, « Fatma, à la tête d'une armée de femmes et d'hommes, a vaincu et mené son peuple à la victoire, victoire louangée à travers toute la Kabylie. **Des mosquées, zawiyas et écoles coraniques s'élevaient de retentissants chants pieux en l'honneur de l'héroïne du Djurdjura** » (Histoire par les Femmes).

Le général Randon qui dirigeait les troupes françaises prit très mal cette défaite.

• Lalla Fatma N'Soumer, commandante en chef du Mouvement de résistance kabyle (1854-1857)

Du côté des Kabyles, la mort de Boubaghla avait laissé le Mouvement de résistance sans leader charismatique. Vu que Lalla Fatma N'Soumer avait fait ses preuves en tant que combattante et stratège de guerre, l'autorité politique du village, l'assemblée de Soumer, tint un grand Conseil conjoint (de combattants et de de personnalités des tribus kabyles) au sommet du pic d'Azrou Nethor, au début de l'année 1855, et décida « d'accorder à Lalla Fadhma, assistée de ses frères, le commandement du combat » (KabyleUniversel).

Bien que les villages kabyles tombaient les uns après les autres sous l'artillerie française, Lalla Fatma N'Soumer mobilisa et motiva ses troupes à se battre jusqu'au dernier. « Vaincre ou mourir » semblait être sa devise. Son peuple la suivait. Aux batailles d'Icherridene et de Tachkrit, Lalla Fatma fit subir aux « troupes ennemies de graves défaites. **Lors de la dernière victoire kabyle, le 18 juillet 1854, les** pertes pour l'ennemi furent lourdes : 800 morts, dont 56 officiers et 371 blessés » (Histoire par les Femmes).

Vaincu, le général Randon demanda un cesser le feu. Lalla Fatma accepta. Elle comptait mettre à profit ce temps pour renforcer les défenses de sa tribu (cultures et stockage alimentaire, fabrication d'armes, etc.) et réorganiser ses troupes. Mais la demande de cesser de feu n'était qu'un stratagème du maréchal français pour reposer ses troupes fatiguées par les nombreux combats et démoralisées par le nombre de blessés et les lourdes pertes humaines infligées par la farouche résistance kabyle.

- **Vaillance de Lalla Fatma N'Soumer et trahison de la parole donnée par le maréchal Randon**

Décidée à compléter la conquête de l'Algérie par la « pacification de la Kabylie », l'armée française revint à la charge trois ans après. En 1857, elle attaqua et soumis plusieurs villages kabyles. Puis elle entama, le 14 juin 1857, sur le territoire d'Ath Yiraten, une tribu vaincue, la construction d'un fort, dénommé Fort Napoléon (en l'honneur de Napoléon III).

Malgré les risques de la défaite face à la supériorité militaire (en armes et en hommes) de l'armée conquérante, Lalla Fatma ne mit pas fin à la résistance. Bien au contraire, « elle forme un noyau de résistance dans le hameau de Takhlitj Aït Aatsou, près de Tirourda » (Wikipédia/Lalla Fatma N'Soumer) et incite ses troupes à se battre jusqu'au bout. Le 24 juin 1857, au prix de lourdes pertes humaines (44 morts et 327 blessés), ses troupes arrivent à stopper l'avancée des troupes françaises à Icheriden. Face à cet acte héroïque, les troupes du général Randon, nommé désormais maréchal de France, assisté des généraux Mac Mahon et Maissiat, réattaquent avec une lourde artillerie et une troupe militaire de 45 000 soldats, dont 35 000 Français. Victimes d'une véritable boucherie, plusieurs tribus (Ath Yenni, Ath Wasif, Ath Boudrar, Ath Mangellat, etc.) capitulent (Kabylie Universel).

Grâce à des espions lancés à ses trousses, le 11 juillet, l'armée française prend d'assaut de Takhlijt Ath Atsou, le village où s'était repliée Lalla Fatma, puis la capture, le 27 juillet 1857. C'est dire que **ce n'est que par la violation de la parole donnée (cesser le feu), par une attaque-surprise et par des intrigues que l'armée du maréchal Randon vainquit les troupes de Fatma N'Soumer.**

Pour ajouter l'injure à l'insulte, l'armée française s'empare des biens de Lalla Fatma mis à la disposition des disciples de la Zaouia de son frère, et détruit totalement sa riche bibliothèque contenant des écrits religieux et scientifiques.

Mais même vaincue, Lalla Fatma N'Soumer garde la tête haute. En effet, conduite devant le maréchal Randon à Timesguida « elle apparaît hautaine et arrogante sur le pas de la porte, et avec le regard presque menaçant, elle écarte les baïonnettes des zouaves français, pour se jeter dans les bras de son frère Mohamed Sid Taieb » (Wikipedia).

Comme la plupart des héros et héroïnes africains tombés aux mains des colonisateurs, **Lalla Fatma N'Soumer meurt en prison, jeune, soit à 33 ans.**

- **Reconnaissances et hommages**

Restée dans les cœurs et les consciences collectives des peuples de la Kabylie, Lalla Fatma N'Soumer fut l'objet de plusieurs hommages et reconnaissances tant dans sa contrée qu'ailleurs en Algérie, et dans ses diasporas en Europe, en Amérique et en Asie.

D'abord, sa tombe fut longtemps l'objet de pèlerinage des tribus kabyles.

Aussi, quand, capturée, elle arriva devant le maréchal Randon, celui se serait exclamé : « voilà donc **la Jeanne d'Arc du Djurdjura !** ». **Quand l'adversaire vous attribue un tel titre, soit le nom de l'héroïne nationale de son pays, c'est qu'il reconnaît votre grandeur et votre valeur.** Les historiens français tels que Luc Massignon continuent de la surnommer ainsi. C'est tout un hommage à Lalla Fatma N'Soumer de la part de la France conquérante !

Plusieurs artistes lui ont également rendu hommage. En plus des **chansons populaires** que clament les filles et les femmes dans les villes et villages kabyles et d'ailleurs, on peut citer celle du **groupe Thagrawla** et celle du **chanteur Rabah Asma.**

De même, plusieurs places publiques portent le nom de Lalla Fatma N'Soumer :

- l'**école Lalla Fatma N'Soumer** sur la rue Lafayette à Alger ;
- le **dispensaire Fatma N'Soumer** à l'hôpital à Dar El Beïda ;
- le **parking cité Fatma N'Soumer** à Dar El Beïda ;
- **un poste de police Fatma N'soumer** à Dar El Beïda ;

- la **cité Lalla Fatma N'Soumer** dans la Wilaya d'Alger, comprenant 1262 logements ;

- un **transporteur de gaz naturel liquéfié** de la marine marchande algérienne réceptionné en 2004 **fut baptisé Lalla Fatma N'Soumer, à Ossaka, au Japon**.

13. Transporteur de gaz naturel liquéfié Lalla Fatma N'Soumer (in Hyproc.dz)

Pour couronner le tout, sa vie héroïque et exemplaire a été portée à l'écran à partir de septembre 2014 par le réalisateur algérien, Belkacem Hadjadj, dans **le film Fadhma N'Soumer**. Ce film est **subventionné par l'État pour mettre en lumière l'une des figures historiques de l'Algérie.**

Par ailleurs, si elle n'a pas biologiquement enfanté, du fait de son refus du mariage, certainement parce qu'elle sentait qu'**elle avait un plus grand destin que celui d'une femme au foyer**, Lalla Fatma a par contre donné naissance politiquement à de nombreux enfants. **En effet, les femmes résistantes dont regorge l'Algérie sont les filles spirituelles de Lalla Fatma N'Soumer.** Car, dans le temps et dans l'espace, les femmes ont été de tous les combats. À côté d'hommes de valeur (résistants) et même de jeunes garçons tels que le héros de la bataille d'Alger, le « petit Omar » et ses copains, « les enfants de la Kasba » (Yacef SAADI : octobre 1997, pp. 145-157), des femmes connues ou anonymes ont d'abord mené le combat par 101 stratégies pour contrer la conquête coloniale (1830-1871), puis pour mettre fin à l'occupation française (1871-1962) à travers la guerre d'indépendance. **Déterminées à vivre dans un pays libre, les femmes algériennes ont fait preuve de courage et de sacrifices énormes.** Au point que 99 ans après la mort de Lalla Fatma N'Soumer (en 1863), l'Algérie accède à l'indépendance, en 1962.

D'ailleurs, une association féministe s'est rebaptisée **« Filles de Lalla N'Soumer »**.

Cette héroïne nationale algérienne, qui repose aujourd'hui dans le Carré des martyrs, constitue en effet une source de fierté pour le peuple algérien, une inspiration pour les filles et les femmes algériennes et un modèle de vaillance et de patriotisme à offrir à la jeunesse africaine.

3.1.5 Zainab Tanfzawit (XIᵉ siècle) : une exceptionnelle stratège politique dans le Maghreb médiéval

Elle est sans aucun doute l'une des plus grandes figures féminines du XIᵉ siècle au Maghreb (Afrique du Nord regroupant l'Algérie, le Maroc, la Libye et la Tunisie). Selon la plupart des sources, notamment les descriptions données par Ibn Idari, El Bakri et Ibn Khaldoun, Zainab Tanfzawit était une femme très belle, énergique, dotée d'une intelligence peu commune et d'une large connaissance des affaires politiques, au point qu'on l'appelait « la magicienne » (Fatima Moutaoukil).

Fille d'Ishaq El Houari, elle est issue de la tribu de Nefzawa, partie intégrante de la grande tribu zénète qui vit dans l'Ifriquiya méridionale. Notons que dans le Maghreb, on comptait plusieurs groupes amazigh, dont celui des Masmouda, qui serait le plus ancien et celui des Sanhadja, divisés entre les Sanhadja du nord-est et les Sanhadja du sud-est. Ces derniers seraient les fondateurs de l'empire almoravide. Puis, on distingue un troisième groupe, les Zanata, composés de plusieurs tribus, dont celle des Maghrawa, des Banu Ifren et des Nefzawa, dont fait partie Zainab Tanfzawit. Cette tribu aurait accentué sa pression sur le Maghreb dans le but d'une prise de pouvoir.

Zainab Tanfzawit a joué un grand rôle dans l'histoire du Maghreb médiéval grâce à sa large connaissance des affaires politiques, mais également du fait de son alliance avec plusieurs hommes de pouvoir du Maghreb. En effet, elle a successivement partagé la vie du chef de l'Ourika, Yusuf Ibn Ouatas, puis a épousé le prince d'Aghmat, Laghout, tué au cours d'un combat contre les Almoravides du sud saharien en pleine conquête du Sahara du Nord.

Ensuite, après avoir refusé plusieurs demandes de mariage, dont celles des princes des Masmouda (selon Ibn Idari) et avoir posé la condition « **qu'elle n'épouserait que celui qui serait capable d'unifier**

tout le Maghreb » (F. Moutaoukil). Elle se mariera avec Abu Bakr ben Umar, le premier chef des Almoravides.

« Toutes ces années partagées avec des hommes de pouvoir l'ont enrichie de beaucoup d'expérience, surtout sur le plan politique, car elle réglait la plupart des affaires conjointement avec ses ex-époux successifs. C'est donc grâce à ses qualités et à ses expériences qu'elle était devenue le grand guide de son quatrième mari, Yusuf ibn Tachfine, sans expérience politique. »

Notons qu'Abu Bakr, qui était arrivé à fonder un grand empire, dut partir à un moment donné dans le Sahara, pour régler de graves conflits survenus au sein du groupe Sanhadja, entre les tribus Lemtouna et Messoufa. Avant son départ, il délégua ses pouvoirs à son lieutenant et cousin, Yusuf ibn Tachfine et lui confia la moitié de son armée. De même, il libéra Zainab des liens du mariage. Certains auteurs soutiennent que Zainab sera elle-même à l'origine de cette idée de divorce, d'autres défendent l'idée qu'Abu Bakr aurait dit à Yusuf : « Marie-toi avec elle, c'est une femme de génie ». Toujours est-il qu'à son retour, Yusuf n'accepta ni de lui retourner la partie de son empire qu'il lui avait confiée, ni de lui céder Zainab, qu'il avait épousée au mois de mai 1071, après la retraite légale de trois mois de celle-ci, selon les règles de l'islam.

Zainab devient ainsi, en quatrième noce, non seulement l'épouse de ce deuxième chef des Almoravides, mais également la conseillère perspicace du maître des Almoravides, Yusuf Ibn Tachfine. Elle l'aidera beaucoup en lui cédant toute la richesse qu'elle a héritée de son défunt mari, le prince d'Aghmat, Laghout. Semble-t-il qu'elle aurait incité Yusuf Ibn Tachfine à conquérir la majeure partie du Maghreb et de l'Espagne.

Il put en effet terminer l'œuvre d'Abu Bakr **en fondant la ville de Marrakech, qui devint la capitale de son empire**. Il semble que Zainab serait encore à la base du choix de l'emplacement de la capitale, près d'Aghmat, sa ville natale.

« Ainsi, la fondation de cet immense empire allant de l'Atlantique jusqu'au-delà d'Alger, des rives du fleuve Sénégal et jusqu'à l'Espagne musulmane, peut être attribuée au génie de Yusuf, mais aussi et surtout aux conseils judicieux et à l'extrême habileté politique de sa femme, Zainab. » (Jean-Pierre Séréni, 2005 : 30)

Les influences politiques de Zainab révèlent son rôle important dans l'univers rude des Sanhadjiens et sa forte personnalité.

Sans nul doute que **si Yusuf Ibn Tachfine est devenu le grand souverain du Maghreb et le maître de l'immense empire après son intervention en Al-Andalus, c'est grâce aux conseils pertinents de Zainab.** Ils lui ont permis de créer la première grande dynastie amazigh homogène. Zainab Tanfzawit serait donc la mère fondatrice de cette dynastie, grâce à ses stratégies politiques.

3.2. LES AFRICAINES : HÉROÏNES D'HIER EN AFRIQUE

3.2.1 LA REINE ANN ZINGHA (1582-1664) : FER DE LANCE DE LA RÉSISTANCE ANTÉ-COLONIALE EN AFRIQUE

14. La reine Ann Zingha

Extrait de *Les Femmes célèbres de tous les pays, leurs vies et leurs portraits : Zingha, reine de Matamba et d'Angola*, par la duchesse d'Abrantès, 1835, pp. 6-25 :

> *« Reine nôtre, reine protectrice*
> *Digne fille du roi Zingua-n-Bandi-Angola*
> *Ta beauté africaine fascina ton peuple et les colons*
> *Ton courage fit peur aux envahisseurs et les fit reculer*
> *L'Afrique chanta ta gloire, ta détermination et ta vaillance. »*

Le pays de la reine Ann Zingha, l'Angola, fut l'un des premiers objets de convoitise de l'Occident sur les richesses de l'Afrique et sur ses populations. On sait que les premiers esclavagistes furent les Portugais. Quand ils débarquèrent dans le royaume Matamba-Ndongo

(Angola), ils furent subjugués par l'abondance rencontrée dans ce pays. Selon le témoignage d'un visiteur européen au XVIe siècle, l'Angola « offrait au voyageur le spectacle le plus brillant et le plus enchanteur. Des vignobles immenses, des champs qui, tous les ans, se couvrent d'une double moisson, de riches pâturages. La nature semble prendre plaisir à rassembler ici tous les avantages que les mains bienfaisantes n'accordent que séparément dans les autres contrées et, quoique noirs, les habitants du royaume d'Angola sont en général fort adroits et très ingénieux ».

« **Les Portugais y trouvèrent en effet une population industrieuse occupée à des activités aussi variées** que l'artisanat – tissage du velours de raphia, travail de l'ivoire, tannage de peaux, fabrication d'ustensiles en cuivre –, l'extraction minière et le commerce transfrontalier. Mais **ce qui attira surtout leur attention, ce furent les diamants charriés par le fleuve Cuanza.** » (Grioo, info 5434)

Fascinés par tant de richesses et de compétences humaines, les Portugais ne tardèrent pas à ourdir et à mettre en œuvre un système d'esclavage visant l'asservissement des Angolais et l'appropriation de leurs biens. D'autant plus qu'ils avaient besoin de bras pour travailler les terres d'une de leurs colonies dans les Antilles, le Brésil.

Mais c'était sans compter sur la résistance du peuple de Matamba-Ndongo et celle de sa royauté, la famille Nzinga dont est issue la reine Ann Zingha. La lignée des Zingha régnait depuis plusieurs générations sur ce royaume et son père en fut le huitième roi. Son fils aîné, Mani Ngola, lui succéda à sa mort en 1617. Face à l'avancée des troupes colonisatrices, il mobilisa une armée de trente mille guerriers prêts à mourir pour défendre leur patrie. Mais, à long terme, la supériorité militaire des Portugais eut raison de leur bravoure. Non seulement elle décima une grande partie de l'armée, mais, elle amputa le royaume de sa partie maritime, le Ndongo, **ce qui ouvrit aux colons la voie de l'exploitation des richesses du royaume** (or, diamant, etc.), mais aussi de la déportation de centaines de milliers d'Angolais vers l'Amérique du Sud et du Nord. Affaibli, le roi se vit obligé de négocier afin de limiter les dégâts. Il délégua sa sœur, la princesse Ann Zingha, pour aller négocier le traité de Luanda.

Son frère savait qu'elle possédait toutes les compétences requises pour cette mission. Elle était « très tôt initiée aux affaires du royaume ». (Musée Quai Branly, Les îlots de la Liberté)

« Par son père, qu'elle suivait comme son ombre, elle avait appris à réagir en "homme" d'État. C'était une habile tacticienne au tempérament de fer et au charisme incontesté. » (Grioo, info 5434)

Elle fit le voyage transportée en litière par une équipe de serviteurs véloces et escortés de courtisans, ainsi que d'un détachement armé. À son arrivée, la princesse Ann Zingha ne reconnut pas sa ville. Luanda avait désormais l'allure des villes européennes. Pire encore, elle constata que la partie de son peuple vivant dans le Ndongo vivait désormais sous asservissement esclavagiste. Luanda constituait en effet le lieu de l'esclavage le plus féroce. « Les esclaves y étaient parqués comme des bêtes et près de la moitié d'entre eux mourraient de malnutrition et de mauvais traitements avant même leur transfert sur les bateaux. Que de transformations sur ce territoire arraché au royaume de ses pères ! » (Grioo, info 5434) constata avec amertume la princesse Ann Zingha.

Son cortège fut accueilli à l'entrée de Luanda par des acclamations du peuple et une salve de vingt et un coups de canon, ordonnée par les autorités. Comme la reine de Saba à son arrivée à Jérusalem, la beauté et l'élégance de la reine Ann Zingha fascinèrent le peuple, tel qu'elle apparaît sur le portrait qu'a réalisé d'elle la duchesse d'Abrantès. En effet, « Zingha était vêtue d'un pagne de fin velours en raphia. Une étole de couleur vive posée en écharpe sur ses épaules lui couvrait à peine la poitrine. Sa couronne d'or massif sertie de pierres précieuses et surmontée d'une touffe de plumes multicolores formait un petit casque sur sa tête. Tout en elle traduisait la fierté des femmes de haute lignée » (Grioo, info 5434 html).

Elle fut reçue par le vice-roi du Portugal, don Joao Correia da Souza en personne. Il y eut un incident qui révéla la forte personnalité de la princesse. Dans le salon où devait se tenir l'audience, à côté d'un fauteuil rouge était étendu par terre un tapis sur lequel étaient jetés deux coussins de brocart. Ann Zingha comprit que c'est là qu'elle devait s'asseoir. Elle fit signe à l'une de ses servantes qui s'agenouilla pour lui constituer un siège. Elle se mit ainsi au même niveau que le vice-roi installé dans le fauteuil et y resta tout au long de l'audience. « Un bourdonnement d'effarement saisit l'assemblée des officiels portugais » (Grioo, info 5434). Elle n'y prêta point attention.

D'après les chroniques portugaises de l'époque, Ann Zingha marqua les colons par son sens de la répartie et son habileté politique, qui lui permirent de dominer la rencontre. En effet, « elle ne céda en rien sur ce qui semblait relever de la dignité de son peuple et parvint à obtenir le recul des troupes étrangères hors des frontières antérieurement reconnues et le respect de la souveraineté du Matamba » (Grioo : Serbin).

Au terme de la négociation, le vice-roi suggéra que le Matamba soit mis sous la protection du roi du Portugal, ce qui revenait à verser un impôt de vassalité, à savoir, envoyer chaque année de douze à treize mille esclaves à l'administration coloniale. Sa réponse fit sans appel :

« Sachez, Monsieur, objecta-t-elle, que si les Portugais ont l'avantage de posséder une civilisation et des savoirs inconnus des Africains, les hommes du Matamba, eux, ont le privilège d'être dans leur patrie au milieu de richesses que malgré tout son pouvoir, le roi du Portugal ne pourra jamais donner à ses sujets. Vous exigez tribut d'un peuple que vous avez poussé à la dernière extrémité. Or, vous le savez bien, nous paierons ce tribut la première année et l'année suivante nous vous referons la guerre pour nous en affranchir. Contentez-vous de demander maintenant, et une fois pour toutes, ce que nous pouvons vous accorder. »

Cette négociation du traité de Luanda en 1622 inscrivit la reine Ann Zingha dans l'histoire. D'autant plus qu'elle succéda à son frère deux ans après, soit en 1624.

La paix ne dura guère, car malgré la signature du traité de Luanda, l'envahisseur ne renonçait pas à son projet de mainmise sur l'Angola. Ainsi, les relations entre la reine et les Portugais furent tourmentées et même houleuses. Elle leur opposa une farouche résistance.

Redoutable chef militaire, **la reine Ann Zingha** d'Angola **possédait la dureté masculine et le charme féminin** et les a utilisés tous les deux en fonction de la situation.

Elle mit en œuvre plusieurs stratégies pour empêcher l'Angola de tomber entre les mains des Portugais. Elle sut rallier les États voisins à sa cause et les amena à se dresser contre l'envahisseur. **Elle réorganisa son armée** et aguerrit ses soldats par des exercices d'endurance. **Elle sut même déloger des régiments africains** bien équipés, enrôlés dans l'armée d'occupation, et les convaincre à rejoindre ses troupes. Elle leur offrait en échange des terres et de fortes récompenses. **Elle plaça sa police secrète sur le port de Luanda** pour espionner les nouveaux débarquements de troupes en provenance de Lisbonne ou du Brésil. Elle se tenait ainsi au courant des entrées dans son pays, mais aussi des sorties d'esclaves. **Elle utilisa également la nature à son profit.** Elle profitait de la période des pluies, donc des malarias, pour harceler l'ennemi. Les Blancs étaient épuisés par ces maladies auxquelles ils n'étaient pas habitués.

« Les vice-rois qui se succédaient, ils n'en pouvaient plus d'essuyer des échecs face à ce roc indestructible. À soixante-treize ans, Anne Zingha continuait de conduire ses troupes entre montagnes, forêts et savanes, afin que pas une once de son royaume ne s'émiette. » (Grioo, info 5434 html)

Plus réaliste que ses prédécesseurs, le nouveau gouverneur, Salvador Corréia, convainquit son administration de faire la paix avec la reine Ann Zingha. Ainsi, les Portugais renoncèrent à leurs prétentions sur le Matamba et, pour confirmer leur intention, **un nouveau traité fut ratifié le 24 novembre 1657 par Lisbonne.** Assurée que son royaume était désormais libre et souverain, la reine s'activa à son développement à travers l'amélioration de l'agriculture, la réorganisation de la société, etc. Elle confia beaucoup de responsabilités aux femmes du royaume.

Par son **élégante fierté**, ses **talents de négociatrice**, ses qualités **d'organisatrice**, sa **capacité de résistance et sa détermination** à ne pas céder une once de la terre de ses ancêtres à l'envahisseur, **la reine Ann Zingha fut une source d'inspiration** pour les peuples d'Afrique. Elle marqua les consciences et incita plusieurs peuples et rois à développer une résistance anticoloniale. Ce fut le cas par exemple de Tinubu du Nigeria, de Nandi, la mère du grand guerrier Chaka Zulu, de Kaipkire, du peuple de Herero du sud-ouest africain et de l'armée féminine qui défendait le roi de Dahomey, Behanzin Bowelle (Shenoc : 2088).

Elle rendit l'âme le 17 décembre 1664 à l'âge de 82 ans, avec le seul regret de ne pas laisser un héritier à placer sur le trône du royaume de Matamba.

Par son opposition à la conquête coloniale de son royaume, la famille d'Ann Zingha livra près de deux siècles de résistance (1484[8]–1664) à laquelle le colonisateur esclavagiste portugais n'arrivera à bout que grâce à ses armes massivement destructives conçues par l'Occident.

À elle seule, elle se battit durant 40 ans (1624–1664) contre la force de frappe colonisatrice.

De par son nom en entier, **Ngola Mbandi Nzinga Bandi Kia Ngola**, qui signifie « la reine dont la flèche trouve toujours le but », qu'elle fut réelle en paroles ou en acte, la flèche d'Ann Zingha atteignait toujours l'adversaire en plein cœur.

---

[8] Date d'arrivée des Portugais en Angola (Matamba-Ndongo).

Elle est classée parmi les treize femmes les plus remarquables d'une longue époque, soit durant plus de trois siècles (de 1582 à 1890).

3.2.2 AMAZONES D'AFRIQUE : LES AMAZONES DU ROYAUME D'ABOMEY (1708–1894)

Trône de Houègbadja
XVIIe siède. Bois : prosopis africain

15. Un des types de trône africain pour les rois et reines d'Afrique.
Musée historique d'Abomey (Bénin)

- **Amazone : concept et réalité d'ailleurs**

Si le concept d'« amazone » est passé dans le vocabulaire courant pour désigner les femmes guerrières telles que celles de la République du Bénin (ancien royaume d'Abomey), il diffère en réalité sur divers points concernant les femmes qui portaient ce nom d'« amazones » à l'origine, à savoir, celles de la tribu aryenne.

D'après Shenoc, selon l'historien Diodore de Sicile, les amazones africaines viennent de la Libye. « Elles avaient disparu bien avant la guerre de Troie, alors que celles de Thermodon [en Cappadoce dans l'actuelle Anatolie : Wikipédia], **en Asie mineure**, étaient en pleine expansion ». Sur l'île d'Hespéra (située dans le lac de Tritonis) en Libye, habitait une tribu dirigée par des femmes. Elles restaient vierges durant le temps que durait leur service militaire et subissaient une ablation du sein droit pour être aptes à manier l'arc, leur arme principale. Elles estropiaient les hommes dès leur naissance, les rendant ainsi inaptes à l'exercice militaire et les traitaient bassement pour briser en eux tout sentiment de fierté et de courage. Les « castrant » ainsi psychologiquement, elles limitaient leur rôle à la procréation et à la garde des enfants.

En revanche, elles avaient une grande considération pour les sociétés matrilinéaires comme celles des Éthiopiens et des Égyptiens. À part à celles-ci, elles ont fait la guerre à toutes les villes du lac Tritonis et en ont détruit plusieurs. **C'est seulement Hercule qui les vaincra et mettra fin au règne de ces amazones, de même que celui des gorgones.** Tout un mythe entoure la stratégie qu'il a utilisée pour arriver à ses fins.

Cet « amazonisme » serait né d'un mouvement de révolte des femmes suite à un système patriarcal rigoureux. En effet, « asservies, opprimées, ces femmes esclaves lèveront une insurrection qui les mènera à une sanglante victoire sur les hommes. De cet avilissement naîtra une haine farouche à l'égard des hommes et des tribus pratiquant le patriarcat » (Shenoc, 2008). Cette société n'a rien en commun avec la société matriarcale de l'Afrique.

Il est admis que le matriarcat est à la base de l'organisation sociale en Afrique noire. **Dans les régions où le matriarcat n'a pas été altéré par une influence extérieure** (religion, colonisation), **c'est la femme qui transmet les droits politiques. Car pour les Noirs africains, l'hérédité n'est efficace que quand elle est d'origine maternelle.**

Contrairement à ce qui a été dit concernant **le régime matriarcal, il n'est aucunement basé sur la domination de l'homme par la femme,** mais sur une collaboration harmonieuse des deux. En effet, comme nous l'avons montré à la lumière de l'œuvre de Cheikh Anta Diop, cette position de la femme dans la société noire africaine est acceptée et défendue par l'homme lui-même (Cheikh Anta Diop, e., 1982 : 115-116).

Ce faisant, nous affirmons avec Shenoc qu'« il est donc inexact de penser qu'il y a eu un foyer d'amazones en Afrique noire. Certes, il y eut dans certains empires africains plusieurs compagnies de cavaleries constituées de femmes, comme ce fut le cas au Dahomey lors du règne du roi Guézo (1818-1858). Ces femmes soldates étaient toujours sous les ordres du chef des armées et combattaient auprès des hommes de l'empire. Si leur férocité au combat faisait penser aux amazones, ces femmes guerrières n'avaient que cela en commun. Elles n'étaient nullement opprimées, se battaient pour la libération de leur empire et n'éprouvaient aucune hostilité à l'égard des hommes ».

Le terme « amazone » n'est alors propre qu'aux femmes guerrières issues de tribus aryennes (Asie, Europe) et non aux combattantes africaines. Car « les femmes qui faisaient partie de l'armée dans les empires africains ne sont que des guerrières, d'excellentes guerrières avec une situation bien plus enviable que celle de ces terribles et malheureuses amazones » (Shenoc, 2008).

- **Amazones d'Abomey originellement dénommées « Minos »**

Composé de femmes guerrières, le corps des amazones aurait été créé par le roi Agadja (1708–1740). Son père, le roi Houégbadja, avait déjà créé un détachement de « chasseresses d'éléphants » qui faisaient également fonction de gardes du corps. Mais, c'est Agadja, dans sa lutte de libération du royaume du Yoruba, qui en fit de vraies guerrières.

Le vrai nom de ces cavaleries féminines était « Mino ». Sur les champs de bataille, elles protégeaient le roi et prenaient activement part aux combats, sacrifiant leur vie au besoin.

16. Ahosi (amazone) du Dahomey, XIXe siècle.

Sur le plan militaire, elles sont organisées en cinq spécialités (*La Plume et le Rouleau*, 2002) :

- les fusilières ou *gulonento*, porteuses de cartouchières à compartiments ;

- les archères ou *gohento*, porteuses ou auxiliaires lors des combats ;

- les faucheuses ou *nyekplohento*, armées d'une lame de 45 cm au bout d'un manche de 60 cm ;

- les artilleuses ;

- les chasseresses ou l'élite chargée de défendre le roi et la nation.

L'armée française, dirigée par le général Dodds, butera sur son chemin de conquête du royaume d'Abomey (devenu République du Bénin en 1975) sur cette redoutable armée des Minos. Rappelons qu'à la suite de la Conférence de Berlin (Allemagne) au cours de laquelle les nations européennes procédèrent au partage de l'Afrique, la France, à qui revenait cette part du gâteau, prétexta la pratique du cannibalisme, du sacrifice d'êtres humains, de la polygamie, en résumé, sa « mission civilisatrice » des Africains pour attaquer le riche et puissant royaume d'Abomey.

Le 26 octobre 1892, les troupes colonisatrices du général Dodds marchèrent sur la capitale royale.

À cette période, l'armée des Minos comptait environ 4 000 amazones, réparties en trois brigades. Elles opposèrent une farouche résistance, n'hésitant pas à s'infiltrer au sein des troupes françaises à travers la pratique du « rouler-bouler » afin de mener des combats au « corps à corps » dans lesquels elles excellaient. Surprises d'être confrontées à une armée de femmes, les troupes françaises furent autant impressionnées que terrorisées par ces redoutables guerrières, qui leur présentaient les têtes décapitées de leurs soldats. Ils raconteront souvent et longtemps leurs mésaventures.

Un membre de l'armée française, le capitaine Jouvelet (1894), témoigne :

« Elles sont armées de coupe-coupe à deux tranchants et de carabines Winchester. Ces amazones font des prodiges de valeur ; elles viennent se faire tuer à trente mètres de nos carrés. » (musée historique d'Abomey)

Un autre, E. Chaudoin, dans *Trois mois de captivité au Dahomey*, les décrivait ainsi :

« Elles sont là, 4 000 guerrières, les 4 000 vierges noires du Dahomey, gardes du corps du monarque, immobiles aussi sous leurs chemises de guerre, le fusil et le couteau au poing, prêtes à bondir sur un signal du maître. **Vieilles ou jeunes, laides ou jolies, elles sont merveilleuses à contempler.** Aussi solidement musclées que les guerriers noirs, leur attitude est aussi disciplinée et aussi correcte, alignées, comme au cordeau. » (Musée historique d'Abomey)

17. Les Minos, ou armée de femmes dites « amazones ».
Carte postale, s.d. de François Edmond Fortier

Ne reculant pas devant la mort, elles tombent les unes après les autres sous le feu des puissantes armes de la France. Quand celle-ci vaincra leur pays par sa supériorité militaire (novembre 1894), les amazones ne seront plus qu'une cinquantaine.

Leur corps fut dissout après la conquête coloniale par le successeur de Béhanzin, Agoli Agbo (1894–1900). Mais l'existence de ces troupes guerrières féminines et leur courage sont restés gravés dans les consciences collectives de cette sous-région de l'Afrique. Ce faisant, des troupes militaires féminines sont dénommées, encore aujourd'hui, « amazones ». C'est le cas au Bénin et en Libye.

18. Femmes militaires béninoises surnommées « Amazones », le 10 juillet 2010, lors du défilé à l'occasion de la célébration du Cinquantenaire de leur pays.

19. Amazones d'aujourd'hui (10 juillet 2010) et d'hier (1892).

3.2.3 ABLA OU ABRA POKOU : FONDATRICE DU PEUPLE BAOULÉ DE LA CÔTE D'IVOIRE (DÉBUT DU XVIIIE SIÈCLE–1760)

Petite nièce du grand roi Osseï Tutu, fondateur de la confédération ashanti du Ghana, Abla ou Abra Pokou est née au début du XVIIIe siècle. À la mort de son oncle, son frère Opokou Waré lui succède sur le trône. Selon la coutume, « sœur du roi, Pokou, a tout pour faire la plus grande carrière que peut espérer une femme ashanti », car la succession y est matrilinéaire. Mais quelque chose de fondamental lui manque : la fertilité, donc la capacité d'enfanter. À 40 ans, elle n'avait pas encore donné la preuve de sa féminité, de sa fécondité, selon la conception africaine. « La procréation ne donne pas seulement du prestige aux femmes, elle leur permet, par certains rituels, de les identifier aux forces vitales. Une femme sans descendance était par définition une femme sans pouvoir. » (C. Coquery-Vidrovitch, 2012 : 64)

Bien entendu, dans ce cas, la femme est l'objet de railleries, surtout en tant que prétendante au trône. Pokou vivait alors dans la souffrance de l'humiliation. C'est alors que survint l'un des événements les plus funestes du royaume de Kumasi.

Le roi, son frère, Opokou Waré, entreprend une expédition punitive contre un vassal. Il s'en va avec toute son armée et laisse sa capitale sans défense. Sachant cela, un autre peuple vassal décide de profiter de la situation. Il attaque ainsi l'Ashanti et détruit tout sur son passage. Kumasi, la ville splendide et capitale de l'or, est détruite. Certaines femmes partent avec les enfants se cacher dans la forêt.

Mais, « intrépides, les princesses royales refusent de s'enfuir ». Elles sont massacrées. Miraculeusement, deux d'entre elles survivent au massacre : une jeune, du nom d'**Akwa Boni** et une autre, plus âgée, du nom de **Pokou** (Réseau Ivoire, Côte d'Ivoire, 2009).

Le roi Sewfi décide de leur laisser la vie sauve, mais il les prend en otage et les emporte avec lui comme future monnaie d'échange contre la colère du roi ashanti.

Mais, loin de négocier pour reprendre les membres de sa famille, le roi Opokou Waré inflige au peuple sewfi une grande punition. Il l'attaque et le défait. Il envoie ensuite chercher ses deux sœurs. Mais si le roi réserve à la jeune princesse un accueil chaleureux, il en est autrement pour Pokou. Au lieu de la bienvenue, « *effri iyé* », il la taxa d'« *asea* » (celle par qui le malheur arrive).

Cependant, un changement capital survint dans la vie d'Abla Pokou. **Le guerrier chargé de ramener les princesses de l'exil, nommé Assoué Tano, l'avait séduite.** Bien que plus âgée que lui, elle accepta de l'épouser et **le miracle se produit : elle attendit un enfant.** À son accouchement, elle devint une femme comme les autres et sa joie fut sans limite. Elle pouvait alors prétendre au trône puisque la succession au pouvoir se faisait par voie utérine. Elle pouvait succéder à son frère Opkou Waré, qui avait succédé à leur oncle, Osseï Tutu.

À la mort de celui-ci, une lutte fratricide s'engagea entre Itsa, un vieil oncle et le frère de Pokou, Dakon. Celui-ci fut assassiné. Abla Pokou comprit que ce serait son tour si elle ne s'enfuyait pas. Elle décida de conduire une partie de son peuple en exil. Avec des membres de sa famille, ses serviteurs et ses fidèles soldats, ils marchèrent des jours et des nuits, fuyant la horde de personnes lancées à leur trousse. Ils parvinrent à atteindre le grand fleuve Comoé qui sépare le Ghana et la Côte d'Ivoire. Grossi par les pluies de l'hivernage, il était alors infranchissable. À défaut de traverser vite, le groupe allait être rattrapé par ses poursuivants. Pokou leva les bras au ciel et demanda au devin ce qu'exigeait le génie du fleuve. Il lui répondit : « Reine, le fleuve est irrité et il ne s'apaisera que lorsque nous lui aurons donné en offrande ce que nous avons de plus cher » (Wikipédia, La reine Pokou, 19/01/2009).

Alors, femmes et hommes proposèrent leurs biens : bijoux, bœufs, béliers. Mais rien ne fut accepté par le génie du fleuve. Le devin précisa : « ce que nous avons de plus chers, se sont nos enfants » (Wikipédia, La reine Pokou, 19/01/2009).

La reine comprit que l'offrande devait venir d'elle-même. Elle détacha son unique enfant de son dos et le couvrit de bijoux. Il lui dit ces paroles : « Kouakou, mon unique enfant, pardonne-moi, mais j'ai compris qu'il faut que je te sacrifie pour la survie de notre tribu. **Plus qu'une femme ou une mère, une reine est avant tout une reine** ». Puis, malgré les cris et les sanglots de sa suite, elle souleva l'enfant au-dessus d'elle, l'observa un bon moment et le précipita dans les flots du fleuve. Aucune larme ne coula de ses yeux rougis, aucun tremblement ne secoua son corps éprouvé.

Dès que l'enfant fut dans l'eau, les eaux du fleuve mugissant se calmèrent miraculeusement. Selon une source, ce fut un immense fromager qui se pencha et constitua un pont entre les deux rives. Selon une autre, plus fabuleuse, ce fut plutôt des hippopotames qui se rangèrent d'une rive à l'autre pour offrir une voie de passage à la reine Abla Pokou et à son peuple. Semble-t-il que dès que tous furent sur l'autre rive, le fleuve reprit ses grondements de plus belle. La reine dit dans un sanglot étouffé : « *baou li* » (« l'enfant est mort »).

Au moment de la célébration du nouveau royaume, le peuple commença par les funérailles de l'enfant sacrifié et dota la tribu sauvée par la reine du nom de « *baou li* », devenu *baoulé*.

De même, le berceau de ce peuple fut appelé « *Sakas su* », le « lieu des funérailles ».

Abla Pokou est l'ancêtre du 1er Président de la Côte d'Ivoire indépendante, le Président Félix Houphouët-Boigny (3 novembre 1960–

7 décembre 1999), très attaché à la lignée matrilinéaire. C'est là un autre exemple du genre en Afrique. « **Le mécanisme de la société Baoulé (Côte d'Ivoire) constitue un exemple de répartition remarquablement égalitaire entre les sexes.** Si l'on en croit la tradition, le privilège remonterait à la fondatrice du groupe, la reine Pokou, d'origine ashanti. » (C. Coquery-Vidrovitch, 2013 : 66)

Et « après de longues années d'un règne dont la splendeur fut sans égale dans toute la contrée, la reine Abla Pokou s'éteignit vers 1760. De son berceau d'origine du Ghana à sa terre d'exil, la Côte d'Ivoire, sa célébrité n'a été égalée par celle d'aucun monarque ashanti » (Wikipédia, La reine Pokou, 19/01/2009).

D'après les chansons populaires[9] qui lui sont consacrées, jusqu'à nos jours, « ce fut elle qui enfantera son peuple, elle et elle seule ». « Abla Pokou est considérée comme une des figures marquantes de l'épopée héroïque de l'Afrique. » (Wikipédia, La reine Pokou, 19/01/2009).

3.2.4 LALLA ZOHRA, MÈRE ET SOCLE DE L'ÉMIR ABD EL KADER, ÉMINENT RÉSISTANT SOUFI À L'OCCUPATION DE SA PATRIE, L'ALGÉRIE

- **« Telle mère, tel fils ! », dit la sagesse africaine**

La culture occidentale affirme que derrière chaque grand homme se cache une grande dame. La sagesse africaine, plus précisément la culture peulh[10], dit encore mieux : « Si ton copain a une meilleure mère que toi, arrange-toi pour avoir une meilleure épouse que lui ».

Tous ces propos quasi philosophiques issus de la sagesse populaire concourent à reconnaître que la femme est déterminante dans le processus de développement de l'homme, dans ses réussites ou dans ses échecs. Le Président Barack Obama ne se gêne point de répéter à l'endroit de son épouse : « Michelle est mon roc ». **Cette vision que la femme est l'essence de l'homme est encore plus valable pour l'être à qui elle a donné naissance.** Pour les Africains, « c'est la mère qui fait l'enfant ». **D'après leurs représentations sociales, les grands hommes ne naissent en général que de femmes exceptionnelles.** C'est le cas de

---

[9] **Annexe III :** poème « Pleure Ô Abla Pokou, Reine fondatrice du peuple Baoulé » (Côte d'Ivoire), écrit lors de la guerre dans son pays en 2011 par Aoua Bocar Ly.
[10] Les Peulh sont une communauté socioculturelle qu'on retrouve dans 19 pays d'Afrique. Parmi ces fils et filles mondialement connus, on peut citer Ousmane Dan Fodio, Cheikh Omar Foutiyou Tall, Amadou Hampâté Bâ, Adama Bâ Konaré, Naana Asmaou, fille d'Usman Dan Fodio, fondateur de l'empire peul de Sokoto au Nigeria.

Sokhna Adama Aïssé, la mère de Cheikh Omar Foutiyou Tall ou celui de Sokhna Mame Diarra Bousso, mère de Cheikh Ahmadou Bamba. À preuve, peu de gens connaissent le nom du père de ces saints hommes, mais tout un chacun peut mentionner spontanément celui de leurs mères.

On peut faire la même affirmation à propos de l'émir Abd El Kader et de sa mère, Lalla Zohra.

- **Le fils de Lalla Zohra, l'émir Abd El Kader**

20. L'émir Abd El Kader

Soufi, homme de lettres et homme de paix, Abd El Kader ne devient chef militaire que face à la menace de la domination de son pays par la puissance coloniale française. Comme El Hadj Omar Tall au sud du Sahara ou en Afrique de l'Ouest (1796–1864), l'émir Abd El Kader (1808–1883) fut au nord du Sahara la figure de proie de la résistance à la colonisation de l'Afrique au XIXe siècle.

Enfant précoce, voire **prodige**, il apprit à lire et écrire à 5 ans. À 12 ans, il savait réciter par cœur le Coran et devint « hafiz »[11] à 14 ans (Wikipédia). **Une solide éducation religieuse soufie** renforça son potentiel d'intelligence. Sa mère veillait à lui **inculquer les meilleures valeurs.**

Les prophéties annoncèrent l'enfant Abd El Kader et affirmèrent qu'il serait le sultan des Arabes.

Comme Omar Saïdou, Abd El Kader fut un explorateur non pas à la recherche de biens matériels, mais en quête du savoir et du savoir-faire. Son second pèlerinage à la Mecque en 1827[12] le conduira à Tunis, en Égypte (Le Caire et Alexandrie), à Jérusalem, puis, même si c'est

---

[11] Titre décerné à ceux qui connaissent parfaitement le Coran et savent le réciter par cœur. C'est généralement à l'âge adulte et après plusieurs années d'études.
[12] Il avait effectué le premier à l'âge de 8 ans en compagnie de son père.

contre son gré, il se retrouva en France, à Brousse (Turquie) et en Syrie. Il continuera là-bas aussi ses explorations intellectuelles à travers des lectures et des échanges avec de grands intellectuels de l'Europe et les savants les plus renommés de l'Orient.

Tous ces faits montrent que le voyage a été pour Abd El Kader une source d'enseignement. Impressionné par la réorganisation militaire (armée) et administrative (État) de Méhemet Ali (vice-roi d'Égypte de 1804 à 1889), qui lui avait permis de se protéger des Ottomans, des Français et des Anglais, il s'en inspirera plus tard dans sa résistance contre la colonisation française.

Doté d'une solide formation religieuse, imprégné d'une grande spiritualité et de vastes connaissances géographiques, politiques, historiques, linguistiques, etc., **Abd El Kader sera chargé de lourdes tâches devant l'histoire**, à son retour de la Mecque. En effet, le 21 novembre 1832, il fut désigné **sultan de l'Algérie**. Il choisit le titre plus modeste d'émir.

C'est la conquête coloniale de l'Algérie par la France qui le projettera au-devant de la scène. Parmi ses stratégies, il bâtit une *smala* (capitale mobile rigoureusement organisée), une forteresse de résistance. L'Émir apparaît très tôt comme un habile stratège de guerre. En effet, « tout en dirigeant les opérations militaires contre l'occupant et en soumettant les tribus rebelles, il organise l'État national, constitue le gouvernement, désigne les khalifas pour administrer les provinces, mobilise les combattants et crée une armée régulière qui permettra de faire face, pendant 15 ans, à l'une des plus puissantes armées du monde de l'époque. Il profitera de la souveraineté sur une partie de l'Algérie et des droits que lui garantiront **le traité Desmichels** (1834) et le traité de **la Tafna**[13] (1837) pour consolider cette organisation. **Il fonde en 1836 la capitale de Tagdempt**, où il frappe la monnaie en son nom » (Setti G. Simons-Khedis et coll.).

Il fallut **plus de quinze années** (1850–1864) aux colonisateurs pour venir à bout de la résistance l'émir Abd El Kader à la tête du peuple algérien. Ils n'y arrivèrent d'ailleurs que grâce à leur supériorité militaire, mais surtout, par des intrigues qu'ils suscitaient grâce à leur politique du « diviser pour régner ».

L'émir fut un modèle de spiritualité, d'engagement pour le prochain et un grand leader de la résistance culturelle et religieuse.

---

[13] Un traité de paix avec le commandement français.

Guerrier malgré soi parce que forcé de défendre sa nation, **l'émir Abd El Kader est avant tout un homme de paix.** À preuve, au péril de sa vie, il intervint pour arrêter le massacre de la communauté chrétienne de Damas et la plaça sous sa protection. Cet acte humaniste de musulman défenseur des chrétiens lui vaudra les remerciements de grandes personnalités dans le monde et de hautes distinctions.

Fin diplomate, il sut gagner le respect de ses adversaires, voire leur admiration.

La descendance de l'Émir fut une continuation de son œuvre. Pensons à son petit-fils, l'émir Khaled, qui revint en Algérie et qui, après une carrière militaire et politique, milita activement pour l'indépendance de son pays parmi les premiers opposants politiques. Aujourd'hui, à travers la fondation « l'Émir Abd El Kader », d'autres tiennent haut son flambeau.

Il a su insuffler à son peuple l'importance capitale de la liberté et de la dignité ainsi que le sens du refus de la soumission. Ces valeurs cardinales n'ont jamais fait défaut au peuple algérien.

L'émir Abd El Kader est un homme universel et plus de 134 ans (1883-2017) après sa disparition, son œuvre demeure d'actualité. Elle est aujourd'hui une source d'inspiration à travers le monde. Autant dans son pays d'origine, l'Algérie, que partout à travers le monde, l'Émir est l'objet de multiples reconnaissances, si ce n'est de vénération. Parmi celles-ci, notons que :

• depuis 1962, le Front National de Libération de l'Algérie (FNL) considère l'Émir comme **le fondateur de l'État algérien moderne.** Il est considéré comme **un héros national**, notant que d'esprit ouvert, il avait désigné un Noir africain comme dirigeant des finances de son État ;

• l'université Islamique et la mosquée de la ville de Constantine portent son nom ;

• une ville des États-Unis d'Amérique porte son nom : c'est la ville Elkader dans l'Iowa ;

• le gouvernement de l'Algérie compte reconstruire sa maison à Alger ;

• son image est gravée sur les billets de dinars algériens ;

• un film sur lui a été réalisé par Mohamed Latrèche, intitulé *L'Émir Abd El Kader* ;

• sa *zaouïa* à El Guetna a été réanimée et sa place d'investiture est devenue un lieu historique ;

• en France (Paris 5ᵉ, Lyon, Toulon) ou au Mexique (Mexico), des places et des rues portent son nom ;

• un timbre célébrant le bicentenaire de la naissance de l'émir Abd El Kader a été émis par la poste française ;

• un colloque international s'est tenu sur la vie de l'Émir en Algérie au mois de mai 2008 ;

• les chercheurs lui attribuent une contribution à la conception des droits humains ;

• le 11 février 2011, le Haut Conseil Islamique de l'Algérie a organisé une « Journée d'études sur Hadj Omar El Fouti Tidjani – Une grande similitude avec notre émir » (Smail Boudechiche) ;

• un mois après, le Sénégal tint une journée de réflexion sur **l'Émir et El Hadj Omar Tall**, avec la participation d'une délégation algérienne dirigée par le président du HCI ;

• un paquebot de la Compagnie générale transatlantique fut nommé de son nom ;

• l'année 2012, qui consacra **Tlemcen comme année** de la culture islamique, fut clôturée par un colloque à sa mémoire intitulé « La Vie et l'œuvre de l'Émir Abd El Kader »[14].

21. Arbre de la *Moubayaâ* de l'Émir AEK, lieu d'allégeance des chefs de tribus et de l'investiture de l'Émir comme chef de la résistance à l'invasion française, le 27 novembre 1832, plaine de « Ghriss », région de Mascara, Algérie.

---

[14] L'auteure de ce livre y a participé et donné une communication intitulée : « L'Émir Abd El Kader et El Hadj Omar : la résistance soufie au nord et au sud du Sahara ».

Enfin, en **mars 2013**, le président d'honneur de la « Fondation de l'Émir Abd El Kader », Hadj Mohammed Lamine Boutaleb, eut la surprise de recevoir l'appel téléphonique du président de « Genève humanitaire, Centre de recherches historiques », qui l'invita à Genève en Suisse. Là, « dans le Cabinet de numismatique qui abrite des trésors cachés » (Musée d'art et d'histoire de Genève/Blog mahgeneve) situé dans le musée d'art et d'histoire, il lui présenta **une grande et belle médaille de bronze de 1862 sur laquelle est incrustée la figure de son grand-père, Abd El Kader**. Cette décoration avait été **décernée à l'Émir par Napoléon III**, dont le premier acte de son gouvernement fut de le libérer puis de le nommer **grand-croix de la Légion d'honneur** quand « il évita en 1860, au péril de sa vie, un pogrom des chrétiens » (cf. http://blog.mahgeneve.ch/le-cabinet-de-numismatique-recoit-un-descendant-de-lemir-abd-el-kader/).

• L'humanisme de l'Émir inspiré par la sagesse de sa mère, Lalla Zohra

Comme la guerre de conquête de la France, celle de la résistance d'Abd El Kader fit des prisonniers, et ce, dès le début, en 1833. Cependant, homme de foi et humaniste, l'Émir traita ceux-ci de façon humaine et veilla au respect de leur dignité. Il prenait même soin de les rassurer, comme en témoigne l'un d'eux, Monsieur de France, enseigne de vaisseau, qui, dans sa publication après sa captivité, nous rapporte les propos que lui tenait l'Émir :

« Tant que tu resteras auprès de moi, tu n'auras rien à craindre, ni mauvais traitements ni injures. »

Il précise que l'Émir Abd El Kader tint parole. Mieux, il nous apprend que les femmes prisonnières étaient confiées à l'épouse et surtout à la mère de l'Émir. Monsieur de France précise « qu'elles veillaient personnellement à ce que leur séjour fût le moins rude possible et leur honneur protégé ».

Ce traitement humain de prisonniers de guerre, le respect de leur dignité et de la protection de leur sécurité malgré une situation de violente agression étrangère fait dire aujourd'hui que l'émir Abd El Kader est **le précurseur de la Convention de Genève pour le droit des prisonniers de guerre.** Il alla jusqu'à opérer à un échange de prisonniers avec la France et rendit ainsi les hommes et les femmes tombés aux mains de ses combattants à leur patrie et à leurs familles.

Dans cette façon d'agir, l'influence de la mère de l'émir Abd El Kader, Lalla Zohra, fut capitale.

- **Lalla Zohra, mère de l'émir Abd El Kader**

Demandons-nous avec Abdallah Bendénia : « mais qui est cette dame dont on n'a pas parlé assez souvent alors qu'elle a joué un rôle prépondérant dans la vie de son quatrième fils, Abd El Kader ? » (*El Watan* : 09/09/2010).

Fille du *cheikh* Sidi Boudouma, chef d'une *zaouïa* assez influente de l'époque, située à Hammam Bouhadjar (ouest algérien), Zohra est une femme cultivée (Wikipédia).

Ce sont les adversaires même de l'Émir, dont certains prisonniers de sa guerre de résistance, qui nous décrivent Lalla Zohra. Parmi ceux-ci, un Danois, volontaire dans l'armée française et jeune officier d'artillerie du nom d'**Adolphe Vilhelm Dinesen.** Comme nous le dit A. Bendénia (2010) dans son ouvrage intitulé *Abd El Kader et les relations entre les Français et les Arabes en Afrique du Nord*, publié en danois en 1840 à Copenhague, puis traduit la même année en allemand à Berlin, M. Vilhelm nous apporte des éclairages sur la personnalité de l'Émir, sur sa philosophie, sur ses façons de faire, mais aussi sur sa mère. Aussi, dans son ouvrage *Histoire privée et politique d'Abd El Kader (Paris 1845)*, l'historien A. de La Croix, nous décrit Lalla Zohra :

« C'est une dame vertueuse par son âge et par sa grandeur d'âme. **Elle fut l'excellente conseillère de son fils par ses lumières, sa perspicacité naturelle.** »

Mieux, dans ses écrits, monsieur **La Porte de Vaux**, médecin militaire capturé au cours de la bataille de Sidi Brahim et conduit à la *déira* de l'Émir, a mis l'accent sur les qualités humaines de Lalla Zohra, qui se révèlent de façon inimaginable dans ce contexte de violence qu'est la conquête coloniale de l'Algérie par la puissance française. En effet, **il souligne la douceur, la bonté et la charité à l'égard des prisonniers français.** Il nous rapporte en ces termes l'accueil réconfortant qu'il trouva à son arrivée auprès de cette pieuse femme :

« La vieille mère du héros se montra au-devant de nous pour nous recevoir en quelques mots dits avec onction et sagesse. Elle nous fit entendre que notre défaite était sans doute la volonté de Dieu, dont nous étions venus troubler les simples serviteurs dans la terre que le Ciel leur avait donnée en partage […]. Mais ce Dieu est Tout-Puissant, ses desseins sont impénétrables. Peut-être, après l'expiation, vous rendra-t-il, un jour, à votre patrie et à votre famille. »

Elle constituait une figure féminine apaisante pour ces gens privés de leur liberté et loin de leur famille, de leur culture et de leur pays.

Cependant, elle ne manquait pas de s'indigner face à la situation que la puissance coloniale française avait créée dans son pays. Il lui arrivait d'exprimer sa colère, comme nous l'apprend le capitaine **Isodore Pierre Schmidt**, qui figurait parmi les prisonniers de la bataille de Sidi Brahim, qui fut gagnée héroïquement par les troupes algériennes.

Dans son livre *Histoire des derniers prisonniers français faits par Abd El Kader en 1845* (éditions Paris, 1852), M. Schmidt nous rapporte ce que Lalla Zohra lui dit un jour :

« Qu'êtes-vous venu faire dans notre pays ? Il reposait calme et prospère et vous y avez jeté les orages et la désolation de la guerre. »

Il est indéniable que l'Émir doive la perfection de son œuvre à sa mère, Lalla Zohra. Elle sut non seulement lui inculquer les valeurs humaines cardinales durant son enfance, mais, aussi, comme elle guida ses premiers pas, elle le suivit pas à pas. En effet, elle resta auprès de lui lors de sa mise aux arrêts par les Français en Algérie et le suivit dans son exil de la France à la Syrie.

Si donc l'émir Abd El Kader a fait écrire des pages et des pages d'histoire, c'est parce qu'elles ont été gravées en lettres d'or dans sa conscience par sa mère, la sage Lalla Zohra.

Lalla Zohra est pour l'Algérie et pour l'Afrique musulmane une héroïne de la paix et du respect des droits humains, une inspiratrice de la Convention de Genève pour les droits des prisonniers.

3.2.5 LA VAILLANCE FÉMININE AU ROYAUME DU WAALO : DES FEMMES DE TALATAY NDER À LA REINE DJEUMBEUT MBODJ

• **Stratégies féminines d'appropriation du pouvoir au Waalo**

Dans le nord du Sénégal, de brillants royaumes ont cohabité le long du fleuve Sénégal. Ce fut le royaume de Gadiaga (dans la haute vallée, actuelle région du Sénégal oriental), le royaume du Tékrour (moyenne vallée, actuels départements de Podor et Matam), le royaume du Waalo (basse vallée, actuel département de Dagana). Dans ce dernier, des femmes ont joué un rôle prédominant dans l'exercice du pouvoir, dans la défense de leur territoire, dans la protection de leurs citoyens et dans la sauvegarde de la dignité de leur peuple.

Dans le système politique du Waalo, le choix du *brack* (roi du Waalo) était assumé par les femmes. Elles portaient cette fonction importante d'électrices du roi, à titre de *linguères*. Ce partage des fonctions permettait le respect de l'équilibre des lignées (maternelle et paternelle) de la royauté. Comme nous l'explique l'anthropologue sénégalaise, le docteur Fatou Sarr, plus tard, les femmes utiliseront cette position stratégique d'influence pour arriver à un contrôle absolu du pouvoir. Elle affirme : « en 1795, on note un tournant décisif dans la stratégie de contrôle du pouvoir par les femmes » (Fatou Sarr, 2007 : 4), puis poursuit : « **la *linguère* Tègue Rella**, suite à la folie de son frère, le *brack* Ndiack Coumba, prit le contrôle après avoir soigneusement caché la maladie du roi en l'exilant hors de la capitale. À partir de cette date, ce sont les femmes qui, dans l'ombre, ont exercé le pouvoir » (Fatou Sarr, 2007 : 4).

Au bout de dix années d'influence féminine, soit « en 1805, la ***linguère* Fatim Yamar Khouriaye**, qui a remplacé sa sœur Tègue Rella, proposa au poste de *brack* son cousin exilé dans le royaume voisin du Cayor, du nom de Kouly Mbaba Diop. **Ceci lui permit d'avoir le contrôle absolu du pouvoir**, car le *brack* élu n'incarnait pas la légitimité au regard des principes voulant que seuls les Mbodj puissent assumer cette fonction ». À la mort de Kouly Mbaba Diop, en 1816, « la *linguère* Fatim Yamar, détenant la réalité du pouvoir, fit élire son mari Amar Fatim Borso, *brack* du Waalo (ce qui conduisit au fait rarissime que la *linguère* soit en même temps l'épouse du *brack*) » (Fatou Sarr, 2007 : 4).

Avec l'exemple de Fatim Yamar Khouriaye Mbodj, « on comprend que les *linguères* étaient préparées à diriger leur peuple, politiquement et militairement » (Fatou Sarr, 2007 : 4).

- **Les femmes de Talatay Nder**

Dans ce royaume du Waalo, « les femmes étaient formées au métier des armes et savaient défendre le royaume » (Fatou Sarr, 2007 : 5) même en l'absence des hommes, comme l'attestent les événements de Nder connus sous le nom de Talatay Nder. Le mardi 7 mars 1820, alors que le roi et les hommes du royaume étaient absents, les femmes firent face à une attaque militaire des royaumes voisins (le Tékrour et le Trarza), comme cela se passait souvent.

Habillées en hommes, les Waalo-Waalo opposèrent une farouche résistance aux attaquants et les obligèrent à se replier. Mais ce n'était là qu'un repli tactique, car à peine les femmes déposèrent-elles leurs armes et reprirent leurs habits que les attaquants revinrent à la charge.

La souveraine, Fatim Yamar Khouraya Mbodj, qui était à la tête de cette résistance féminine, opta pour la mort plutôt que pour l'esclavage. Elle décida de se brûler vive dans une case. Beaucoup de femmes décidèrent de rester avec elle dans cet acte d'honneur.

Mais, avant de passer à l'acte, la reine posa un acte hautement politique. Afin d'assurer la succession féminine au trône de son royaume, elle fit échapper ses deux filles, Djeumbeut Mbodj et Ndaté Yalla, âgées à ce moment d'environ dix et douze ans.

Cet acte de bravoure et d'abnégation des femmes du royaume du Waalo est resté un fait historique marquant dans les consciences collectives africaines. Les griots chantent encore leur gloire et les historiens en font cas.

- **Djeumbeut Mbodj : première *brack* du Waalo (1810 –1846)**

L'histoire révélera que la *linguère* Fatim Yamar Khouraya Mbodj avait été non seulement une femme de courage, mais aussi une visionnaire, car ces deux filles, Djeumbeut Mbodj et Ndaté Yalla, qu'elle avait sauvées de l'esclavage et de la mort, seront proclamées plus tard *linguères* du Waalo.

Elles furent élevées par leur grand-mère, Khouryaye Mbodj, auprès de qui elles apprirent également la pratique de l'exercice du pouvoir, comme dix siècles avant Jésus-Christ, Makéda, future reine de Saba, alla se former à l'art de gouverner auprès de la reine mère d'Égypte.

Ce faisant, à partir de 1827, aux côtés de Fara Peinda Adam Sall, un *brack* peu influent, c'est **la reine Djeumbeut Mbodj** qui exerça réellement le pouvoir (Fatou Sarr, 2000 : 5).

Par tactique politique, elle épousa le roi du Trarza. Ainsi, non seulement elle fit cesser les attaques des Maures, qui avaient fait périr sa mère, mais elle développa avec le Trarza une alliance contre les Français qui entamaient déjà la conquête coloniale des États africains.

De ce mariage de la reine Djeumbeut Mbodj avec le roi du Trarza, Sidi Mohamed, naquit un fils, Sidya. Il sera donc roi des deux royaumes, le Trarza et le Waalo, comme Ménélik fut le roi d'Israël et de Juda de par son père Salomon, et roi de Saba de par sa mère, Madéka, reine de Saba.

3.2.6 NDATÉ YALLA, *BRACK* DU WAALO (1810-DÉC. 1856)

À la mort de la reine Djeumbeut Mbodj, sa petite sœur Ndaté Yalla Mbodj lui succède, au milieu du XIXe siècle (commune de Dagana (web)). Elle est installée sur le trône le 1er octobre 1846. Fin stratège politique comme sa grande sœur, elle arrive à s'approprier tous les attributs politiques et à reléguer le *brack* au second plan. Son règne correspond en effet « au parachèvement du processus du contrôle du pouvoir initié par les *linguères*, dès le XVIIe siècle » (Fatou Sarr, 2007 : 6). Jusqu'alors, si l'on ne lisait que la signature des hommes sur les accords et les correspondances avec les Français et les autres États, à partir de son arrivée au pouvoir, ceux-ci ne portaient plus que sa propre signature.

Ndaté Yalla défendit avec fermeté l'intégrité du territoire de son royaume. Par exemple, le 23 mai 1851, elle adressa une lettre au général Faidherbe en ces termes :

« Le but de cette lettre est de vous faire connaître que l'île de Mboyo m'appartient depuis mon grand-père jusqu'à moi. Aujourd'hui, il n'y a personne qui puisse dire que ce pays lui appartient, il est à moi seule. »

En effet, « son règne sera marqué par une défiance permanente des Français contre lesquels elle a livré une bataille acharnée » (Fatou Sarr, 2007 : 6). Elle s'opposa au passage des troupes qui les alimentaient à Saint-Louis et leur fixa ses conditions (période de passage, valeur de tribu à verser, etc.). Elle exprima à l'occupant la souveraineté absolue de son territoire et lui écrivit : « Saint-Louis appartient au gouverneur, le Cayor au *damel* et le Waalo au *brack*. Chacun de ces chefs gouverne son pays comme bon lui semble » (Barry, 1985 : 275).

Les troupes coloniales du général Faidherbe ne viendront à bout de la résistance de la reine Ndaté Yalla et de celle de son peuple mobilisé derrière elle que grâce à leur supériorité militaire.

Son fils, Sidya (1848-1878), capturé à l'âge de dix ans par le général Faidherbe, perpétuera l'attitude de refus de sa mère. Il fut instruit à l'école française à Saint-Louis du Sénégal, en 1861, puis au lycée impérial d'Alger, mais demanda à revenir au Sénégal en 1863.

En 1865, alors qu'il n'était âgé que de 17 ans, la Colonie lui confia le commandement du canton de Nder. Ce fut l'occasion pour lui de marquer sa distance vis-à-vis des Français et de retourner vers les siens. « Devant une grande assemblée de dignitaires et devant son peuple, il sacrifia à la tradition des *brack* : après s'être débarrassé de ses habits européens, il prit le bain rituel dans les eaux du fleuve, se rhabilla en tenue traditionnelle et jura de ne plus jamais parler la langue du colonisateur. Ensuite, il se fit faire des tresses de Thiédo (actuelles *dreadlocks*) à Thianaldé, marquant ainsi le symbole de son appartenance sociale. » (Fatou Sarr, 2007 : 6)

Mieux encore, il combattra les Français. En novembre 1869, il engage une insurrection générale contre eux et leur fait subir de lourdes pertes. Sa stratégie était d'établir une alliance avec un autre souverain sénégalais, Lat Dior, constituant un front pour la libération nationale. Mais, sous l'intrique des Français, il fut trahi par ses guerriers qui le livrèrent au gouverneur français d'antan, Valère, le 25 décembre 1875. Comme beaucoup de résistants africains, tels Cheikh Ahmadou Bamba, il sera déporté au Gabon en 1876, où il mourut en 1878 à l'âge de 30 ans.

Digne héritier de sa mère, Sidya opposa une résistance militaire et identitaire aux colonisateurs. En effet, « Faidherbe a tenté en vain de le dépouiller de son identité et de sa religion traditionnelle en le nommant Léon et en le faisant baptiser comme un chrétien ». Mais comme a coutume de dire le docteur Oumar Dioume à propos des héros africains : « même vaincu, [Sidya] ne se rendit jamais ».

Dans ses *Esquisses* du 2 septembre 1850, l'abbé David Boilat montre la reine Ndaté Yalla belle et fumant majestueusement sa pipe dans une attitude royale.

22. Ndaté Yalla, souveraine du Waalo

Dernière souveraine du Waalo, la *linguère* Ndaté Yalla Mbodj est une des grandes héroïnes africaines dont le Sénégal a raison d'être fier.

3.2.7 Yaa Asantewaa, la reine mère des Ashantis (1840/1860–1921)

En Afrique, surtout dans les systèmes matrilinéaires, la fonction de reine mère est cruciale. Chaque village ou collectif de villages a une famille régnante dans laquelle le pouvoir se passe des ascendants aux descendants. Elle est en général constituée des premiers arrivants dans le territoire, comme aux États-Unis, les Amérindiens, appelés « premières nations » d'Amérique, ou en Australie. C'est le Conseil des sages du lignage (dénommé aussi Conseil des aînés) qui choisit parmi les membres de cette famille régnante le chef et la mère du chef, ou « reine mère ». Notons qu'elle n'est pas nécessairement la mère biologique du chef, mais souvent une tante, une grande sœur ou une grande cousine maternelle. **Son importance politique tient surtout aux connaissances généalogiques du clan dont elle est dépositaire.** Ce faisant, son avis est capital dans le choix du roi et ses conseils le suivront tout au long de son règne. Elle peut le censurer ou opposer un droit de véto à ses décisions si elle juge que celles-ci vont à l'encontre des intérêts de leur peuple ou de leur royaume.

« Ce sont surtout les Ashantis et les Fons du Danxomé (Dahomey/Bénin), peuples aux institutions analogues, qui ont donné aux reines mères un rôle considérable. » (C. Coquery-Vidrovitch, 2003 : 72)

En effet, chez les Ashantis, au pays Akan (actuel Ghana), la reine mère possède, comme l'*asantehene* (le souverain), un siège d'or, sa propre cour et son propre conseil, composé de dignitaires appartenant à d'autres clans. La reine mère n'est pas simplement un chef de sexe féminin. Son statut correspond à celui d'un homme, dont elle porte les habits lors d'une apparition en public. Elle est la seule femme à pouvoir donner des ordres. En cas de conflit ou de décisions difficiles, sa parole pèse de tout son poids et le dernier mot lui revient. « Cependant, il existait une hiérarchie des reines mères : au-dessus de celles des villages, les reines mères principales dépendaient, à leur tour, de la reine mère du royaume. » (C. Coquery-Vidrovitch, 2004/3 : 14)

Dans l'entreprise coloniale du royaume Ashanti (actuel Ghana), sa capitale, la ville de Kumasi, fut à maintes reprises l'objet d'attaques par les Britanniques, alors que la « capitale de l'or », elle, vivait prospère et organisée. **En 1874, elle fut attaquée et pillée par les Anglais.** Face à leur supériorité militaire, la défense héroïque des Ashantis fut vaine. La défaite les laissa sous le choc, eux qui avaient triomphé dans toutes les batailles et qui se croyaient invincibles.

En janvier 1896, soit vingt-deux ans plus tard, le gouverneur Griffith fit attaquer à nouveau Kumasi sous ce prétexte : « Nous ne pouvons pas accepter que les Ashantis demeurent indépendants alors qu'ils contrôlent nos routes commerciales » (culture camite). Sous la direction du major Robert Baden-Powel, le palais de la capitale fut à nouveau pillé et le mausolée Bantama détruit. Malgré sa main tendue aux Anglais par la proposition d'un pacte d'amitié, **le roi Agyeman Prempeh 1er fut arrêté sans ménagement et déporté en Sierra Léone puis aux Seychelles avec sa mère** et un parent qui lui était resté fidèle, Nana Afrane Kuma. Les Ashantis considérèrent cette attaque comme une trahison, et la capture ainsi que l'exil de leur roi comme une offense. **Ils opérèrent une résistance silencieuse.**

C'est dans ce contexte que Yaa Asantewa (née entre 1840 et 1860) fut appelée à prendre la place de cette reine mère de l'*asantehene* des Ashantis déportée. Yaa Asantewa était la mère de Nana Afrane Kuma, chef de la province d'Edweso (à 16 kilomètres de la capitale Kumasi), parti en exil avec Prempeh 1er. **Suite à l'installation du protectorat britannique sur leur pays en 1896, Yaa Asantewa devint donc *edwesohamaa*, ou reine mère de substitution.**

En 1900, la déclaration du nouveau gouverneur, **Sir Frederick Hodgson**, déclencha une vive révolte. Il déclara que le royaume ashanti était désormais sous la tutelle de la reine d'Angleterre et que leur roi **Prempeh 1er** ne retrouverait jamais son trône. Pire, dans le but d'humilier davantage le peuple ashanti et de les amener à se soumettre à l'occupant, **il demanda la livraison sur le champ du tabouret d'or royal ashanti.** J. Chamberlain, le secrétaire d'État aux colonies, explique ainsi cette exigence : « Compte tenu de l'importance de l'objet dans l'imaginaire des tribus, et en référence à leur coutume, la possession du tabouret confère la suprématie. Par conséquent, il est de la plus haute importance de se saisir de ce symbole de la souveraineté » (culture camite).

La réaction à cette exigence offensante fut immédiate. **Yaa Asantewa, la reine mère des Ashantis**, leva les armes. En plus d'opposer le refus de donner ce symbole de la royauté Ashanti, « elle inspira, conçut et conduisit la guerre à partir de 1900 et prit la tête des mécontents qui réclamaient (aussi) le retour de Prempeh » (C. Coquery-

Vidrovitch, 2004/3 : 18). Elle organisa, devant le fort de Kumasi, un siège qui dura deux mois.

Les Britanniques eurent beaucoup de mal à venir à bout des 40 000 à 50 000 Ashantis que la reine mère dirigeait. Ils mobilisèrent 1 400 hommes munis d'armes modernes. Il leur fallut malgré tout un renfort de 1 200 hommes et trois mois de plus pour vaincre la résistance de Yaa Asantewa et de son peuple. Comme acte ultime de refus de la soumission, elle « aurait craché au visage de l'officier qui vint l'arrêter » (C. Coquery-Vidrovitch, 2013 : 78). Selon d'autres sources, elle se serait rendue aux troupes anglaises pour éviter que sa fille et ses petits-enfants ne soient faits prisonniers.

Toujours est-il que les Anglais ne purent pas mettre la main sur le vrai tabouret d'or. Ils s'emparèrent plutôt d'une copie qu'ils expédièrent au British Museum. Les Ashantis avaient enterré l'original du tabouret d'or dans une cave rocheuse à Bare. **Quand le roi Agyeman Prempeh 1er fut ramené de sa déportation pour calmer les soulèvements ashantis, le tabouret d'or réapparut comme par miracle.** Depuis, enveloppé d'une peau de léopard, symbole de force, il est précieusement gardé en lieu sûr dans le palais royal de Kumasi (culture camite). Personne ne s'aventure plus à réclamer ce symbole du pouvoir millénaire ashanti.

Aussi, le pouvoir féminin symbolisé par le statut de reine mère demeure jusqu'à nos jours au Ghana, ancien royaume ashanti. À preuve, après un règne de 39 années sur la nation ashanti, la dernière reine mère, **Nana Afia Kobi Serwaa Ampem II,** a rendu l'âme le 14 novembre 2016 à l'âge de 111 ans. Comme nous le rappelle Catherine Coquery-Vidrovitch : « il existait une hiérarchie des reines mères : au-dessus de celles des villages, les reines mères principales dépendaient, à leur tour, de la reine mère du royaume » (2004/3 : 18). A**vec la hiérarchie des reines mères, on peut dire qu'elle était la mère supérieure**, car elle « **avait surtout autorité sur 10 000 "reines mères" disséminées à travers le pays**, lesquelles ont la lourde charge de nommer les chefs communautaires » (Africa 24 citant RFI). Conformément à la tradition, « les sages et les chefs traditionnels doivent désormais se réunir pour élire une autre reine. Et tant qu'ils ne l'auront pas fait, les funérailles de Nana Afia Kobi Serwaa Ampem deuxième du nom ne pourront pas avoir lieu » (Africa 24 Monde). Le peuple et tous les dignitaires modernes et traditionnels du pays, dont le président de la République du Ghana et les candidats de l'opposition aux présidentielles, doivent se rendre à son palais de Manhyla pour lui rendre les honneurs (Africa 24 citant RFI). Elle est vénérée autant que la bravoure de la reine Yaa Asantewa est glorifiée.

3.2.8 ALINE SITOÉ DIATTA (1920–1944) : LA REINE PRÊTRESSE OU LA RÉSISTANCE MYSTIQUE À LA COLONISATION

Symbole de la résistance contre la colonisation du sud du Sénégal, la « Casa de Mansa » est connue aujourd'hui sous son nom déformé, la Casamance. Aline Sitoé Diatta est née en 1920 à Kabrousse, dans le quartier de Niolou. Digne descendante du vaillant peuple diola, elle est la fille de Silisia Diatta et d'Assonelo Diatta (cf. carte du Sénégal situant la Casamance).

Orpheline de père, elle quitte très jeune son village pour aller gagner sa vie à Ziguinchor. Elle y exerce non pas le travail de bonne, comme le disent plusieurs sources, mais celui de docker (Wikipédia/Aline Sitoé Diatta).

Ne trouvant pas les conditions recherchées dans la capitale régionale, Ziguinchor, elle s'éloigne un peu plus de sa contrée natale en se rendant à Dakar, la capitale de l'Afrique Occidentale Française (AOF). Là, elle devient une bonne à tout faire chez un administrateur colonial dénommé Martinet, qui était le régisseur des produits de base dans l'ouest africain. Elle était alors âgée d'environ 18 ans.

Contrairement à beaucoup d'héroïnes africaines, ce n'est pas par les armes qu'Aline Sitoé Diatta opère sa résistance à la domination coloniale, mais par une force mystique.

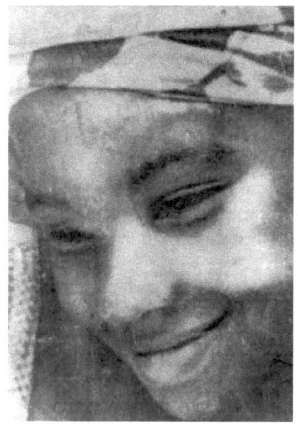

23. Aline Sitoé Diatta, reine prêtresse héroïne de la résistance du sud du Sénégal (Casamance)

D'après certaines sources, c'est le 8 mars 1940, au moment où elle se rendait au travail, qu'elle entendit une voix lui dire : « Rentre chez toi ou il t'arrivera malheur ». Pour d'autres, c'est en 1941 à Dakar qu'elle eut sa première révélation. Cependant, les deux sources s'accordent sur le contenu du message, à savoir que celui-ci l'exhortait à retourner en Casamance assurer la protection de son peuple. Toujours est-il qu'elle ignora l'appel de cette voix.

Semble-t-il que trois jours après cet appel, elle se réveilla paralysée des jambes. C'est alors qu'on la ramena en Casamance. Dès son arrivée, miraculeusement, la paralysie disparut. Elle en garda cependant les séquelles, car elle boita le restant de sa vie.

« Une fois dans son Kassa natal, c'est-à-dire en Casamance, **cette femme meneuse d'hommes entraîne toute la basse Casamance dans la désobéissance civile face à l'oppression française.** » (Wikipédia/ Diatta).

Elle prend en effet le leadership de la résistance du peuple diola face à la domination coloniale française et à son exploitation humaine et économique. C'est ainsi qu'elle lui ordonne le refus catégorique de toute action dictée par les colons. Rappelons que nous sommes dans le contexte de la Seconde Guerre mondiale, lorsque la France impose aux peuples de ses colonies ce qu'elle dénommait « l'effort de guerre ». Outre les travaux forcés à tracer des routes et des chemins pour pouvoir pénétrer les pays africains en vue d'exploiter ses peuples, ainsi que la culture forcée de l'arachide au détriment des cultures vivrières (mil, riz, légumes, etc.), les colonisateurs exigeaient de lourds impôts comme contribution à la protection de la France dans la guerre de l'Allemagne nazie. Pire encore, ils opéraient un enrôlement forcé de jeunes Africains pour cette guerre.

C'est pour mettre fin à tous ces abus que l'héroïne casamançaise appelle son peuple à la résistance. Elle lui ordonna « le refus de payer l'impôt en espèces ou en nature, le rejet de la culture d'arachide au détriment de celle du riz, les recrutements et les enrôlements pour la guerre » (Fatou Sarr, 2010 : 8).

La considérant comme porteuse d'un message divin, le peuple diola suivait les instructions de sa prêtresse, d'autant plus qu'elle accomplissait miracle après miracle. En effet, devant une sécheresse persistante, les villageois implorèrent son aide. Après des jours de recueillement et d'incantations, la pluie tomba abondamment balayant sur son passage la sécheresse et remplissant les rizières longtemps desséchées, ce qui permit les cultures et ramena la joie populaire.

De même, elle guérissait des malades rien que par une pression de ses mains. Quelquefois, c'est après une visite que la personne malade retrouvait miraculeusement sa santé.

Sa réputation traversa très vite les frontières de son village et même de sa région. Les gens affluèrent de partout vers Kabrousse pour solliciter les bienfaits miraculeux de cette prêtresse.

C'est durant cette période de la célébrité d'Aline Sitoé Diatta que la Casamance perdit son roi. On l'invita à le remplacer. Acceptant cette demande de son peuple, elle fut sacrée reine.

Ce faisant, **à ses pouvoirs mystiques s'ajouta le pouvoir politique**, ce qui accrut son audience non seulement au sein du peuple diola, mais au sein de toutes les communautés culturelles et religieuses de la zone. Elle en usa largement pour développer leur résistance. Pour ce faire, elle prôna le retour à leurs valeurs culturelles traditionnelles. « Ainsi, elle réhabilita l'ancienne semaine diola des 6 jours (5 jours travaillés et repos le 6e jour), ordonna des sacrifices, de nouvelles formes de prières, une nouvelle religion traditionnelle. » (F. Sarr, 2007)

Face au front du refus qu'elle formait autour d'elle et au nombre croissant d'adeptes qu'elle attirait, le pouvoir colonial décréta que cette reine prêtresse était l'ennemi à abattre. Considérée comme une rebelle, insoumise, prônant une insurrection rampante à l'encontre des intérêts de la France, elle fut l'objet d'un avis d'arrestation et de recherches intensives.

L'administration coloniale profita d'une période traditionnelle de retrait des femmes chez les Diolas, à savoir celle des menstrues, pour attaquer son siège. Croyant l'avoir en face, les soldats du pouvoir colonial tirèrent sur une femme de son domicile et la tuèrent. Comme l'émir Abd El Kader en Algérie, **dans un acte de protection de son peuple, Aline Sitoé Diatta fit le sacrifice de se rendre aux envahisseurs, le 8 mai 1943.**

Son mari fut également mis aux arrêts. Il ne retrouvera sa liberté que des années plus tard.

Elle, en revanche, fut traînée de prison en prison en Afrique de l'Ouest (Sénégal, Mali, Gambie). Comme beaucoup de nationalistes africains, tels que Cheikh Ahmadou Bamba, elle fut déportée hors de son pays et finit dans le fin fond du Mali, en pays Dogon, dans les environs de Tombouctou. Continuant sa résistance, elle fut l'objet de brimades (tortures, privations de nourriture, de soins, etc.) auxquelles elle succomba.

L'administration coloniale française la déclara morte en 1944, à l'âge de seulement 24 ans.

Si, pendant longtemps, cette grande figure féminine africaine avait sombré dans l'oubli, aujourd'hui, sa mémoire est ressuscitée à travers diverses nominations hautement symboliques. Dans sa contrée d'origine, la Casamance, le CEM d'Oussouye et le stade de Ziguinchor ont été rebaptisés respectivement, CEM et stade Aline Sitoé Diatta. De même, dans la capitale de son pays, la ville de Dakar, un quartier situé à proximité de l'université Cheikh Anta Diop porte son nom. De plus, en 2008, le gouvernement du Sénégal donna son nom au bateau reliant Dakar et Ziguinchor, en remplacement du *Wilis*, puis, du *Diola* (le nom de l'ethnie de la prêtresse). Ce bateau doit sa réputation à la tragédie de l'accident qui le coula au fond de l'eau avec près de deux mille âmes, en 2002.

24. Le bateau Aline Sitoé Diatta

De surcroît, des chercheures féministes africaines (Annette Mbaye d'Erneville, les docteurs Fatou Sarr, Odile Tendeng, Aoua Bocar Ly-Tall, etc.) lui rendent ses lettres de noblesse en la classant parmi les héroïnes d'hier qui tinrent haut le flambeau africain de la liberté et de la dignité.

3.3. Les Africaines : héroïnes d'aujourd'hui en Afrique

3.3.1 S. A. R. Lalla Aïcha, la princesse qui lève le voile sur les Marocaines

Née le 17 juin 1930, Son Altesse Royale (S. A. R.) **la princesse Lalla Aïcha (1930–2012)** est la fille aînée de feu Sa Majesté Mohammed V, homme visionnaire et père de l'indépendance du Maroc. Elle symbolise l'entrée de la femme marocaine dans le monde moderne.

Le 10 avril 1947, alors qu'elle n'avait que 17 ans, elle prononce un discours historique sur la place du Grand Socco à Tanger, en arabe et en français, devant les étudiants des écoles islamiques, lors de la célèbre visite du roi Mohammed V à Tanger. Dans ce discours, il était question, pour la première fois, de l'indépendance du Maroc. C'était d'autant plus audacieux qu'il venait avant même le discours de Sa Majesté le roi.

25. La princesse Lalla Aïcha lors de son discours à Tanger, 1947.

Cet acte à forte charge symbolique entrouvrait l'ère de l'indépendance marocaine et marquait de façon certaine l'entrée de la femme marocaine dans la sphère publique et politique. Ce geste donnait le ton à la sortie progressive de la femme marocaine du cadre domestique (éducation des enfants, soins aux parents et beaux-parents, travaux ménagers, etc.). Elle est la première à défendre la cause féminine avec ce célèbre discours de Tanger, en 1947.

Son Altesse Royale la princesse Lalla Aïcha fut également la première présidente de l'Entraide nationale, une institution créée par feu Sa Majesté Mohammed V à la veille de l'accès du Maroc à la souveraineté. Sa noble et double mission était d'œuvrer pour la satisfaction des besoins immédiats des populations pauvres et de développer des mécanismes et des programmes d'intégration à moyen et à long termes.

Mieux encore, huit ans après l'accès du Maroc à l'indépendance, soit en 1964, Son Altesse Royale Lalla Aïcha fut nommée ambassadrice du Maroc à Rome, puis à Londres, jusqu'en 1969. Elle fut ainsi la première femme ambassadrice du Maroc (la seconde est madame Aziza Bennani en 2004, auprès de l'UNESCO), mais aussi l'une des rares princesses, si ce n'est l'unique, à occuper un poste de représentation de son pays à l'étranger, surtout dans des ambassades aussi prestigieuses que celles l'Italie (1970–1973), du Royaume-Uni (1965–1969) et de la Grèce (1969–1970).

26. Son Altesse Royale Lalla Aicha, Ambassadrice du Royaume du Maroc au Royaume Uni

Source : http://solyanidjar.superforum.fr/ t5560-lalla-aicha-fille-du-roi-mohamed-v

Elle reste encore aujourd'hui une femme d'avant-garde car, jusqu'à un âge avancé et en tant qu'Africaine, elle reste une golfeuse hors pair. Semble-t-il qu'**elle a joué au golf jusqu'à quelques jours avant son**

décès, le 4 septembre 2011 et que son équipe gagnait souvent les compétitions.

Figure légendaire féminine du XXe siècle, elle demeure une source d'inspiration pour les femmes du Maroc, de l'Afrique et même pour celles du monde musulman.

3.3.2 Wangari Maathai : icône de l'Africaine, l'« Al Gore[15] de l'Afrique » (1940–2011)

27. Wangari Maathai, première Africaine à obtenir le prix Nobel de la Paix, 2004.

Avec son visage accueillant, sa détermination imperturbable et ses yeux pétillants d'intelligence, Wangari Maathai est, par excellence, l'icône de l'Africaine, celle de la femme capable de mener plusieurs combats de front tout en gardant la joie de vivre, le sourire et une apparence élégante. Elle est le reflet de ces Africaines dont je disais en 2005 dans mon entrevue « À cœur ouvert », avec le Regroupement général des Sénégalais au Canada (RGSC), que « je suis impressionnée par leur force tranquille, leur sérénité, leur foi inébranlable qui fait qu'elles ne baissent jamais les bras. En plus, elles sont belles, élégantes et souriantes. **Elles gardent l'Afrique en vie malgré les 1001 défis** » (http://sisyphe.org/spip.php?article1930/, « À cœur ouvert avec le docteur Aoua Bocar Ly », entrevue recueillie par Julie Bienvenue).

---

[15] Al Gore était le vice-président des États-Unis sous Bill Clinton, porte-étendard mondial de la protection de l'environnement et la sauvegarde de la planète Terre.

Les Africaines[16] ne pleurent pas la disparition de Wangari Maathai survenue récemment, le **25 septembre 2011**, elles chantent sa gloire. Car on ne pleure pas une vie bien remplie, on la glorifie. Ce fut le cas des 71 années de Wangari.

28. Wangari Maathai recevant le prix Nobel de la Paix, le 8 octobre 2004.

Première Africaine à recevoir le prix Nobel de la Paix en 2004, Wangari Maathai a aussi été la première dans plusieurs domaines. Ce prix Nobel est le couronnement de son parcours exceptionnel, mais aussi la reconnaissance par la Communauté internationale de la contribution de milliers d'Africaines à la protection de l'environnement social et écologique, gage du développement durable, de la démocratie et de la paix en Afrique et dans le monde.

Née le **1ᵉʳ avril 1940**) à Nyeri, au Kenya, elle put quand même aller à l'école et donc être **parmi les premières filles instruites en Afrique de l'Est.**

Si c'est l'ouverture d'esprit de ses parents et l'aide des bonnes volontés (catholiques et étasuniennes) qui lui ont ouvert les portes de l'école, **c'est sa détermination et son intelligence qui lui ont permis d'atteindre les hauts sommets de l'éducation.**

Après des études primaires et secondaires dans son pays, respectivement à l'Ihithe Primary School puis au couvent Loreto, une école de filles de Limuru, au Kenya, Wangari Maathai se rend aux États-Unis pour ses études collégiales, ce, grâce à l'appui de ses professeurs, qui arrivent à lui décrocher une bourse d'études de l'administration américaine de John F. Kennedy.

---

[16] Hommage à Wangari Maathai par le réseau « Femmes africaines, Horizon 2015 » (FAH 2015), in *Le Montréal Africain*.
URL : https://aouabocarlytall.files.wordpress.com/2011/10/hommage-_wangari-maathai-par-reseau-femmes-africicaines-horizon-2015-en-coll.pdf

En 1964, elle obtient **son *bachelor* (licence) en biologie** au Mount St Scholastica College, situé à Atchison, dans le Kansas. **Elle devint la première femme d'Afrique de l'Est à obtenir ce diplôme.**

En 1966, elle va poursuivre **ses études à Pittsburgh, en Pennsylvanie.** Elle retourne au Kenya mais n'y reste pas longtemps, car elle doit se rendre en Allemagne pour un emploi à l'université de Munich. Elle rejoint plus tard l'université de Nairobi pour travailler dans le domaine de la médecine vétérinaire, comme assistante de recherche auprès de R. R. Hofmann.

En 1971, elle décroche son doctorat et enseigne dès lors l'anatomie et la zoologie, puis devient doyenne de la Faculté de sciences vétérinaires. En 2002, elle est professeure invitée au Global Institute of Sustainable Foresty de l'université de Yale, aux États-Unis.

Wangari Maathai fut la première femme en Afrique de l'Est et du Centre à connaître une telle trajectoire académique et à être hautement diplômée (baccalauréat, master, doctorat), et ce, dans des domaines hautement scientifiques (biologie, sciences vétérinaires et environnementales). **Elle ouvrit ainsi les portes de l'université aux jeunes Africaines de l'Est.**

En plus d'avoir favorisé l'accès des filles à l'éducation, **elle s'est battue pour la dignité de l'Africaine.** Elle fut envoyée la première fois en prison (1971) pour le motif d'outrage à un magistrat dans l'exercice de ses fonctions. Elle l'avait traité dans la presse « d'incompétent et de corrompu », pour avoir donné raison à son mari, qui réclamait le divorce sous prétexte que Wangari « avait un trop fort caractère pour une femme et qu'il était incapable de [la] maîtriser ». Elle afficha ainsi son refus de l'oppression et de l'humiliation par l'homme, fût-il un juge.

Militante écologique, Wangari Maathai s'est engagée corps et âme dans la sauvegarde de l'environnement par la protection des arbres et la prévention de l'érosion du sol. Pour ce, en 1977, elle fonda le « Green Belt Movement », ou « Ceinture Verte ». Le jour de la Terre, elle planta sept arbres en l'honneur des femmes kényanes avant-gardistes de l'environnementalisme.

Mais c'est sa courageuse opposition à l'abatage de plusieurs acres d'arbres en vue de la construction d'une maison luxueuse pour le Président du Kenya de l'époque, Daniel arap Moi, qui lui conféra une renommée mondiale. L'État recula devant sa mobilisation et le projet fut abandonné. Protectrice inlassable des forêts kenyanes, elle fut affectueusement surnommée par ses compatriotes, « l'épouse des arbres » (« *Tree woman* »). Elle fonda d'ailleurs **le Parti vert Mazingira.**

Cette action fut hautement bénéfique, car ce mouvement fera des réalisations d'envergure en faveur des femmes et du milieu rural kenyan. En effet, « en près de 30 ans, son mouvement, le *Green Belt Movement*, a soutenu la plantation de dizaines de millions d'arbres, fournissant du combustible, de la nourriture et du bois de construction. Elle a permis de recréer des milliers d'emplois dans la campagne en assurant un revenu à plus de 80 000 Kenyans (dont 90 % de femmes) leur permettant d'assurer l'éducation des enfants et leurs besoins domestiques » (*New African Woman Magazine*, 2009 : 17).

Son engagement pour les droits des femmes la propulsa comme leader du Conseil national des femmes du Kenya (*Maeudeleo ya Wanawaba*). Elle les guidera jusqu'à son dernier souffle.

Femme politique, elle eut même l'audace de se lancer à la **conquête du pouvoir politique**. Elle se présenta aux élections présidentielles de 1977. Sans la consulter, son parti retira sa candidature.

D'une détermination à tout rompre, elle mena ses actions au péril de sa vie. Sous le régime de Daniel arap Moi, elle fut arrêtée et emprisonnée à plusieurs reprises. Ce fut le cas en 1991, lorsqu'elle réclama des élections multipartites ainsi que la fin de la corruption et de la politique tribale. C'est grâce à une lettre d'Amnesty international qu'elle fut libérée sous caution.

Malgré l'injustice subie en 1977, elle ne lâcha point sa conquête du pouvoir, car elle savait que c'est avec cette arme qu'elle pourrait opérer des changements. Elle se présenta aux législatives **en 2002 et fut élue députée**, grâce en partie au Mouvement des femmes, « *Maeudeleo ya wanawaba* », dans lequel elle s'était d'abord engagée comme bénévole avant d'en devenir la dirigeante.

Mieux, le gouvernement de Daniel arap Moi la nomma en 2003 **ministre-adjoint à l'Environnement, aux Ressources humaines et à la Faune sauvage**.

Biologiste, elle fut la défenseure de la vie, car défendre la femme et l'environnement, c'est protéger la vie. En 2006, au moment de recevoir la **Légion d'honneur de la France**, « elle lança un cri d'amour retentissant pour l'Afrique, qui se meurt des mains de l'homme » (*New African Woman Magazine*, 2009 : 17).

Voix de la planète Terre en Afrique, Wangari Maathai a été l'« Al Gore » de l'Afrique.

Dans son roman autobiographique (2007), *Celle qui plante les arbres*, **elle déplore les valeurs écologiques africaines** qui sont en train de se perdre. Elle rappelle qu'à l'instar des peuples Amérindiens qui parlent de « Terre mère », en Afrique, les anciens, dont ceux de sa communauté ethnique, les Kikuyus, vénéraient la Nature, lui vouaient le respect et lui assuraient protection. **Ces valeurs, qui étaient transmises de génération en génération**, s'évanouissent aujourd'hui fort malheureusement dans les brumes de la modernité et l'aveuglement de la recherche du profit. Ce faisant, de cette sagesse africaine « il ne reste aujourd'hui plus rien, car l'homme blanc a tout changé sur son passage », dit-elle (*New African Woman Magazine*, 2009).

Son action s'étendit sur le plan international à travers les organisations internationales, les groupes onusiens, les leaders de l'ONU et les célébrités politiques, surtout américaines.

29. Wangari Maathai en compagnie de Barack Obama, sénateur de l'Illinois pour la plantation d'un arbre au parc Uhuru de Nairobi (Wikipédia/Wangari Muta Maathai).

Depuis 2009, elle était la **conseillère honoraire** du **Conseil pour l'avenir du monde.** Honorée durant sa vie par différentes distinctions (prix, postes et fonctions honoraires), à sa mort le **25 septembre 2011**, **les hommages ont fusé de partout.** Le monde entier a salué son engagement social et sa contribution au mieux-être de l'humanité.

Le meilleur hommage à lui rendre est cependant de **transmettre son legs aux générations présentes et futures de l'Afrique et d'ailleurs.** Sa vie a été des leçons successives du sens du refus, de la désobéissance civile, de l'importance de la dignité humaine, de l'égalité entre genres, continents et peuples, ainsi que celle du respect de l'autre, de la justice sociale et du partage équitable des ressources de la planète, condition *sine qua non* de la paix mondiale.

Même à sa mort, elle reste fidèle aux arbres. Pour éviter qu'on les coupe afin de lui faire un cercueil, elle choisit d'être incinérée.

Wangari Maathai est l'image par excellence de l'intellectuelle africaine moderne et engagée.

3.3.3 AMINATA TRAORÉ, L'ALTERMONDIALISTE OUEST-AFRICAINE

Si Wangari Maathai est la voix africaine féminine de l'Afrique de l'Est et anglophone, Aminata Dramane Traoré est celle de l'Afrique de l'Ouest francophone.

D'origine malienne, elle est aujourd'hui une figure de proue de l'altermondialisme africain.

- **Universitaire**, Aminata Traoré est détentrice du doctorat de 3e cycle de l'université de Caen, en France et chercheur en sciences sociales. À ce titre, elle a enseigné à l'Institut d'ethnosociologie de l'université d'Abidjan, en Côte d'Ivoire, entre 1974 et 1988. Elle y a également assumé le poste de directrice des études et des programmes au ministère de la Condition féminine.

- **Consultante,** elle a travaillé pour plusieurs organisations sous-régionales et internationales, dont le Programme des Nations Unies pour le Développement (PNUD). Elle a dirigé, de 1988 à 1992, son programme régional pour l'eau et l'assainissement, dit Prowess-Afrique. En 1997, le premier régime démocratiquement élu du Mali, présidé par Alpha Oumar Konaré, fait appel à elle et la nomme ministre de la Culture et du Tourisme.

Alors qu'elle aurait pu rester du côté des privilégiés parmi les hommes et les femmes du pouvoir, elle démissionne de son poste de ministre en 2000, pour, dit-elle : « ne plus être tenue de son devoir de réserve » (Wikipédia/Aminata Traoré). Elle rejoint dès lors le mouvement altermondialiste.

- **Altermondialiste**, Aminata D. Traoré se tient aux côtés des progressistes du monde, convaincus « qu'un autre monde est possible »[17] et qui se battent chaque jour pour bâtir ce nouveau monde basé sur l'équité et l'égalité entre le Nord et le Sud, entre les hommes et les femmes et entre les générations présentes et celles futures. Ce faisant, elle est aujourd'hui la voix des voix étouffées de la paysannerie, de la jeunesse, de la population féminine et des défavorisés des pays africains.

• **Femme engagée**, elle monte sur diverses tribunes au nom de l'Afrique et plaide la cause des Africains et des Africaines, en particulier, celle de la jeunesse.

30. Aminata Traoré en 2008 au forum Libération, à Grenoble
(Wikipédia/Aminata Traoré)

• **Auteure avec des armes massivement constructives que sont sa voix et sa plume, Aminata Traoré interpelle et dénonce,** mais aussi **analyse et propose des solutions et des voies de sortie de crise.**

En 1999, elle sort son premier livre intitulé *L'Étau*. Elle y dénonce les institutions de Bretton Woods (le Fonds Monétaire International et la Banque Mondiale) qui appliquent un libéralisme sauvage et imposent aux Africains des politiques d'ajustement structurel (PAS) qui ne font que les appauvrir. Et cette pauvreté engendre des crises sociales qui poussent les jeunes Africains à embarquer dans des bateaux de fortune qui les mènent soit au fond des océans, soit dans les prisons européennes où ils sont traités comme des bandits de grand chemin, alors que leur seul tort est d'aller chercher à s'assurer de meilleures conditions de vie et à améliorer celles de leur famille et de leur communauté.

---

[17] Slogan du 3e forum social mondial, 6 au 13 février 2011 à Dakar (Sénégal), après celui de Porto Alegre (Brésil) en 2001 et celui de Nairobi (Kenya) en 2003.

Dans ***Le viol de l'imaginaire*** (Acte Sud/Fayard, 2001), elle dénonce les manipulations que les puissances occidentales exercent sur les dirigeants africains en fonction de leurs propres intérêts. Elle s'insurge contre leur ingérence dans les politiques africaines et contre le pillage des ressources naturelles, financières et humaines de l'Afrique, malgré des décennies de décolonisation. Elle démontre que cette agression permanente sape les intérêts des Africains et viole leurs aspirations au bien-être et à la dignité.

Dans ***Lettre au Président des Français*** (Fayard, 2005), elle interpelle monsieur Jacques Chirac à propos de la crise en Côte d'Ivoire et en Afrique. Un véritable réquisitoire au nom des Africains !

Fort malheureusement, la France ne semble pas avoir entendu sa voix. **En 2008**, dans *L'Afrique humiliée* (Fayard), elle se voit obligée de fustiger les propos du nouveau Président français, monsieur Nicolas Sarkozy. Elle dénonce son discours insultant à l'endroit des Africains, tenu en juillet 2007 à Dakar, soit en plein cœur de l'Afrique. Sa voix se joignait à celles de bien d'autres Africains et Africaines qui ont riposté au « discours jugé raciste et néocolonialiste » (Wikipédia/Aminata Traoré) de Nicolas Sarkozy à travers des livres (*L'Afrique répond à Sarkozy*, 2009), des lettres ouvertes (Ly-Tall, A. B., « La Vérité », 2008 : 36-38), des articles, des messages sur les réseaux sociaux et des interventions sur les ondes des radios et sur les plateaux de télévision, tant en France qu'en Afrique.

En plus de Nicolas Sarkozy, Aminata Traoré épingle au passage Bruce Hortefeux, l'ex-ministre de l'Immigration et répond au livre d'Éric Orsenna sur *Voyage au pays du coton* et plus particulièrement l'étape au Mali.

Toujours dans *L'Afrique humiliée* (Fayard, 2008), Aminata Traoré analyse les causes du sous-développement et des crises en tous genres (financière, alimentaire, énergétique, écologique et sociale) qui paralysent l'Afrique et font souffrir ses populations. Elle y dénonce le libéralisme sauvage et la responsabilité de l'ancien colonisateur de l'Afrique de l'Ouest, la France, qui continue d'agresser ses anciennes colonies. **Elle met ainsi en exergue la responsabilité de la France dans les malheurs des Africains et des Africaines.**

En outre, dans une analyse **sans complaisance, elle situe les responsabilités des dirigeants africains** et fustige leur suivisme par rapport aux anciennes puissances coloniales. **Elle les incite à faire preuve de courage politique et à rompre ces liens néocoloniaux** qui pérennisent l'exploitation et l'appauvrissement de leurs citoyens. Elle estime qu'il est temps que les dirigeants africains rompent ces relations de subordination afin que l'Afrique accède à une émancipation effective, garante de son développement et de l'épanouissement de ses populations.

- **Courageuse et perspicace**, elle nage à contre-courant, surtout occidental et prend position pour celui que l'on qualifie de dictateur, Robert Mugabe, Président du Zimbabwe. Elle remet les pendules à l'heure en expliquant que la crise zimbabwéenne imputée à celui-ci vient en partie du non-respect, par la Grande-Bretagne, de l'accord de Lancester House établi en 1979 avec Mugabe. Cette ancienne puissance coloniale s'était engagée à dédommager les fermiers blancs dans le cadre de la réforme agraire du Zimbabwe. Face à la campagne de dénigrements contre le Président zimbabwéen, héros de la lutte de libération de son pays, Aminata Traoré réplique :

« Le torrent de boue dont on couvre Robert Mugabe depuis de longs mois a quelque chose de nauséabond et de suspect. J'en souffre. » (*Le Guido* : 2008)

C'est elle qui a coordonné l'organisation du **Forum social mondial-Volet Bamako** en 2006.

- **Porte-voix des femmes africaines, elle crie leur souffrance** et leur misère, causées par la domination de leurs pays et la répartition inégale de leurs richesses par leurs dirigeants. « Il est utopique, dit-elle, de faire la promotion de la condition féminine dans une logique du marché qui les prive des besoins fondamentaux (éducation, soins de santé, emploi, nourriture, etc.). Ceci d'autant plus qu'elles sont accablées par une surcharge de travail due à la dégradation de l'environnement (lieux de collecte de bois et d'approvisionnement en eau de plus en plus éloignés), par un taux élevé de mortalité maternelle et infantile et par des violences physiques et sexuelles lors des conflits armés. Rien que cette situation catastrophique des femmes et des enfants devrait inciter les dirigeants africains à la réflexion à des solutions urgentes ».

Cependant, pour mettre fin à toutes ces exactions (oppression, exploitation, humiliations en tous genres, etc.) et pour arrêter de mener les Africains, surtout les jeunes, au désespoir, elle prône le retour aux vraies valeurs africaines. « Car, en plus des immenses richesses naturelles du continent, ses populations revendiquent des valeurs de culture et de société qui sont autant de remèdes aux maux infligés au lien social et aux écosystèmes. » (*New African Woman Magazine*, 2009 : 10)

« Ces valeurs, dit-elle, méritent d'être explorées en vue de trouver des voies et des moyens pour le mieux-vivre des populations et le vivre-ensemble en harmonie des peuples du monde. »

Sa conviction est que **l'Afrique est un continent d'avenir** et qu'elle n'aurait pas besoin d'aide si ses immenses ressources n'étaient pas pillées dans un commerce international illégal. Il est donc nécessaire que l'Afrique accède à une **émancipation effective** et qu'elle réalise le **panafricanisme**, condition *sine qua non* de la solidarité entre les peuples de son continent.

Aminata Traoré se prête à tous les lieux d'information, de sensibilisation et d'éducation (ISE) pour éveiller les consciences. C'est ainsi qu'elle joue son propre rôle de « témoin de l'histoire » du Mali, dans le film *Bamako*, du célèbre cinéaste Abderrahmane Sissako.

- **À toutes ces facettes de femme engagée et de femme de cœur, Aminata Traoré** a ajouté le titre de **chef d'entreprise** aux cordes de son arc. En effet, elle a ouvert deux entreprises, à savoir le **restaurant-galerie**, *Le San-Toro* et une maison d'hôtes, *Le Djenné*. Sincère dans sa conviction que les Africains sont capables et que l'Afrique possède de multiples potentialités, elle a fait construire leurs bâtiments avec des matériaux locaux, c'est-à-dire maliens.

3.3.4 Tamaro Touré : une Ouest-Africaine engagée dans 101 causes, une protectrice de l'enfance déshéritée

31. Photo de la publication du Village d'enfants SOS au Sénégal, dans Photos du Journal

- **Hermann Gmeiner : fondateur d'un humanisme au service de l'enfance déshéritée**

Leurs noms sont tellement entremêlés que si Tamaro Touré était son prénom, Village d'Enfants SOS au Sénégal serait son nom de famille.

On sait que ce concept de village a pris sa source dans l'Europe de l'après Seconde Guerre mondiale, qui fit entre 50 et 70 millions de morts (Wikipédia : « Pertes humaines durant la Seconde Guerre mondiale »), laissant ainsi des milliers d'enfants privés de parents et beaucoup d'apatrides. Le besoin de les protéger était alors criant. C'est dans cette quête de solutions que **le prêtre Mayr croise Hermann Gmeiner**, un ancien soldat de guerre (1940–1945) en Finlande, en Russie et en Hongrie. Il était revenu en 1945 dans son pays, l'Autriche, à cause de blessures de guerre.

Le prêtre demande au jeune combattant de fonder un groupe de jeunesse à vocation sociale. Le souvenir de ses multiples blessures lors de la guerre, celui d'avoir été sauvé par un jeune Russe, et surtout, sa rencontre avec un jeune de 12 ans sans famille, durant l'hiver 1947, convainc Herman d'accéder à la demande du prêtre. Avec son vécu d'orphelin à l'âge de 5 ans, parmi 9 autres enfants élevés par leur sœur aînée, Herman « arrive à la certitude que foyers et institutions ne sont pas la bonne solution » (Tamaro Touré, 2009 : 14). « Il y a dans ces orphelinats une vie "réglementée à l'horloge" avec une heure précise pour manger, dormir, se promener, etc. Et il n'est pas étonnant que l'enfant se sente enfermé et mal à l'aise. » (T., Touré, 2009 : 56)

En conséquence, il estime que la solution est de construire une maison pour ces enfants déshérités, avec un substitut de mère qui leur offrirait un vrai foyer au sein d'un vrai village d'enfants (*kinderdorf*).

Ce fut la croix et la bannière pour lui de mettre en œuvre cette idée de création de villages d'enfants. Les institutions y étaient réfractaires. On lui riait au nez, si on ne le renvoyait pas purement et simplement. Mais, grâce à sa persévérance et à sa position de responsable de la Jeunesse dans l'université où il menait des études de médecine, il fonda autour de lui « une troupe de choc » composée de seize adolescents et se donna pour mission de « lutter contre la misère des nombreux orphelins et enfants apatrides victimes de la guerre » (T. Touré : 2006, 14). Progressivement, contre vents et marrées, dont l'État et l'Église, le docteur Hermann Gmeiner fonde le futur « SOS Kinderdorf » (Village d'Enfants SOS) lors d'une Assemblée générale constitutive, le 25 avril 1949. Son siège est basé à Innsbruck, au Tyrol.

Parti avec en tout et pour tout un budget de 600 shillings (soit 43 euros, 30 000 frs CFA ou 50 $ US), il misa sur des dons qu'il fixa à 1 personne/1 shilling (T. Touré : 2006, 18). Une volonté s'ajoutant à une autre (un maire qui accorde un terrain, un camarade de front qui construit la première maison sans exiger le paiement dans l'immédiat, des dons par-ci et par-là, etc.), le projet prit forme peu à peu. Le 2 décembre 1949, la première maison du premier village d'enfants ouvrit ses portes. À sa mort (1986), soit 39 ans après la fondation du premier village, il en existait 233, abritant 40 000 enfants, dans 85 pays.

En 2016, les Villages d'enfants SOS sont implantés dans 134 pays dont le Sénégal, grâce en grande partie à l'énergie créatrice de madame Tamaro Touré. Membre fondateur des Villages d'Enfants SOS Sénégal, elle en fut d'abord la trésorière, puis la présidente et enfin, la présidente de son Conseil d'administration.

• Tamaro Touré au cœur de l'implantation des Villages d'Enfants SOS au Sénégal

C'est dans les années 1970 que le destin fit croiser les Villages d'Enfants SOS avec Tamaro Touré à la Primature de la République du Sénégal où elle était la conseillère technique du Premier ministre d'antan, M. Abdou Diouf, futur président de la République du Sénégal (1980–2000). Tamaro Touré fait partie des premiers administrateurs civils du Sénégal indépendant (1960), l'une des rares femmes parmi ceux-ci.

C'est au retour d'une visite en Autriche où il eut l'occasion de visiter un Village d'Enfants SOS à Imst, et surtout de rencontrer son fondateur, Hermann Gmeiner, que le Président Léopold Sédar Senghor confia le mandat à son Premier ministre d'en créer un au Sénégal. Celui-ci chargea sa conseillère technique, Tamaro Touré, de mettre en œuvre cette mission.

Sa réalisation fut ardue à différents niveaux. D'abord, l'acceptation de cette idée venue de l'Europe pour des Africains nouvellement indépendants ne fut pas évidente. Ensuite, certains fonctionnaires estimaient que le pays avait d'autres priorités. Pour eux, il était plus urgent de procéder à la restauration du plus grand hôpital du Sénégal pour l'accueil du nombre croissant de Sénégalais venant à la capitale pour des soins de santé que de créer un village d'enfants sans foyer. De même, l'obtention d'un terrain où construire ce village fut parsemée d'embûches. Mais, **avec la même opiniâtreté que celle qui a habité M. Gmeiner, Tamaro put les contourner à travers diverses**

dispositions et stratégies, dont celles de s'entourer d'une équipe de gens déterminés et dévoués ainsi que l'appui d'une personnalité influente, l'épouse du Premier ministre, madame Élisabeth Diouf, future Première dame du Sénégal (1980-2000). Au cours de sa rencontre avec M. Gmeiner, en visite de « prospection » en novembre 1976 au Sénégal, celui-ci lui explicita ce projet de « Village d'Enfants SOS » au Sénégal, puis l'invita en Autriche à l'occasion de l'Assemblée générale de la fédération des Villages d'Enfants SOS, en octobre 1978. Ceci lui permit à elle ainsi qu'à Tamaro Touré, qui l'accompagnait, de mieux saisir la dimension internationale de cette institution.

« Dès lors, affirme Tamaro Touré, l'engagement de Mme Diouf aux côtés des villages était exemplaire. C'était pour elle une manière d'aider les enfants orphelins et en détresse sociale. »

Elle explique : « Mme Élisabeth Diouf s'est investie personnellement, financièrement et physiquement pour la réalisation de l'idée de Village d'Enfants SOS au Sénégal, en entraînant avec elle toute sa famille. Elle a toujours assumé son rôle de présidente d'honneur, avec beaucoup d'amour et d'engagement en faveur des enfants. Elle a été prompte à débloquer les situations les plus étriquées qui nous empêchaient d'avancer dans la réalisation du projet » (2009 : 29).

Ce faisant, trois ans après l'Assemblée constitutive de l'association Villages d'Enfants SOS Sénégal, le 20 octobre 1976, le premier village fut construit à Dakar, dans le quartier de la Sicap Baobab. En présence de docteur Hermann Gmeiner, il fut inauguré le 30 mars 1979 par le Président Léopold Sédar Senghor, pour qui « la lutte contre **la délinquance juvénile** et contre l'encombrement des rues par de **jeunes talibés** et **autres enfants en errance**, le secours aux **enfants orphelins** ou de parents en marge de la société étaient également des axes prioritaires de la politique gouvernementale en matière sociale » (T. Touré, 2006 : 26).

- **Une trajectoire scolaire et universitaire vers un engagement politique et social**

De par sa trajectoire scolaire et universitaire ainsi que ses implications politiques et sociales, Tamaro Touré étaient bien préparée au rôle de dirigeante d'une institution telle que les Villages d'Enfants SOS. Présentons brièvement son parcours. Rappelons-les brièvement.

Née en 1937 à Ségou (Mali), d'une famille spirituelle et religieuse, son père était l'imam de la mosquée construite par El hadj Oumar Tall.

Malgré cela, à la demande des autorités coloniales, même si c'est à contrecœur, son grand-père la conduisit à l'école régionale de Ségou. Elle y obtint le certificat d'études primaires (CEP) et l'entrée en 6e. Elle entra en effet au Collège moderne des jeunes filles de Bamako et en sortit 4 ans après avec le BEPC en main. Admise au concours d'entrée à l'École normale des filles de Rufisque, elle rejoint le Sénégal. Notons que cette école fédérale recevait les filles venant des États de l'Afrique Occidentale Française (AOF).

Cette année scolaire (1956-1957), Tamaro se retrouva dans une cohorte de 8 élèves venant de la France, du Dahomey, du Soudan français (Mali), de la Guinée française et du Sénégal.

Mais des événements liés aux mouvements de revendication de l'indépendance des pays de l'AOF bouleverseront le cours de la scolarité de la studieuse Tamaro Touré. L'adoption de la loi Gaston Defferre, dite Loi-cadre Defferre, par laquelle la France accordait l'autonomie aux territoires d'outre-mer (AOF et AEF) engendra des remous politiques. Les étudiants et une partie de la population ouest-africaine exigeaient l'indépendance pure et simple.

Pour cela, les élèves maîtres de Sébikotane déclenchèrent une grève. En solidarité avec eux, les élèves de l'École normale de Rufisque refusèrent d'aller en cours et se barricadèrent dans leurs dortoirs respectifs. La réaction des autorités de l'école fut radicale. Les élèves subirent une répression sans appel : l'École normale de Rufisque fut supprimée et Tamaro ainsi que ses camarades furent rapatriées dans leurs États respectifs. Arrivée au Mali, elle fut admise au lycée Terrassons de Fougère de Bamako, où elle obtint son baccalauréat en 1958.

Elle rejoignit ensuite l'université de Dakar (actuelle université Cheikh Anta Diop). Là aussi, les événements politiques influenceront le cours de la scolarité de Tamaro. Durant cette année scolaire 1958-1959, la situation politique avait beaucoup évolué dans l'AOF. Le référendum proposé par le général de Gaulle fut largement approuvé. Seule la Guinée, qui y opposa un « non », acquit une indépendance sans conditions. Le Sénégal et le Soudan formèrent alors la Fédération du Mali. Tamaro obtint une bourse de la part de cette fédération pour aller poursuivre ses études à Poitiers, en France. Avec l'éclatement de la Fédération du Mali après seulement une année et quatre mois de vie (4 avril 1959–20 août 1960), le Mali reprit le relais pour le paiement de sa bourse, ce qui sera là aussi de courte durée, puisqu'à son mariage, sa bourse fut coupée sous prétexte qu'elle avait épousé un Sénégalais. C'était là une discrimination à l'égard de Tamaro, telle que, fort malheureusement dans beaucoup de pays, les femmes qui épousent des hommes qui ne sont pas de la nationalité de leur pays d'origine subissent diverses discriminations pouvant aller jusqu'à la non-reconnaissance de leurs enfants.

Mais cela n'arrêta pas la battante Tamaro. Elle obtint haut la main sa **licence en droit à la Sorbonne**, puis rentra au Sénégal avec son mari, l'illustre pédiatre, le docteur Moustapha Diallo. Elle fut alors admise à l'École Nationale d'Administration de Dakar (ENA), d'où elle sortit en tant qu'inspectrice du travail et de la sécurité sociale. Deuxième femme à être admise à l'ENA, elle fut la première femme inspectrice du travail au Sénégal et même en Afrique de l'Ouest.

Dès lors, **elle fit son entrée dans l'administration sénégalaise. Brillante, elle gravit assez vite les échelons.** D'inspectrice du travail stagiaire, elle devint chef de division au ministère du Travail, puis conseillère technique à la Primature et enfin, à la présidence de la République. Elle participa ainsi activement à la construction de l'État du Sénégal par la mise en place d'un cadre juridique conforme aux préoccupations d'un jeune État. De par sa formation de juriste, elle agit dans le domaine social pour l'élaboration du Code du travail (arrêtés, décrets d'application, textes sur les prestations familiales, les accidents du travail, les maladies professionnelles et la retraite). Elle en fit de même pour le Code de la famille (droits de la femme, droits des enfants, etc.). Il s'agissait également d'affirmer la présence du Sénégal dans les organismes internationaux tels que l'OIT, l'OCAM, la Commission sociale de l'OUA…). Et, pour ce faire, il fallait aussi des règlements juridiques qu'elle contribua à mettre en place.

- **Sur le plan politique**, Tamaro fut membre de l'Union générale des étudiants d'Afrique Occidentale (UGEAO) et de la Fédération des étudiants d'Afrique noire en France (FEANF), où elle rencontra son futur mari, le docteur Moustapha Diallo. De même, elle fut un membre actif du Parti africain pour l'indépendance de l'Afrique (PAI) avec Majmout Diop.

Aussi, tant au Mali qu'au Sénégal, **elle s'impliqua dans les associations féminines de défense des droits des femmes.** En effet, elle fut membre de :

- l'association Djeimanguelet, une des premières associations créées par les collégiennes dans les années 1953-1954 au Soudan (actuel Mali) ;
- l'Association des femmes juristes du Sénégal, qu'elle fonda en 1974 avec Maïmouna Kane, Madeleine Deves Senghor et Mame Madior Boye ;
- l'Association sénégalaise pour le bien-être de la famille (ASBEF), chargée de mettre en œuvre le programme de planning familial du Sénégal ;
- l'Association des anciennes de l'École normale de Rufisque, etc.

- **Le Village d'Enfants SOS : une œuvre humanitaire pour les enfants sans parents**

« Les enfants accueillis sont des enfants orphelins ou abandonnés, des enfants battus ou maltraités, des victimes de conditions familiales difficiles, mais aussi de la guerre, de la misère, des catastrophes naturelles. » (T. Touré, 2009 : 19)

Fort de la conviction qu'« aucune aide ne peut être efficace si l'enfant grandit privé de foyer », le père fondateur, Hermann Gmeiner, fonde les Villages d'Enfants SOS sur quatre principes que sont la « mère SOS », les frères et sœurs, la maison et le village.

Chaque village d'enfants est composé de 10 à 15 maisons où l'on offre aux enfants accueillis un cadre familial reconstitué avec des frères et des sœurs habitant un vrai foyer (dans une maison avec des chambres à coucher partagées par 2 à 3 enfants, un salon comme lieu commun de toute la famille et une cour où jouer…) et surtout, une mère de famille. Car, comme toutes les sociétés, elle est le pilier de la fratrie. Ici aussi, « la mère SOS est sans aucun doute l'élément clé du modèle SOS de prise en charge et d'accueil familial à long terme » (T. Touré, 2009 : 19). Leur sélection et leur recrutement sont stricts, leur formation rigoureuse et continue. Elle se passe sous la supervision du directeur du village et l'appui de spécialistes (psychologue, éducateurs, chef du service éducatif, etc.) que la « mère SOS » rencontre régulièrement. Elle connaît l'histoire familiale de chacun des enfants qui lui sont confiés, ainsi que ses origines culturelles et son appartenance religieuse et les respecte.

En vue de l'épanouissement harmonieux des enfants, cette mère « leur offre un cadre affectif et éducatif stable, indispensable à leur développement. Les enfants s'attachent à leur mère SOS qui prend soin d'eux, les accompagne au quotidien et dans la durée jusqu'à leur insertion sociale, voire professionnelle » (T. Touré, 2009 : 21).

Toujours avec le soutien des autorités du pays, l'appui de bonnes volontés sénégalaises (Djily Mbaye, Ndiouga Kébé…) et le financement d'Hermann Gmeiner ainsi que ceux de ses alliés en Europe, après l'ouverture du premier Village d'Enfants SOS au Sénégal, à Dakar, en 1979, d'autres seront créés à Kaolack (1984), à Louga (10 mai 1990), à Ziguinchor (1998) et à Tambacounda (15 septembre 2010).

- **Les Villages d'Enfants SOS dans d'autres causes humanitaires au Sénégal**

En tant qu'organisation humanitaire, spécialisée en matière de prise en charge de l'enfance déshéritée, l'ONG Villages d'Enfants SOS se sent interpellée par toute situation de catastrophe qui touche le Sénégal. Car dans ces conditions (conflits armés, inondations, etc.), ce sont toujours les enfants qui sont le plus affectés, d'où son programme d'aide d'urgence.

Il fut appliqué pour la première fois dans le cadre des « **événements de la Mauritanie** » en 1988, où suite à un conflit entre éleveurs et agriculteurs dans la vallée du fleuve Sénégal, des centaines de milliers de Sénégalais, mais aussi de Mauritaniens furent attaqués avec violence, dépossédés de tous leurs biens et déportés au Sénégal. Dans la plus grande confusion, parents et enfants se perdirent de vue. C'est ainsi que l'association Villages d'Enfants SOS intervint aux côtés des autorités sénégalaises avec l'aide de bonnes volontés sénégalaises poussées dans un élan de solidarité face à tant de détresse humaine. Ainsi, le Village avait « accueilli, soigné, nourri et entretenu pendant plus d'une semaine ces enfants, que les parents arrivaient avec l'aide de la police à localiser progressivement » (Tamaro Touré, 2009 : 88).

Il organisa aussi une collecte de dons (denrées alimentaires, habits, divers produits nécessaires dans une maison) en faveur de ces populations démunies.

Le **naufrage du bateau le *Diola***, qui reliait Dakar et Ziguinchor, fut un autre moment de l'intervention des Villages d'Enfants SOS Sénégal. Face à cette douloureuse catastrophe survenue en 2002, la réaction du Village fut prompte. « Dès l'annonce de cette catastrophe, qui a fait 1 800 morts, nous avons proposé aux autorités l'accueil dans nos villages des enfants de familles victimes du naufrage qui se retrouvent orphelins et sans ressources. » (Tamaro Touré, 2009 : 89).

C'est ainsi que 42 enfants orphelins du *Diola* furent accueillis, une enquête sociale fut menée pour déterminer le meilleur endroit d'accueil de chaque orphelin (famille ou Village SOS) et une collecte de dons fut organisée. À travers son programme spécial pour les situations d'urgence, l'organisation mère SOS Kinderdorf International (SOS KDI) mobilisa 13,5 millions de FCFA, qui permirent de construire deux maisons familiales supplémentaires dans le Village d'Enfants SOS de Ziguinchor, et d'acheter des denrées alimentaires et des fournitures scolaires pour les victimes. Elles furent distribuées au cours d'une tournée des responsables dans la région de la Casamance, durement frappée. Ce fut « une dynamique chaîne de solidarité » autour de besoins cruciaux (denrées alimentaires d'une valeur de 9 millions de FCFA en faveur de 1 027 familles, offre de fournitures scolaires pour ces familles, exonération de scolarité pour les orphelins dans les différents Villages SOS au Sénégal, soins et médicaments gratuits pour les familles affectées) que l'association mobilisa. Elle apporta ainsi « des solutions pratiques et adaptées à la situation des orphelins du *Diola* » (Tamaro Touré, 2009 : 89-90).

On sait que plusieurs autres catastrophes ont frappé le Sénégal, comme par exemple les inondations répétées. « Toujours fidèle à sa ligne d'action, notre association est aussi intervenue de manière remarquable et efficace lors des inondations de 2005, de 2008 et de 2009 qui ont touché les villes de Dakar, Kaolack et Matam. » (Tamaro Touré, 2009 : 90)

Elle a agi pour recaser les familles chassées par l'eau et mobilisé d'énormes fonds (45 000 dollars US) grâce à l'appui SOS KDI. Une partie (10 078 $ US) servit à l'achat de matelas, de denrées alimentaires et de médicaments qui furent remis au ministre de la Solidarité nationale et une autre (12 000 $ US) au chef religieux, le khalif du Foutah, Thierno Mountaga Tall, qui organisait les secours pour la ville de Matam.

De même, sur la base d'enquêtes sociales, des aides d'une valeur de 22 000 $ US furent distribuées aux populations affectées dans les banlieues de Dakar (Diacksao, Guinaw Rail/Pikine) et dans celles de la commune de Kaolack.

Lors des inondations de 2009 qui affectèrent la capitale du Sénégal, Dakar, l'aide pour ses banlieues touchées fut plutôt des motopompes, des équipements et du carburant pour l'évacuation des eaux. Là, la présidente de Villages d'Enfants SOS salue l'action des jeunes : « La mobilisation des jeunes de ces quartiers en faveur des habitants a permis d'organiser le système d'évacuation et d'entretien et de sortir toutes les maisons des eaux ».

- **Tamaro Touré : l'auteure ou la générosité de partager**

Certes, chaque auteur publie pour partager ses idées, ses émotions, ses connaissances, etc., mais plus que tout cela, pour Tamaro Touré, écrire, c'est offrir aux autres ce qu'elle possède, c'est partager généreusement quelque chose de précieux qu'elle connaît ou qu'elle a.

C'est le cas autant pour son premier livre que pour le second (*Bracelets d'Afrique*).

Le livre ***Les Villages d'Enfants SOS au Sénégal, une expérience de l'enfance déshéritée***, est un cadeau que Tamaro offre avec générosité au public à l'occasion du 30e anniversaire de cette institution au Sénégal. Elle explique : « Le but du livre est de vous raconter cette formidable expérience pensée par le docteur Hermann Gmeiner, mise en œuvre dans aujourd'hui 132 pays dans le monde et que notre pays a adoptée depuis 30 ans » (T. Touré : 2009, 11).

Si on la connaissait, on en apprend plus sur elle, si on ne la connaissait pas, on découvre une humaniste engagée en faveur des êtres les plus vulnérables de la société que sont les orphelins.

En refermant le livre, on a envie de dire tout haut : « Merci ! ».

Plus qu'un livre, ***Bracelets d'Afrique*** est une œuvre d'art, bellement présentée par la maison d'édition L'Harmattan Sénégal. Dans le but de participer à la sauvegarde du patrimoine africain, Tamaro Touré nous y expose divers bracelets, et par ce biais, la diversité culturelle, artistique, religieuse et spirituelle de l'Afrique. Elle nous fait toute une sociologie de ce bijou, en partant d'un bracelet que lui avait offert sa grand-mère, qui, au-delà de sa beauté, est un objet symbolique du fait de l'être duquel provient. Elle nous l'explique :

« J'ai été d'autant plus fascinée par cet objet qu'il avait appartenu, comme me l'a indiqué ma grand-mère, à sa mère, Ayam Mariam Diawara qui, comme le mentionne Adama Bâ Konaré dans son *Dictionnaire des Femmes célèbres du Mali* [éditions Jamana, 1993] jouira d'une grande influence à la cour d'Ahmadou Tall, fils d'El Hadj Oumar et roi de Ségou. »

« Mariam Diawara, femme soninké, appartenait au clan aristocratique. » (Introduction : 2011).

Ce cadeau sera le premier de sa vaste collection de bracelets collectés durant des années dans les marchés de divers pays d'Afrique visités dans l'exercice de ses fonctions.

Dans sa grande générosité, elle salue avant tout le génie créateur des artisans africains. « Tout au long de cette passionnante aventure, mes premières pensées sont allées vers les êtres géniaux qui ont créé, modelé, façonné, ciselé, poli ces objets, à savoir les artisans : forgerons, bijoutiers, sculpteurs, orfèvres, cordonniers, tailleurs de pierre... »

Bracelets d'Afrique est aussi un livre d'histoire sur l'Afrique, sur ses composantes ethnoculturelles, sur la division sociale traditionnelle du travail, mais aussi sur les beautés et grandeurs de ce continent.

32. Photo de la page couverture du livre/Fodé Koné

- **Reconnaissances**

La dimension humaniste de cette femme engagée dans plusieurs causes par compassion et par souci de justice sociale, est une leçon de vie pour tous et toutes. Femme de cœur et de tête, son apport au développement socio-économique et culturel ainsi qu'au rayonnement de l'Afrique de l'Ouest (surtout du Mali et du Sénégal) à travers le monde est incommensurable. Ses contributions sont reconnues au niveau régional, national et international.

L'association internationale des Villages d'Enfants SOS, Kinderdorf International KDI, lui a décerné **l'Épingle d'Or** et la Fédération internationale de planning familial/région Afrique (IPPF/AR), un **diplôme de Reconnaissance**.

Le Mali, où elle est née (Ségou), est fier de son enfant prodige. C'est au musée national de Bamako que le pays organisa une cérémonie de lancement de son bel ouvrage, *Bracelets d'Afrique*, le jeudi 19 juillet 2012, en présence des membres du gouvernement du Mali (la ministre de la Culture et le ministre de la Communication, des Postes et des Nouvelles Technologies), de l'altermondialiste, Aminata Dramane Traoré, du professeur Ali Nouhoum Diallo, de plusieurs autres personnalités, de membres de la société civile et de ceux des médias (D., Gnimadi : 2012).

Le Sénégal, où elle a mené sa brillante carrière, lui a attribué plusieurs distinctions. Elle fut nommée **présidente d'honneur de l'ASBEF** (Association sénégalaise pour le bien-être de la famille), où elle avait longtemps milité. De même, illustre dirigeante du Village d'Enfants SOS de Dakar et actrice de l'implantation de ces villages dans 5 régions du Sénégal, elle fut gratifiée des titres de **Chevalier de l'Ordre national du Lion, de Chevalier de l'Ordre du Mérite, de l'Officier de l'Ordre du Mérite,** et enfin de Commandeur de l'Ordre du Mérite.

Cependant, **le plus grand hommage lui vint de ses collègues de travail et surtout des enfants.** En effet, ses contributions sont plus reconnues avec gratitude par les dizaines de milliers d'enfants qu'elle a pris dans ses bras, veillant à ce que les mères SOS leur prodiguent amour et attention, à ce qu'ils et elles vivent en fraternité avec des sœurs et des frères « dans un nouveau cadre de vie stable et sécurisant dans lequel ils ont la possibilité de se réconcilier avec le passé et de se reconstruire ». Et plus tard, « à prendre une part active dans le développement économique et social de notre jeune nation » (T. Touré : 2009, 11).

À l'occasion de la cérémonie organisée en son honneur par le président de la République du Sénégal, qui l'élevait à la dignité de Grande Croix dans l'Ordre national du Mérite, les uns et les autres lui ont exprimé leur gratitude. La directrice nationale des villages d'enfants SOS au Sénégal lui dira au nom de tous ses collègues :

« Combien de fois mes collaborateurs m'ont-ils confié leur admiration pour vous quand vous preniez des positions courageuses pour défendre les villages d'enfants. Vous avez su nous inculquer à chacun de nous (…) les valeurs de "travail", de "rigueur" et de "courage". Vous avez su transformer le bénévolat des membres de l'association en un militantisme social. Si les Villages d'Enfants SOS ont résisté à toutes les influences, ont survécu trente années et ont un avenir radieux devant eux, nous vous le devons, Madame la Présidente, et c'est vous rendre justice que de vous élever à cette distinction et de vous rendre hommage aujourd'hui. » (Annexe 14 : p. 127)

À la même occasion, la représentante des enfants des villages SOS dira en leur nom :

« Chère Maman Tamoro, **vous êtes notre mère Teresa** pour vous être impliquée depuis plus de trois décennies pour défendre la cause de l'enfant en détresse. Nous, enfants SOS du Sénégal, nous ne pourrons jamais vous remercier pour toute votre disponibilité, votre engagement, votre rigueur dans l'accomplissement de la mission que vous vous êtes assignée. Avec toute notre gratitude et notre amour, Maman Tamoro, "*li du chance, merite leu*" ["cette distinction n'est pas une chance, c'est votre mérite"]. » (Annexe 13 : p. 125)

Et la Directrice de conclure :

« Ils vous l'ont dit tout à l'heure mais n'ont certainement pas dit tout ce qu'ils ont sur le cœur, et il m'est moi-même impossible de vous dire exhaustivement tout. Tous ces enfants qui se sont succédé dans les villages d'enfants SOS, qui y ont grandi, qui y ont retrouvé leur dignité parce que Villages d'Enfants SOS en ont fait des hommes et des femmes responsables et des citoyens à part entière, tous ces enfants que vous avez si affectueusement admis et accueillis dans les villages SOS que vous avez chéris, qui ont été le sens de votre vie et que vous avez défendus, protégés, éduqués… Tous ces enfants devenus des hommes et des femmes membres actifs et participants de la société, m'ont chargé de vous dire : MERCI. » (Annexe 14 : p. 128)

33. « Maman Tamoro » et ses enfants (photo du *Journal des Villages d'Enfants SOS Sénégal*)

Bien que retraitée depuis des années, Tamaro Touré poursuit son œuvre humanitaire. **40 ans après l'Assemblée constitutive de l'association Villages d'Enfants SOS Sénégal, le 20 octobre 1976,** elle continue de veiller scrupuleusement à la bonne marche de l'ONG et à ses bonnes relations avec la fédération internationale et ses partenaires à travers le monde.

Elle écrit et publie des articles et des livres d'intérêt public.

C'est dire que Tamaro Touré fait partie de ces êtres qui, comme Nelson Mandela, continueront d'agir jusqu'à leur dernier souffle pour le mieux-être de l'humanité et, en particulier, pour la frange la plus vulnérable de la société, à savoir, les enfants déshérités.

3.3.5 WINNIE, L'AUTRE MANDELA

- **Winnie, une jeune fille politisée par Nelson Mandela**

Peut-on parler des héroïnes africaines sans évoquer l'une des icônes féminines de la lutte anti-apartheid en Afrique du Sud, Winnie Mandela ? C'est bien entendu inconcevable, quelles que soient, du reste, ses erreurs, voire ses fautes. Car l'histoire retiendra toujours ce qu'elle a représenté pour Nelson Mandela et le rôle capital qu'elle a joué auprès de lui et pour lui dans la résistance face au système de l'apartheid et pour son démantèlement.

Dénommée **Nomzamo Winifred Zanyiwe Madikizela**, « Winnie » Mandela deviendra son nom de mariage et de militantisme. Du Transkei, où elle est née, a grandi et travaillé quelques années dans les Bantoustans, elle évolue dans le Transvaal, précisément à Johannesburg. Elle y étudie et obtient un diplôme de travailleur social à l'école Jan Hofmeyer. Puis, elle s'inscrit à l'université du Witwatersrand, toujours à Johannesburg. Elle y décroche une licence en relations internationales et commence à travailler à l'hôpital Baragwanath de Johannesburg. **Elle fut la première femme noire à devenir travailleuse sociale en Afrique du Sud.**

Quand Mandela, depuis sa voiture, à un arrêt de bus, aperçut cette « beauté radieuse » qu'était Nomzamo Winifred, ce fut le coup de foudre (Nelson Mandela, 2010 : 35). Quelques jours après, elle se présenta à son cabinet d'avocat pour une affaire. Comme l'explique Richard Stengel (2010 : 172) : « c'était un miracle, un genre d'heureux hasard cosmique ». Il commença à la courtiser (invitations à des repas, promenades en campagne, tours en voiture, etc.). La jeune fille était intimidée par toutes les attentions dont la couvrait cet avocat à succès, leader adulé du mouvement de libération, **le Congrès national africain**[18] et plus âgé qu'elle de seize ans. Aussi, il la fit participer à ses activités politiques, lui parla des enjeux politiques de leur pays, de l'Afrique et du monde, la fit fréquenter les militants de l'ANC, bref, **Mandela politisa Winnie.** Il avoue ce fait à son ami et aide biographe, le journaliste américain Richard Stengel (2010 : 174).

« Mandela se souvient qu'au temps où il la courtisait, il ne faisait pas que la séduire, il la politisait aussi. **Avant d'être jetée en prison, il avait fait d'elle une activiste**, et pendant la détention de Mandela, elle est devenue la fougueuse "mère de la nation", un symbole de la lutte qui avait conduit son mari derrière les barreaux. »

Elle était alors devenue l'un des leaders de l'ANC, parti fondé en 1912 pour la défense des intérêts de la majorité noire contre le pouvoir blanc de discrimination raciale.

Une année après leur rencontre, soit en 1958, Nelson Rolihlahla Mandela et Nomzamo Winifred Z. Madikizela se marièrent, ceci durant une interruption de six jours des travaux du tribunal chargé du procès pour trahison dont Mandela était accusé pour s'être rendu à l'étranger sans autorisation. C'est comme s'ils faisaient une course contre la montre pour vivre leur amour. D'ailleurs, le père de Winnie voyait mal ce mariage de leur fille avec un homme déjà marié à la lutte de libération, un pur « gibier de potence », disait-il (2010 : 173).

Mais leurs sentiments surmontèrent l'opposition parentale et les brimades de l'apartheid.

- **Les moments de bonheur d'un couple glamour de l'Afrique du Sud**

Comme l'écrivait dans le journal *The Guardian*, David Smith :

« Il est facile d'oublier que Nelson et Winnie étaient autrefois un couple incroyablement beau et glamour, un canton équivalent de [Richard] Burton et [Élisabeth] Taylor ou des Beckham. »

32 ans après leur mariage (1958–1990), soit le jour de la sortie de Mandela de prison, c'est cette image de couple glamour (beau et célèbre) qu'ils projetèrent aux yeux du monde.

---

[18] Ou ANC, sigle de son nom en anglais, "African National Congress".

34. Photo de sortie de prison des Mandela
(Source : REUTERS/Paul Velasco)

Mieux, contrairement à la perception générale, ils vécurent heureux. Dans une longue lettre de Mandela à sa fille, Zindzi, datée du 9 décembre 1979 (15e année de son incarcération), il nous révèle leur bonheur durant les premières années de mariage. Il commence par parler de son premier amour, la boxe. Toute personne qui connaît la vie de Mandela sait qu'il était un féru de boxe. Plus qu'un sport, c'était une passion pour lui. Il s'astreignait une discipline de fer pour aller chaque jour à l'entraînement. C'était aussi un moyen de défense dans ce monde de violence qu'était l'Afrique du Sud.

Dans cette lettre à Zindzi[19], il se demande d'abord ce qu'il était advenu de leur salle de boxe à Orlando East, qu'ils appelaient Saint-Joseph. Sur un ton nostalgique, il affirme : « Les murs de cette académie et du DOCC [Donadson Orlando Community Centre] sont imprégnés de tous les émouvants souvenirs qui me raviront encore des années » (N. Mandela, 2010 : 43). Il évoque les turpitudes entre ceux qui s'y entraînaient et le directeur d'antan, ses médiations pour régler les contentieux, la rupture et l'ouverture d'un autre centre toujours à Saint-Joseph, les champions que celui-ci a produits. Puis il explique :

---

[19] Lettre qui n'est jamais arrivée à son destinataire parce que confisquée par les censeurs de l'administration carcérale de la prison de Robben Island. Elle a été retrouvée en 2010 dans les archives nationales de l'Afrique du Sud (N. Mandela, 2010 : 45).

« Avec nos camarades de la salle, nous formions une famille soudée, et quand maman [Winnie] est entrée dans ma vie, cela a formé encore un noyau plus intime […] et tous les gens de la salle de boxe sont venus à nos fiançailles. » (N. Mandela, 2010 : 43)

Il s'épanche ensuite sur leur brefs mais intenses moments de bonheur (un peu plus de deux années) :

« Nous passions une heure et demie en salle et je rentrais chez moi environ vers 21 heures, épuisé et totalement déshydraté. Maman me versait un jus d'orange frais glacé, puis elle servait le dîner avec du bon lait fermenté. **Maman était superbe à l'époque, elle rayonnait.** La maison était comme une ruche avec la famille, les vieux amis de l'école, les collègues de Bara [le Baragwanath Hospital[20]], les membres de la salle et même les clients qui appelaient à la maison pour discuter avec elle. Pendant plus de deux ans, elle et moi avons vécu une lune de miel, au vrai sens du terme. J'esquivais tranquillement les activités qui m'éloignaient de la maison après les heures de bureau. Pourtant, **elle et moi n'arrêtions pas de nous répéter que nous étions en sursis**, que les difficultés ne tarderaient pas à taper à notre porte. **Nous vivions de bons moments avec de bons amis** et nous n'avions pas beaucoup de temps pour nous apitoyer sur notre sort. C'était il y a plus de deux décennies, mais je me rappelle si clairement ces jours enfuis que c'est comme si tout cela était arrivé hier. » (N. Mandela, 2010 : 46)

De ce mariage d'amour naîtront deux filles, Zenani, en 1959 et Zindziswa, en 1960.

- **Winnie, une jeune épouse privée de son époux par le système de l'apartheid**

Deux ans à peine après leur mariage (en mars 1961), **les moments avec son mari furent restreints.** Avec le lancement de la lutte armée et celui de la campagne de sabotages politiques par la branche armée de l'ANC, Nelson Mandela fut obligé d'entrer dans la clandestinité. Mais, malgré les risques d'arrestation, follement amoureux, il créait des conditions pour rejoindre sa belle épouse. Un de ses compagnons d'armes, un Blanc, juif et communiste, Lionel Bernstein (1920–2002) en témoigne. Selon lui :

« Il [Nelson Mandela] voyait rarement Winnie et **il était vraiment fou d'elle,** il prenait des risques insensés pour la rejoindre, je le lui disais

---

[20] Winnie était travailleuse sociale au Baragwanath Hospital.

souvent, mais il ne pouvait pas s'en empêcher. **Il vivait très mal cette séparation.** » (Ariane Bonzon, Slate - français, 13/12/2013)

L'année suivante, elle sera **dépouillée du peu qui leur restait.** Les escapades amoureuses volées à l'apartheid prendront fin le 5 août 1962 avec l'arrestation de Nelson Mandela. Winnie exprime sa souffrance : « Une part de mon âme s'en est allée avec lui ce jour-là. »

Deux ans après (1964), au terme du retentissant procès de Rivonia, Mandela et ses compagnons furent condamnés à la prison à perpétuité et envoyés au bagne sur l'île de Robben Island.

Winnie ne reverra son mari que 6 mois après, à travers une courte visite. Elle n'était autorisée à lui rendre visite que deux fois par an. Souvent, ce « privilège » lui était retiré sous des prétextes fallacieux, si ce n'est parce qu'elle était elle-même en prison. À un moment donné, le parloir était même supprimé, les prisonniers ne faisaient qu'apercevoir de loin leurs visiteurs. Winnie n'aura de visite en contact direct avec son mari que 22 ans après sa condamnation, soit en 1985 quand, très malade, il fut transféré sur le continent, dans une prison de haute sécurité de Pollsmoor.

- **Talon d'Achille de Mandela, Winnie subit les pires exactions du régime de l'apartheid.**

Malgré ses deux filles sur ses bras, Winnie poursuivit la lutte afin que son mari et ses camarades ne soient pas oubliés, que l'ANC ne meurt pas et que la résistance des Noirs sud-africains ne pâlisse pas.

Militante anti-apartheid active, Winnie fut à bien des égards victime du système de l'apartheid. D'autant plus qu'« aux yeux des autorités, Winnie et sa famille représentaient le point vulnérable de Mandela ; c'était son talon d'Achille » (R. Stengel : 2010, 176). D'une pierre, le régime faisait donc deux coups : réprimer Winnie pour la faire taire et atteindre Mandela, le déstabiliser et tenter de le faire fléchir. Avec ce double objectif, le gouvernement sud-africain n'y alla pas de main morte dans sa répression contre Winnie.

Selon Richard Stengel (2010 : 175), Mandela est plus expressif dans les lettres qu'en tête à tête. Dans cette lettre d'août 1970 à Winnie en prison, il exprime sa contrariété : « La souffrance physique n'est rien comparée à cette volonté de piétiner les tendres liens d'affection ».

Or, Winnie subissait autant la souffrance affective, que celles physique et morale. Elle se vit privée de son mari, obligée d'être séparée de ses enfants et vécut des violences physiques jusque dans son intimité de femme. **Elle fut sous le coup de menaces répétées et d'intimidations**, telles que des irruptions en pleine nuit dans sa maison située dans l'Orlando ouest, à Soweto. De même, **elle subit des pressions de toutes natures**, dont certaines sur ses employeurs et sur ses filles encore jeunes. Pour les mettre à l'abri, elle finit par les envoyer étudier au Swaziland et resta seule.

Pire, en 1969, le gouvernement de Peter Botha l'arrêta et l'emprisonna durant 491 jours (1 an et 4 mois). En prison, elle fut soumise à toutes sortes d'exactions et d'humiliations, allant des fouilles vaginales aux tortures en passant par l'isolement complet, quasiment 24 h/24.

En août 1970 (6ᵉ année de son incarcération), alors qu'il traversait lui-même d'énormes difficultés, souffrait beaucoup et s'inquiétait du sort de ses filles sans leur maman emprisonnée, Mandela écrivit entre autres à Winnie : « Je trouve amer d'être complètement impuissant à t'aider dans [l'] épreuve que tu traverses […] » (R. Stengel, 2010 : 175).

Même si l'apartheid la blessa profondément durant son emprisonnement, il ne put briser son engagement. À sa libération, elle reprit de plus belle son activisme politique. Entre autres, elle appuya la révolte des écoliers contre l'enseignement de l'afrikaans, en 1976. Cette fois-ci, le régime trouva un moyen de répression encore plus insidieux que la prison. Il l'assigna à résidence pour dix ans, puis la frappa d'une interdiction de séjour à Soweto, sa ville. Elle fut confinée à Brandford, dans le très conservateur État d'Orange, qu'elle dénomme sa « petite Sibérie ». Là, elle était coupée de tout contact avec le monde extérieur.

Pire, dans le périmètre qui lui était assigné à Brandford, **il n'était pas permis à sa fille Zindzi de jouer avec d'autres enfants.** Quand elle voulut faire une requête à la Cour suprême pour lever cette interdiction, elle apprit que son statut de « bannie » ne lui donnait pas le droit de poser cet acte citoyen. C'est son mari, pourtant lui-même en prison, qui pouvait le faire.

Alain Bockel, conseiller culturel à l'ambassade de France d'alors qui, à part un Norvégien de service, fut l'unique membre des corps diplomatiques en Afrique du Sud à lui rendre visite, rapporte combien, du temps de son confinement à Brandford, Winnie était seule.

Ce n'est certainement que par la force de ses convictions et celle de l'amour pour son mari qu'elle passera à travers ces épreuves, continuera de rester debout et de combattre le système.

- **Winnie, une femme contestée et même accusée**

Marquée au fer rouge jusque dans sa chair par la violence extrême du pouvoir blanc, Winnie se radicalise. Pour elle, désormais, c'est œil pour œil, dent pour dent et point de pitié pour les traitres noirs, d'où les slogans qu'on lui a tant reprochés : « Un Boer, une balle », « le supplice du collier » ou encore cette phrase : « Avec nos boîtes d'allumettes et nos pneus enflammés, nous libérerons ce pays ».

Est-ce à cause des épreuves subies (harcèlements, emprisonnement, fouilles corporelles, isolement complet en cellule durant plus d'une année, coupure d'avec les êtres chers, brimades de son peuple [arrestations, assassinats et disparitions de militants de l'ANC, etc.]) que Winnie a dérapé et glissé vers la violence ? La violence n'appelle-t-elle pas la violence, surtout si elle perdure durant des décennies (1958–1998) ?

D'ailleurs, malgré leur séparation, sa souffrance et tout ce qu'il peut reprocher à Winnie sur le plan politique, **en homme juste et de principes, Mandela reconnaît que Winnie a souffert beaucoup plus que lui.** C'est à son biographe et ami qu'il le confie. (R. Stengel, 2010 : 177). Celui-ci se dit lui-même étonné de ses propos et les partage avec nous : « Le stress, dehors, peut être pire que derrière les barreaux. **À un moment donné, elle avait passé plus d'un an en isolement complet,** alors que lui n'avait écopé que de quelques nuits au mitard ». Il poursuit : « Les autorités l'avaient harcelée, emprisonnée, et pendant tout ce temps, il fallait en plus qu'elle s'occupe des enfants, ce qui n'est pas son cas à lui ».

Toujours est-il que même si elle avait été aimée et admirée au point d'être élevée au rang de « mère de la nation », Winnie Mandela a également été contestée et même accusée d'avoir instauré durant les années 1980 « un règne de terreur », d'avoir ordonné l'enlèvement et le passage à tabac de plusieurs jeunes Noirs soupçonnés d'être des informateurs de la police, donc des traitres. La plus grave accusation fut le meurtre du jeune Stompie Seipei (14 ans) enlevé le 29 décembre 1988 par l'équipe du Mandela United Football Club (MFUC) qui gravitait autour d'elle et retrouvé mort en janvier 1989.

Un jugement du tribunal de Johannesburg du 14 mai 1992 la reconnut coupable d'enlèvement et de complicité de meurtre et la condamna à une peine de prison de six ans. Celle-ci fut réduite et commuée en une lourde amende en appel. Notons que si Mandela n'assista pas au procès de

Winnie, il croyait en son innocence et la soutenait. C'est même son vieil ami, l'avocat Georges Bizos, qui la défend.

Winnie eut à réfuter à nouveau ces mêmes accusations le 4 décembre 1997 devant la Commission Vérité Réconciliation (TRC) créée à la demande de Nelson Mandela en juin 1995 et dirigée par Mgr Desmond Tutu. Si, sur la proposition de ce dernier, elle demanda pardon pour tout ce qui avait mal tourné dans son entourage lors de l'apartheid, en revanche, elle réfuta en bloc toutes les accusations portées contre elle. Elle qualifia les témoignages d'une trentaine de témoins de « fabrications pathétiques » et « d'allégations ridicules ». Elle accusa même la TRC de faire partie d'une « stratégie » visant à l'éliminer politiquement. Elle refusa de demander l'amnistie que pouvait accorder la TRC aux repentants et continua de clamer son innocence.

Certainement, **on ne saura jamais la vérité sur les faits reprochés à Winnie Mandela.** Ce faisant, **chaque personne gardera son intime conviction.** D'aucuns resteront convaincus qu'elle est coupable, tandis que d'autres continueront de penser qu'elle est victime de complots visant à l'écarter de la scène politique, mais qu'elle est innocente. L'opinion sud-américaine reste donc divisée à propos de Winnie Mandela.

Elle fut également accusée de détournement de fonds. Pour ce, elle fut condamnée le 25 avril 2003 à cinq ans de prison pour prêts illégaux. Vu qu'elle avait pris les sommes non pas pour elle, mais au bénéfice des plus démunis, en appel, cette peine fut réduite à trois ans et demi avec sursis. En annonçant cette décision, le juge souligna que « sa vie durant, Winnie Mandela a soutenu une cause plus grande que la sienne, celle de la lutte anti-apartheid » (Frédéric Chambon, *Le Monde/ Histoire*, 2013 : 83-84).

- **Winnie, la « mère de la nation sud-africaine » toujours adulée**

Malgré tous les actes de répression du régime, Winnie tint haut le flambeau de la résistance.

Durant toute la période de l'incarcération (août 1962–février 1990) de Mandela et des leaders de l'ANC, elle prit le leadership de la lutte contre le régime discriminatoire et répressif du gouvernement sud-africain. Avec la nation sud-africaine (militants Noirs et progressistes blancs), surtout les femmes membres du Congrès national africain (ANC) et les progressistes blanches sud-africaines, elle développa 101 stratégies pour déstabiliser le gouvernement de Peter Botha, pour le dénoncer et pour faire connaître à la Coopération internationale la répression qu'il faisait subir aux Noirs sud-africains et aux prisonniers politiques de Robben Island. Aussi, à l'étranger, des militants comme Miriam Makeba et bien d'autres relayaient leur voix et leur combat et suscitaient la solidarité internationale.

Par sa persévérance dans la lutte, par sa résistance durant son incarcération et son bannissement et par son soutien aux luttes des jeunes et de la nation sud-africaine, **Winnie acquit une stature nationale. Aimée et adulée, elle fut élevée par la Communauté sud-africaine, noire en particulier, au rang de « mère de la nation ».**

Rappelons qu'en plus de le mettre en prison, la Loi avait banni Nelson Mandela de la place publique. Ni ses photos, ni ses propos ne pouvaient y circuler librement. Non seulement Winnie, qui était l'unique lien entre Mandela et la base de l'ANC, diffusait ses directives, mais elle accéléra la cadence du mouvement de libération.

En 1980, ce fut **le lancement de la campagne « Free Mandela ».** Celle-ci se répandit comme une trainée de poudre partout dans le monde, en particulier en Afrique et en Amérique, surtout de la part de la communauté africaine-américaine. Dans sa préface du livre de Mandela *Conversations avec moi-même*, Barack Obama mentionne que la première fois qu'il participa à une action politique à l'université, ce fut lors d'une campagne pour l'abolition de l'apartheid en Afrique du Sud (N. Mandela, 2010 : XIII). Les actions et les manifestations se succédèrent (marches, « sittings » devant les ambassades de l'Afrique du Sud dans divers pays, chansons dédiées à Mandela de la part d'illustres musiciens, tels que le Sénégalais Baba Maal, pressions internationales dont celle des Nations unies, diplomatie discrète comme celle du Premier ministre du Canada de l'époque (septembre 1984 au 24 juin 1993), l'honorable Brian Mulroney qui arriva à convaincre Marguerite Thatcher de lâcher le régime sud-africain, etc.). Ces actions conjuguées finirent par avoir raison du gouvernement de l'Afrique du Sud. Le Président Frederik de Klerk décida alors en 1982 de sortir Mandela de Robben Island et de le transférer sur le continent, dans la prison de Pollsmoor, près du Cap. Quelques mois après, il entama les négociations avec le Congrès national africain et Mandela.

Comme le dit le conseiller culturel à l'ambassade de la France en Afrique du Sud d'alors, Alain Bockel : « **s'il [Mandela] continue à exister** aux yeux de la population sud-africaine et de l'opinion publique internationale, **c'est en grande partie à l'activisme de Winnie qu'il le doit** » (Ariane Bonzon : *Le Monde*/Slate, 2013).

Et, le *Glasgow Herald* (23 oct. 1985) de renchérir :

« Ils peuvent bien écrire des chansons pop sur le combattant de la liberté de Nelson Mandela […] mais sa femme est tout aussi – et de plus en plus – importante aux yeux des Sud-Africains. »

En effet, **tout comme celui de Nelson, le nom de Winnie est étroitement lié à l'histoire de l'Afrique du Sud.** Si le premier fut le résistant au système de l'apartheid depuis l'intérieur des geôles de ce système durant 27 ans, la seconde fut la résistante à l'extérieur aux yeux de la nation sud-africaine et du monde entier.

- **Winnie Madikizela Mandela : une militante toujours debout du haut de ses 80 ans**

Winnie et Nelson sont en effet les deux faces d'une même médaille, celle de la lutte sud-africaine contre l'apartheid en Afrique du Sud et pour la justice sociale. En cela, ni la nation sud-africaine ni la Communauté internationale ne s'y trompent. C'est pourquoi, malgré les rumeurs d'infidélité, les accusations, la propagande du régime, la pression de certains leaders de l'ANC, qui reprochent à Winnie son activisme et ses excès, **Mandela tient à sortir le 11 février 1990 aux bras de son épouse.** C'était leur victoire commune contre l'apartheid.

Aussi, malgré leur séparation (avril 1992) et leurs divergences politiques, Mandela n'écarta pas politiquement Winnie.

De 1993 à 1997, **Winnie assure la présidence** de la ligue des femmes de l'ANC.

Mieux, au mois de mai 1994, Mandela la nomme **vice-ministre** des Arts, de la Culture, de la Science et des Technologies dans le gouvernement qu'il dirige en tant que premier Président noir africain de l'Afrique du Sud. Même si sous les accusations de détournement de fonds, elle sera obligée de quitter ce poste environ un an après.

C'est dire que **la rupture maritale n'a point engendré de coupure politique entre les Mandela.** Cet acte de reconnaissance de l'apport de « la camarade Winnie » à la lutte contre l'apartheid, si ce n'est pour sa propre survie et celle du mouvement de libération, l'ANC, est un acte de lucidité politique et de grandeur de la part de Mandela.

Aujourd'hui encore, Winnie est **membre du Comité national exécutif,** l'instance dirigeante de l'ANC, ainsi que députée de l'ANC à Soweto.

35. Winnie Madikizela Mandela

À 81 ans (née en 1936), Winnie Madikizela Mandela demeure une militante qui continue de se tenir debout et de poursuivre la lutte de libération de l'apartheid.

Winnie Madikizela Mandela incarne la ligne dure du Congrès national africain. Elle a eu à critiquer certaines démarches et actions politiques de Mandela comme le ferait tout militant. Selon elle, certes les Noirs sud-africains ont réalisé la libération politique, mais la libération économique reste à mener, car les inégalités sociales persistent entre les Blancs et les Noirs.

C'est là l'opinion d'une nouvelle génération de militants de l'ANC. Comme Nelson Mandela, Olivier Tambo et Walter Sisulu, qui avaient fondé en 1944, la ligue de la jeunesse du Congrès national africain (ANC) pour renouveler les idées de ce mouvement fondé en 1912, **le jeune leader Julius Malema semble vouloir impulser un nouveau souffle à l'ANC,** afin de poursuivre sa révolution inachevée. Il s'est bien entendu heurté à la résistance de la vieille garde du parti et, comme Winnie, a été l'objet d'accusations de corruption et jeté en prison. Il a finalement été suspendu de l'ANC pour cinq années. Mais, comme elle, il a poursuivi son ascension comme la nouvelle figure montante de la scène politique sud-africaine. Pour ce, il a fondé un parti dont le nom en dit long, à savoir Economic Freedom Fighters (EFF, traduit par « Combattants pour la liberté économique »), qui a aujourd'hui le vent en poupe, surtout auprès des jeunes. Il a également Winnie Mandela de son côté.

3.4. LES AFRICAINES DE LA DIASPORA DE L'EXIL FORCÉ (AMÉRIQUE-ANTILLES) : HÉROÏNES D'HIER

3.4.1 MARIE-JOSÈPHE-ANGÉLIQUE (1710–1734) : LE REFUS DE LA SOUMISSION

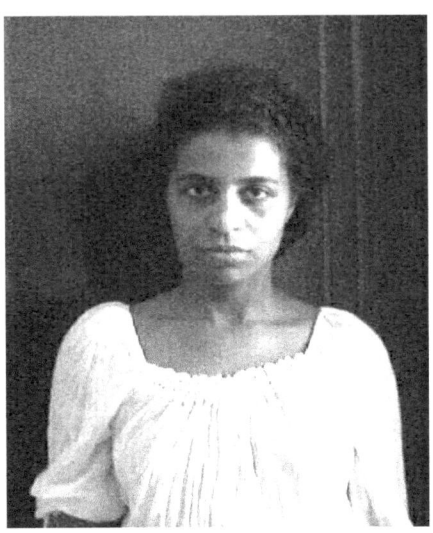

36. Marie-Josèphe-Angélique, Québec : « Angélique 1734 », installation de Guy Giard et Tania Faye, 2002 (musée du quai Branly)

- **Marie-Josèphe-Angélique ou la révélation spectaculaire de l'esclavage au Canada et au Québec**

Contrairement à ce qu'on a longtemps pensé, l'esclavage ne se pratiqua pas uniquement chez le voisin canadien du Sud, les États-Unis d'Amérique. De récentes études et surtout les médias ont révélé ces dernières années l'existence de la pratique de l'esclavage au Canada et au Québec. Pourtant, dès les années 1960, l'historien québécois Marcel Trudel, qui avait largement documenté le sujet, avait sorti une importante publication (432 pages) intitulée *L'esclavage au Canada français* et republiée en 1963 par les Presses de l'Université de Laval.

Mais, très certainement, à cause de la honte et la culpabilité d'avoir participé au crime contre l'humanité qu'est l'esclavage, cette part de l'histoire canado-québécoise fut entourée d'un mur de silence. Mais, comme dit la sagesse africaine, « la vérité peut tarder à rentrer à la maison, mais elle ne découche jamais ». En d'autres termes, tôt ou tard, la vérité finit par éclater au grand jour. C'est ainsi que l'esclavage au

Canada et au Québec sera connu grâce à un acte spectaculaire de révolte d'une femme dénommée Marie-Josèphe-Angélique.

Si la vie et la condition de cette femme d'origine africaine présentaient peu d'intérêt public, ce fut le contraire de l'acte auquel son destin fut associé à Montréal. **Cette ville fut frappée le 11 avril 1734 par un immense incendie.** Sa moitié, dont l'Hôtel-Dieu de Montréal (la mairie) et quarante-cinq maisons, fut ravagée par le feu. Madame Marie-Josèphe fut immédiatement accusée de ce désastre national en Nouvelle-France. Elle était soumise à l'esclavage au profit d'une certaine Marie-Thérèse de Couagne, veuve de l'esclavagiste François Poulin de Francheville et belle-sœur du marchant Alexis Lemoine, dit Monière.

Marie-Josèphe n'était pas l'unique personne réduite à la condition d'esclavage au Canada. Autant en Nouvelle-Angleterre qu'en Nouvelle-France, certains citoyens possédaient des esclaves. Au Québec, on comptait 4 185 personnes soumises à l'esclavage et on identifiait 1 574 esclavagistes entre 1632 et 1834, dont 85,5 % étaient francophones. Ils étaient de diverses catégories sociales (membres du clergé, marchands, officiers, mais aussi des ouvriers et de grands propriétaires, tels que des bouchers, des taverniers, des boulangers, des armuriers, des orfèvres, etc.) [M. Trudel, 2009]. Les premiers esclaves étaient des personnes d'origine autochtone, en particulier des membres de la tribu des Panis (ou Pawnees), originaires du Missouri et, plus tard, ils seront des personnes d'origine africaine achetées en Nouvelle-Angleterre ou aux Antilles. Semble-t-il que « la valeur marchande de ces derniers était supérieure à celle des Panis » (ville de Montréal). Mais, achetés au prix fort ou à bas prix, Africains ou autochtones, ces hommes et ces femmes privés de leur liberté étaient tous soumis aux mêmes conditions d'exploitation économique et d'oppression sociale.

Car, venus de la France, où l'esclavage battait son plein depuis le XVIe siècle, les Français ont perpétué en Nouvelle-France, de façon discrète mais réelle, la tradition esclavagiste. Selon l'historien Marcel Trudel (2004), elle aura perduré durant deux siècles. **Marie-Josèphe-Angélique est la personnification par excellence de l'existence de l'esclavage au Québec.**

- **Condamnation, tortures et pendaison de Marie-Josèphe-Angélique**

L'accusée serait née dans la ville de Madeira, au Portugal. Marie-Josèphe-Angélique n'était certainement pas le nom d'origine de cette

Africaine, mais celui que lui attribua le système esclavagiste qui dépossédait les humains non pas seulement de leur liberté et de leur dignité, mais aussi du symbole de leur identité, à savoir, leur nom. Dans ce cadre, elle fut baptisée le 28 juin 1730 à Montréal (André Vachon, 1969, en ligne en 2013) et le marchand Monière lui servit de parrain. Elle fut d'abord la maîtresse de César, un homme d'origine africaine, soumis lui aussi à l'esclavage par l'esclavagiste Ignace Gamelin. Elle eut de César un garçon, né en janvier 1731 et des jumeaux, nés en mai 1732. Ils seraient tous morts peu après leur naissance, certainement à cause des mauvaises conditions de vie dans lesquelles étaient tenus les esclaves, et du manque de soins de santé appropriés. Après cette relation avec le père de ses enfants, elle tomba amoureuse d'un Canadien français dénommé Claude Thibault (A. Vachon, 1969).

Marie-Josèphe-Angélique fut arrêtée dès le lendemain de l'incendie, soit le 12 avril 1734. Selon les sources officielles, elle avait moins de 25 ans. Elle était donc jeune.

À son procès défila une vingtaine de témoins, dont la plupart n'étaient pas libres de leurs propos ou peu fiables. Parmi ceux-ci, « Marie, une esclave amérindienne, déclare que l'accusée avait l'intention de brûler sa maîtresse, alors que Jeanne Thailhandier dite Labaume réalise trop tard qu'elle a encouragé cette rumeur. D'autres comme Louise Poirier dite Lafleur, une domestique de Franceville, témoignent du mauvais caractère de l'accusée, tandis que Marguerite César dite Lagardelette, personnage à l'esprit troublé, soutient que l'accusée était particulièrement agitée peu avant l'incendie ». Mais bien que toutes ces femmes témoins soient convaincue de la culpabilité de Marie-Angélique, « aucune ne l'a vue mettre le feu » (*Les grands mystères de l'histoire canadienne, La torture et la vérité…*).

C'est certainement du fait de la non-fiabilité de toutes ces personnes qui ont témoigné et de la faiblesse de leurs témoignages, qu'on fit appel à une « déclaration tardive et mystérieuse d'une enfant de cinq ans ». (Musée du quai Branly). Ce fut sur la base du témoignage de cette fillette, Amable Lemoine Monière, fille d'Alexis Lemoine-Monière, que Marie-Angélique fut condamnée à mort par pendaison (*Les grands mystères de l'histoire canadienne*).

Conduite à la ville de Québec, elle obtient du Conseil souverain l'adoucissement de sa peine : elle n'aura pas le poing coupé et elle ne sera pas brûlée vive. On la ramena ensuite à Montréal pour la séance d'« amende honorable ». Elle est alors soumise à la session de torture appelée « Question ordinaire et extraordinaire ». Elle consiste à torturer les condamnés à mort dans le but de leur faire avouer leurs crimes et de dénoncer leurs éventuels complices. Marie-Angélique continua de clamer son innocence. Comme torture, « les jambes de la prisonnière sont attachées entre des planches de bois dur pour y insérer un coin de bois à coups de maillet » (université de Sherbrooke). Malgré ce traitement atroce, Marie-Angélique résista héroïquement à cette torture. Ce n'est qu'à la 4e tentative des tortionnaires, certainement au moment où son corps et son esprit cédaient à l'intense et persistante douleur, qu'elle avoua le crime dont on l'avait accusée. Elle eut la noblesse de ne dénoncer aucun complice, certainement parce que n'ayant pas ourdi de crime, elle n'avait pas de complice. Pourtant, elle aurait pu dénoncer son amant, Claude Thibault, pour le punir de sa lâcheté. En plus d'un courage exceptionnel, Angélique fit preuve de grandeur d'âme.

Selon l'ordonnance du Tribunal pénal, **Marie-Josèphe-Angélique fut pendue le 21 juin 1734.**

Au comble de l'horreur, son corps fut brûlé et les cendres dispersées aux quatre vents. C'est dire qu'elle n'eut pas droit à un enterrement, donc pas de sépulture sur laquelle on aurait pu se recueillir aujourd'hui et lui rendre hommage. On dira que c'était les lois d'antan. Quelles lois inhumaines, dégradantes et barbares !

« Quant à Thibault, le présumé complice, il reste introuvable et les poursuites à son endroit sont abandonnées » l'année suivante (*Les grands mystères de l'histoire canadienne*).

- **Des zones d'ombre sur la vie et l'acharnement judiciaire et pénitencier contre Marie-Angélique**

D'abord, l'identité réelle d'Angélique reste inconnue. On affirme qu'elle est née au Portugal, mais de quel pays ou sous-région d'Afrique venaient ses parents ? Est-ce de l'Angola, où les Portugais pratiquèrent l'esclavage le plus féroce et déportèrent des Angolais par centaines de milliers (cf. portrait de la reine Ann Zingha dans cet ouvrage) ? C'est fort probable, mais cela reste à prouver.

Un des arguments sur lequel son accusation est fondée est celui que c'est pour couvrir sa fuite que Marie-Josèphe-Angélique aurait mis le feu à la maison de sa maîtresse. Cette affirmation appelle plusieurs questions : l'a-t-on attrapée en train de s'enfuir au moment de l'incendie ou après ? Alors, comment sait-on qu'elle comptait fuir avec son amant, Claude Thibault ? À ces questions que l'on se posait, l'historien Léon

Robichaud apporte une réponse. Après avoir défriché plusieurs documents avec une équipe l'université de Sherbrooke et en collaboration avec l'auteure du livre *Le procès de Marie-Josèphe-Angélique*, l'historienne Denyse Beaugrand-Champagne, M. Robichaud affirme : « quand on l'arrête, elle est dans le jardin des pauvres de l'Hôtel-Dieu à garder tranquillement les meubles de sa maîtresse, la veuve de Francheville ». Celle-ci était d'ailleurs la seule à croire à l'innocence de sa servante. À elle seule, cette donnée fait sauter le fondement de l'acte d'accusation de Marie-Angélique.

Par ailleurs, dans le portrait qui est dressé d'elle dans « Figures de révolte - Femmes remarquables », il est dit : « Angélique est accusée d'avoir mis le feu sur la base du témoignage d'une enfant de cinq ans dont **le père n'avait pas accepté la liaison de cette esclave noire avec un homme blanc.** »

Est-ce pour cela que, face au manque de témoin oculaire de l'acte dont elle est accusée, Alexis Lemoine fit témoigner sa propre fille et lui fit affirmer avoir vu Angélique mettre le feu dans la maison de sa maîtresse ? Dans quelle justice du monde accepterait-on le témoignage d'une mineure, de surcroît celui d'une enfant ? Où était cette fillette de 5 ans en plein milieu de la nuit ? Ne devait-elle pas être chez ses parents, et mieux encore, au lit en train de dormir ?

Le racisme est-il la vraie motivation d'Alexis Lemoine-Monière à faire condamner coûte que coûte Angélique ? N'était-il pas plutôt jaloux de cet autre Blanc qui avait gagné l'amour de sa filleule ? À notre sens, il y a anguille sous roche et il est nécessaire de la sortir de sa cachette pour faire éclore la vérité.

Par ailleurs, quelle est la valeur d'un aveu obtenu sous la torture la plus atroce que celle à laquelle Marie-Angélique fut soumise ? De nos jours, un aveu obtenu juste après un premier tour de ce genre de torture serait inutilisable en justice. Qu'en est-il alors s'il a fallu quatre tours pour tirer un aveu à l'accusée ? Il serait à coup sûr nul et non avenu et exigerait plus tard réparation de la part du service pénitencier pour abus de pouvoir et usage de force excessive.

En outre, comment se fait-il que son co-accusé, Claude Thibault, n'ait jamais été retrouvé ? Sur quelles bases les accusations contre lui furent-elles abandonnées seulement au bout de quelques mois ? L'a-t-on simplement protégé et a-t-on mis toute l'accusation sur le dos d'une esclave, donc d'une femme sans famille au Québec et sans défense ? Un des faits que l'histoire retient d'ailleurs est que cet homme, que Marie-

Angélique a aimé, l'a lâchement abandonnée à son sort et qu'il était un homme sans courage, un être dénué de principes.

Ces zones d'ombre, cette « face cachée » de la justice d'antan, influencée de toute évidence par le système de l'esclavage, démontre la mascarade que fut le procès de Marie-Angélique. Il en ressort que la justice de la Nouvelle-France a commis de graves et flagrantes injustices vis-à-vis de cette femme. Il est du devoir de la justice québécoise de la rétablir.

- **La réhabilitation partielle de Marie-Josèphe-Angélique par les intellectuels et les artistes**

a. Productions intellectuelles et culturelles sur Angélique au tournant du XXe siècle

Au tournant du XXe siècle, plusieurs productions (livres d'histoire, romans, monographies, documentaires, pièces de théâtres, etc.) furent consacrées à la mémoire de Marie-Josèphe-Angélique par des intellectuels, des artistes, des scénaristes et des documentalistes.

- **en 1990,** l'historien **Marcel Trudel** publia le *Dictionnaire des esclaves et de leurs propriétaires*, dans la collection « Cahiers du Québec : Histoire » ;

- **en 1994,** il republia ce livre de 342 pages en une nouvelle édition revue, corrigée et développée en 520 pages ;

- **en 1998,** l'historien et auteur, **Paul Fehmiu Brown**, fit paraître un ouvrage de 122 pages intitulé *Marie-Josèphe-Angélique,* Montréal, Québec, le 17 juin 1734. Notons que c'est après les quasiment 40 ans de silence suivirent la mention de ce fait historique par l'historien Marcel Trudel en 1960 et sa reprise en 1963, que le sujet fut remis à jour. **Après que M. Brown eut brisé le silence qui entourait l'histoire de Marie-Angélique, une floraison de productions intellectuelles et artistiques s'ensuivit** ;

- **en 1999,** sous le titre *Angélique*, **Michaël Jarvis** fit la réalisation du scénario de Peter Farbridge avec la participation de Marlyne Afflack, Gillian Ferrabee, Robin Wilcock, Yves Dupiton, Blair Thomas, Tara Nicademo. Ce documentaire en anglais dure 23 minutes ;

- **en 2003**, le site web « Les grands mystères de l'histoire canadienne », créé en 1997, mit en ligne « La torture et la vérité : Angélique et l'incendie de Montréal », sur la base des données produites par les chercheurs de l'université de Victoria, de l'université de

Sherbrooke et de l'Institut d'études pédagogiques de l'Ontario, de l'université de Toronto. Le site web présente le Montréal du XVIIIe siècle et Marie-Angélique, puis recrée son procès ;

- **en 2003,** André Vachon republia son article sur Marie-Josèphe-Angélique publié quarante ans avant, en 1969. Il parut dans le *Dictionary of Canadian Biography*, volume 2, édité par l'université de Toronto et l'université de Laval et le mit en ligne en 2013 ;

- **en 2004, la revue d'histoire du Québec**, *Cap-aux-Diamants*, consacra son numéro d'automne (n° 79) aux Africains au Québec sous le titre « Une histoire à découvrir–Les Noirs au Québec » et y parla de l'incontournable Africaine, Marie-Josèphe-Angélique ;

- **en 2004,** l'historienne **Denyse Beaugrand-Champagne** publia un livre de 296 pages sous le titre *Le procès de Marie-Josèphe-Angélique* ;

- **en 2004, Marcel Trudel** publia *Deux siècles d'esclavage au Québec*, une nouvelle édition de *L'esclavage au Canada français* qu'il avait **publié en 1963**, mais qui n'avait soulevé que peu de réactions. Il fut suivi du *Dictionnaire des esclaves* sur CD-Rom, qui avait été publié en 1990 ;

- **en 2005**, grâce à la réalisation de la **marquise Lepage** de son scénario écrit en collaboration avec Nancy Marcotte, un autre documentaire de 60 minutes vit le jour. Des spécialistes de la question tels que Marcel Trudel, Denyse Beaugrand-Champagne, Roland Viau, Brett Rushforth, Dorothy Williams et Colin M. Coates collaborèrent à la réalisation de ce documentaire dénommé *Le Rouge et le Noir… au service du Blanc* ;

- **le 7 novembre 2007,** l'anthropologue et animateur à la radio de Radio Canada, **Serge Bouchard**, relata l'histoire de Marie-Josèphe-Angélique dans le cadre de son émission « De remarquables oubliés ». Pour ce, en première heure, il reçut Marcel Trudel et Denyse Beaugrand-Champagne, auteurs respectifs des ouvrages *L'esclavage au Canada Français* (1960 et 1963), *Deux siècles d'esclavage au Québec* (2004) et *Le procès de Marie-Josèphe-Angélique* (2004).

En deuxième heure, c'est l'historien, conférencier, spécialiste de l'histoire du peuple noir et auteur du livre *Marie-Josèphe-Angélique, Montréal Québec 21 juin 1734* (1998), **Paul Fehmiu-Brown**, qui fut invité à commenter cette histoire et à répondre aux questions des auditeurs ;

- **en 2009**, comme revigoré par le nouvel intérêt pour l'histoire de Marie-Josèphe-Angélique et pour celui de l'esclavage au Québec, l'historien Marcel Trudel sortit un livre avec un titre plus affirmatif, carrément intitulé *Deux siècles d'esclavage au Québec*, une nouvelle édition de 360 pages préparée par Micheline d'Allaire (historienne de communautés religieuses féminines et auteure de plusieurs ouvrages sur la Nouvelle-France, professeur à l'université d'Ottawa) ;

- durant cette même année de **2009 (août)**, sortit une autre publication sur Marie-Josèphe-Angélique, intitulée *L'Esclave*, écrite par **Micheline Bail** ;

- en 2010, **Tetchena Bellange** réalisa le scénario qu'elle a coécrit avec Bianca Bellange. Elle participa avec Franck Sylvestre, Sonia Gadbois, Guillaume Cyr, Daniel Desputeau, Sounia Balha et Nicolas Germain-Marchand, à la réalisation du documentaire de 52 minutes portant le titre *Les Mains noires : procès d'une esclave* incendiaire. Accueilli par d'excellentes critiques, le film fut sélectionné par 14 festivals ;

- de même, au cours de cette dernière décennie, plusieurs communiqués ainsi que des articles de journaux et de sites web traitèrent du cas de Marie-Josèphe-Angélique (Cf. Gilles Boileau dans « Gala Noir et Blanc », Guy Giard, a. & b., Laurence Jean-Christophe, Université de Sherbrooke, Van Horssen J., Ville de Montréal, a. & b., WAFFO S., Mayrand-Fiset, M., etc.).

b. Expositions et décisions politiques sur Marie-Josèphe-Angélique

- du **31 mai au 22 septembre 2002**, conjointement avec le Centre d'art Dare-dare, le **Centre d'histoire de Montréal** présenta dans le cadre de l'exposition intitulée « Mémoire Vive », « l'installation Angélique 1734 », de Guy Giard et de Tanya Faye, qui soulevait des questions telles que : « Qui a mis le feu à Montréal ? », « 1734 : le procès d'Angélique », etc.

- du **26 novembre 2013 à juin 2014**, le **musée du Château Ramezay** présenta une exposition dite « Crimes et Châtiments », largement illustrée par l'histoire de Marie-Angélique.

- de même, **le musée du quai Branly** présenta l'exposition « Les îlots de la liberté : Figures de révolte ». Marie-Angélique figure parmi les treize « femmes remarquables » choisies à travers le monde pour être présentées à cette exposition. Aux côtés d'une femme de l'Afrique, Ann

Zingha, d'Angola (1582–1664), de Jeanne Odo, de Saint-Dominique (1680–1797), de Marie Prince, des Bermudes (1788–1833), de Carlotta, de Cuba (?–1843), d'Aphra Behn, d'Angleterre (1640–1689), de Harriet Beecher Stowe (1811–1896), de Lucy Ann Delaney (1830 ?–1890 ?), de Harriet Tubman (1822–1913) et de Sojourner Truth (1797–1883), de quatre États des États-Unis, ainsi que de la « mulâtresse » Solitude (1772–1802) et d'Olympe de Gouges, **Marie-Josèphe-Angélique est l'unique femme originaire du Canada.**

- **en février 2004**, le gouvernement du Québec dévoila **une plaque commémorative** de Marie-Josèphe-Angélique au musée d'histoire et d'archéologie de Montréal, à Pointe-à-Callière.

- **en février 2012**, à l'occasion du 21e mois de l'histoire des Noirs au Québec, **la ville de Montréal** approuva la recommandation de la Division de l'expertise en patrimoine et de la toponymie et décida de « nommer l'espace situé entre l'hôtel de ville et la station du métro Champs-de-Mars : place Marie-Josèphe-Angélique » (ville de Montréal, b.). Prévue le 23 août 2012 à l'occasion de la Journée internationale du souvenir de la traite transatlantique des Noirs et de son abolition, **l'inauguration officielle de la place** ne put avoir lieu à cause de travaux dans le secteur. La population montréalaise, en particulier, sa composante Afro-Québécoise, attend toujours cette inauguration et espère qu'elle aura lieu durant cette année (2017) dans le cadre de la commémoration du 375e anniversaire de la Ville de Montréal.

- **Marie-Josèphe-Angélique, un modèle du refus de la soumission et du « rester debout »**

C'est donc grâce à la persévérance de chercheurs en sciences sociales (historiens, anthropologues…), de romanciers, d'artistes (comédiens, acteurs…), de réalisateurs, de documentaristes, d'agents des médias traditionnels (journalistes, animateurs, reporters…) et sociaux, d'administrateurs et d'animateurs de musées ainsi que de militants des droits humains, que l'histoire de Marie-Josèphe-Angélique a été déterrée des décombres de l'oubli.

Ainsi, après plus de deux siècles d'enfouissement (1734–1960), des pans du voile qui entourait cette Africaine du Québec ont été peu à peu levés pour laisser éclore la vérité.

Dans l'article « La face cachée d'Angélique »[21], on lit ce propos : « De nature bouillante, Angélique était reconnue pour son sans-gêne ». N'est-ce pas là plutôt des signes d'une force de caractère, du refus de la soumission aux volontés des esclavagistes, de l'attitude que même vaincu (physiquement), l'être humain possède encore le pouvoir de ne pas se rendre (mentalement) et de rester libre dans sa tête et dans son cœur, de « rester debout » ? C'est l'une des leçons que nous enseigne la fabuleuse histoire de la dénommée Marie-Josèphe-Angélique.

Aussi, profondément humaine, cette femme a montré dans les pires conditions que l'on est capable d'aimer. N'a-t-elle pas aimé successivement deux hommes et donné la vie à trois garçons ?

Angélique émerge donc aujourd'hui comme une **héroïne de la résistance contre le système de déshumanisation qu'est l'esclavage.** Elle nous enseigne que toute forme de privation de liberté et de dignité humaine est inacceptable et qu'elle peut être vaincue, même si c'est au prix d'énormes souffrances (comme le couple Mandela) et même à celui de sa propre vie, comme dans son cas.

Marie-Josèphe-Angélique constitue un modèle de courage et d'humanité à offrir aux jeunes. Saluons ici ceux et celles qui ont participé avec passion aux « fouilles archéologiques » pour la sortir des profondeurs de l'oubli et pour la ramener à la surface de la mémoire collective.

Avec les diverses réhabilitations, Marie-Angélique rejoint aujourd'hui le panthéon des « remarquables oubliées » édifié par l'anthropologue et humaniste québécois, Serge Bouchard.

Donner son nom à cet espace dont elle fut accusée injustement d'avoir détruit par le feu constituerait un juste retour de l'histoire et un rétablissement de la justice vis-à-vis d'elle.

---

[21] Université de Sherbrooke, Département d'histoire, *La face cachée d'Angélique _Des historiens lèvent le voile sur la véritable histoire de l'esclave noire*, in : http://www.usherbrooke.ca/histoire/nous-joindre/personnel-enseignant/robichaud-leon/la-face-cachee-dangelique/.

L'âme de Marie-Angélique reposant enfin en paix veillera à jamais sur la ville de Montréal.

37. Place Marie-Josèphe-Angélique à Montréal
(photo de Mireille Mayrand-Fiset)

3.4.2. Luiza Mazin, Cheffe de la « révolte des hommes »

38. **Cheffe de la "révolte des hommes"** pour la libération des Afro-Brésilien-e-s (début XIXe siècle - 1838)

• De l'Afrique de l'Ouest (Bénin) au Brésil

Membre de la Nation Nago-*Jeje*, Luiza est de la tribu Mahin dont elle tient son nom de famille. Celle-ci proviendrait de Costa Mina dans le Golfe du Bénin, situé dans le Nord-Ouest de l'Afrique. C'est à la fin du XVIIIe siècle que, privée de sa liberté, on la débarqua à Bahia au Brésil comme esclave. Elle se dit ancienne princesse en Afrique. Ce qui paraît probable au vu de ses capacités de Leader, de "meneuse d'hommes" et aussi de l'histoire de certains humains aux Antilles, en Caraïbes et en Amérique. Devenue libre en 1812, elle gagne sa vie en travaillant comme marchande ambulante à Salvador de Bahia.

• Meneuse d'hommes vers la liberté

Luiza MAHIN mettra à profit son activité économique dans l'organisation de la révolte des esclaves pour leur libération au début du XIXe siècle. Elle effet, elle profitait de ses tournées de marchande ambulante pour passer des messages et distribuer des prospectus d'information sur la résistance. Elle participa à tous les soulèvements qui secouèrent Bahia durant les premières décennies du XIXe siècle. Fin stratège, elle joua un rôle clef dans les deux plus grandes rébellions d'Afro-Brésilien-e-s, notamment, la «Revolta dos Malês» (1835) et la «Sabinada» (1837-1838). Cette "révolte des hommes" fut la plus grande des rébellions d'esclaves qui eurent lieu à Bahia. Elle mobilisa environ 600 individus nouvellement libérés du joug de l'esclavage (in: http://fr.unesco.org/womeninafrica/).

• La "Revolta dos Malés"

Sous le leadership de Luiza Mahin, «*Les plans des rebelles ont été soigneusement planifiés.*» (Blog UFCG). D'abord au niveau de la communication. De religion musulmane, ces esclaves avaient la capacité d'écrire en arabe. On les dénommait d'ailleurs le Bahia *Malien. Rappelons que*

Ce faisant, lors de ses pérégrinations de marchande ambulante, Luiza passait aux futurs insurgés des messages écrits en arabe. Ainsi, tous étaient informés du jour, de l'heure et de tout ce qu'il y a à faire le jour venu. De même, le jour de la rébellion fut soigneusement choisi. L'option se porta sur le jour de la célébration de Notre-Dame de Guia à Bonfim, à Salvador. D'autant plus que ce jour coïncidait également avec la fête mois de Ramadan qui clos le jeûne musulman. Elle fut déclenchée dans la nuit du 24 au 25 janvier 1835. Pendant des heures, ces insurgés devinrent maîtres des rues de Salvador.

- **Disparue sous la répression esclavagiste**

La répression de cette "révolte des hommes"/«Revolta dos Malês» ne se fit pas attendre et elle fut féroce. En effet, « *Il y a eu environ 70 morts et 500 insurgés condamnés à la peine de mort, à la prison, aux coups et à la déportation.*» ( ) Mais, la leader du Mouvement de résistance, la "Reine" Luiza Mahin arriva à s'enfuir. Elle s'installa à Rio de Janeiro (1837) où elle continua la lutte de libération de son peuple. Arrêtée un an après (1838), on la fit disparaître.

A-t-elle été déportée en Afrique comme certains résistant-e-s- Afro-Brésiliens? A-t-on mis fin à sa vie? Ces questions ne connaîtront certainement jamais des réponses.

- **Tel Mère, tel fils, Luiz GAMA (1830-1882)**

39. Luiz GAMA

Le fils unique de Louisa MAHIN marchera sur les pas de sa mère. Poète, il deviendra lui aussi un Leader abolitionniste. Du nom de Luiz GAMA, il est né en 1830 à Salvador. Il sera tué à Sao Paulo en 1882, soit, à l'âge de 52 ans.

Luiz Gama, un écrivain de renom et l'un des plus grands abolitionniste du pays.

- **Luiza MAHIN et son fils, Luiz GAMA dans les annales de l'Histoire brésilienne**

Comme celui de sa mère, le nom de Luiz GAMA restera dans l'Histoire brésilienne en tant que résistant pour la libération des Afro-Brésilien-e-s de l'oppression. Si elle a disparue du Brésil sans qu'on sache ni comment, ni quand, Luiza MAHIN survit dans les consciences collectives des Brésilien-e-s et dans leur Histoire.

Quasiment, un siècle et demi après la mystérieuse disparition (1838 - 1985) de Luiza MAHIN, son nom sera donné à un carré de Cruz das Almas, dans le quartier de Sao Paulo. Ce, sous l'initiative du Collectif des femmes noires de São Paulo. Il est dénommé "National Academy de la Mujer"

De même une école d'éducation élémentaire des enfants à Salvador porte son nom. C'est **l'École communautaire Luiza Mahin** fondée en 1990. Une autre institution qui porte son nom est le "**NAJUP** _Luiza Mahin (**N**úcleo de **A**ssessoria **j**urídica **U**niversitária **P**opular)" ou Centre universitaire de conseil juridique populaire.

En 2015, la télévision brésilienne, "Nação" ou la Nation consacre ses émissions de la semaine du 12 novembre à "*l'histoire de Luisa MAHIN et Luiz de GAMA*". Elle annonce que «*Nation raconte cette semaine l'histoire de l'avocat et journaliste Luiz Gama et celle de Luisa Mahin.*» D'après elle, ce sont là «*Deux personnages importants dans l'histoire du Brésil, dont les luttes n'ont pas encore été reconnues.*» C'est dire que les résistants **Luisa Mahin et son fils Luiz Gama commencent à sortir de l'ombre et à retrouver lettres de noblesse en tant comme héroïne et héros Afro-Brésiliens.**

3.4.3. HARRIET TUBMAN, LA « MOÏSE NOIRE », LIBÉRATRICE DU PEUPLE AFRICAIN-AMÉRICAIN

Harriet Tubman (1820-1913) est une des figures de proue de l'« *Underground Railroad* » ou « **chemin de fer souterrain** », un réseau de maisons, de tunnels et de routes développé par les abolitionnistes pour aider les esclaves à s'enfuir des plantations du Sud et à retrouver la liberté.

Elle est née autour de 1820 à Maryland, dans le comté de Dorchester, de parents réduits à l'esclavage, Harriet Green et Benjamin Ross. Selon les lois américaines de l'époque, elle naît d'emblée esclave. Dès l'enfance, elle commence à servir les maîtres de ses parents. En effet, dès cinq ans, elle travaille comme domestique, puis dans les plantations, dans de très pénibles conditions. Comme tous les esclaves, elle endura des années durant un traitement inhumain. Pire encore, « elle est sérieusement blessée alors qu'elle est âgée de 12 ans, lorsqu'elle reçoit sur la tête un poids en métal lourd (lancé par un surveillant) destiné à un autre esclave de la ferme qu'elle avait entrepris d'aider [à fuir le fouet]. **Elle gardera des séquelles de cette blessure le restant de sa vie** » (Paul Yange/*Harriet Tubman*). Suite à cela, toute sa vie durant elle sera sujette à des évanouissements.

Dénommée Araminta Ross à sa naissance, elle prit plus tard le prénom de sa mère, Harriet. À 25 ans, elle épousa un Noir libre du nom John Tubman et devint ainsi **madame Harriett Tubman.**

À 29 ans (1849), elle apprit qu'elle allait être vendue avec d'autres esclaves de la plantation et passer ainsi aux mains d'un nouveau maître, ce qui lui ferait perdre son ancienneté et du coup, toute possibilité d'être affranchie. **Femme à l'esprit libre, Harriet Tubman décida d'emprunter les chemins de la liberté.** Son mari refusa de la suivre et menaça même de la dénoncer. À ces risques et périls, elle s'évada quand même. Rappelons que selon le Code noir, la sentence en cas de capture d'un esclave fugitif était la pendaison à un arbre ou le lynchage à mort. Si le maître ne voulait pas perdre son esclave, mais qu'il tenait juste à lui donner une punition exemplaire, il lui infligeait des centaines de coups de fouet ou lui sectionnait les tendons (RFO : 2006).

Malgré tous les risques punitifs, elle partit vers le nord, d'abord à pied, guidée par les étoiles, puis en train. Aidée par les membres du mouvement abolitionniste le long de l'*Underground Railroad*, elle arriva en Pennsylvanie (un État où le Noir n'était pas esclave), recouverte d'un sac, dans un wagon de marchandises. Elle rejoignit Philadelphie, trouva rapidement du travail et **y entama une vie de femme noire libre.** Estimant que tous les esclaves devaient aspirer à la liberté à laquelle elle avait pu accéder, elle intégra le mouvement abolitionniste de la ville. Sous l'encadrement de **William Still**, un Noir libre et membre actif de « l'*Underground Railroad* » à Philadelphie, elle apprit le fonctionnement de ce réseau. Après deux années d'initiation à l'action dans la clandestinité et quasiment aux techniques militaires, **Harriet devint, à 31 ans, une active militante de l'abolition de l'esclavage, spécialisée dans les évasions d'esclaves.**

C'était pourtant une période où l'État fédéral renforçait la répression contre les esclaves fugitifs. Pour mettre un terme à cette tendance qui engendrait la perte de leur main-d'œuvre, les propriétaires terriens et planteurs firent voter au Congrès américain le **18 septembre 1850, le** *Fugitive Slave Act*. D'après cette loi, un Blanc ou un Noir libre qui assistait un esclave en fuite était passible d'une amende de 1 000 dollars[22]. Quant au fugitif, il se voyait couper une oreille ou une partie de sa jambe, en plus de recevoir des centaines de coups de fouet.

Malgré ces dangers, **Harriet Tubman s'engagea à conduire les esclaves à la liberté.** En 1851, audacieusement, elle retourna dans l'État du Maryland, lieu de l'ancienne plantation où elle avait été détenue comme esclave. Elle commença par libérer les membres de sa famille. Lors de sa première expédition, elle fit évader sa sœur et ses deux enfants. Quelques mois après, elle retourna au Maryland et libéra deux de ses frères et quelques-uns de leurs compagnons. Son troisième voyage fut destiné à libérer son mari, John Tubman. Mais, une fois de plus, il refusa de la suivre parce qu'il était avec une autre femme. Cette double déception n'affecta pas l'ardeur militante d'Harriet. À la place de son mari, elle libéra d'autres hommes, dans un convoi de onze (11) personnes.

Dans son engagement dans l'*Underground Railroad*, en 1850, au début de la guerre civile, Harriet Tubman mena dix-neuf expéditions vers le Sud et conduisit près de 300 esclaves à la liberté. **Elle ne fut jamais prise et ne perdit jamais un passager sur les routes de la libération.** Pour ce, elle utilisait diverses stratégies. Parmi celles-ci figure le fait de faire avaler un somnifère aux bébés afin qu'ils ne pleurent pas ni n'attirent l'attention sur le groupe en fuite, le choix du samedi comme jour de fuite pour gagner du temps, sachant que les avis de recherche d'esclaves évadés ne pouvaient apparaître dans les journaux que le lundi matin, la menace du bout de son fusil des fugitifs

---

[22] Notons qu'à l'instar de **John Brown, leader abolitionniste,** mort pendu, beaucoup d'abolitionnistes tomberont sous le coup de cette loi ou seront supprimés par les chasseurs d'esclaves engagés par des esclavagistes.
Rendons ici hommage à la générosité, au courage et saluons l'humanité de ces Blancs épris de justice.

voulant faire demi-tour, puisque capturés, ils allaient mettre le processus d'évasion en danger… De l'avis même des libérés, Harriet Tubman leur disait : « Vous serez libres ou morts ».

40. Harriet Tubman (Bradford, S., 1869)

Son activisme devint de plus en plus célèbre auprès des Noirs, qui l'adulaient, alors que les propriétaires blancs du Sud la haïssaient. **En 1856, sa tête fut mise à prix pour 40 000 dollars.** Imaginez l'équivalent de cette somme aujourd'hui, 156 ans après ! Malgré le danger imminent de se voir trahie par l'appât d'un gain pécuniaire, Harriet poursuivit son action de *conductor* ou de « passeuse d'esclaves » des plantations du Sud à la liberté, jusqu'en 1862. Amie des abolitionnistes les plus célèbres, **elle siégea dans les réunions des sociétés anti-esclavagistes.**

Elle narguait quasiment les autorités, qui multipliaient les actions pour la capturer. Elle retournait périodiquement à Maryland et parvint même à libérer ses parents, pourtant âgés de plus de 70 ans. Elle conduisit sa famille à St Catharines, dans l'Ontario, au Canada. Cette ville devint le haut lieu de ses opérations jusqu'en 1857. La loi dite « *Fugitive Slave Act* » permettant alors aux propriétaires de pourchasser leurs esclaves en fuite sur tout le territoire américain, le Nord n'était plus sécuritaire pour eux. Elle les conduisit dès lors au C**anada, la nouvelle terre de liberté.**

Lorsqu'éclata la guerre civile dite « de Sécession » (1861–1865), Harriet Tubman revint aux États-Unis et s'engagea dans l'« *Union Army* » ou « armée de l'Union », en Caroline du Sud. Notons que son réseau, l'*Underground Railroad*, dont elle était un des chefs les plus illustres, a fortement incité les Noirs à rejoindre l'armée de l'Union, favorable à l'abolition de l'esclavage. Harriet en aurait mobilisé 500. Elle travailla dans l'armée de l'Union comme infirmière puis comme cuisinière. Ensuite, **avec sa réputation de grand stratège, les généraux lui proposèrent un rôle d'éclaireur des troupes (scout) et d'infiltration en terre adverse pour la collecte de renseignements (espionne).** Elle accepta et mena ses actions avec succès. Mieux encore, lors d'une bataille à Combahee River, son équipe enseigna aux soldats de l'Union comment éviter les mines enterrées aux abords des rivières. Elle aurait même organisé des raids dans les plantations pour libérer les esclaves.

Une de ses campagnes militaires libéra quelque 750 esclaves.

« L'histoire veut ainsi qu'elle soit la première femme américaine, noire qui plus est, à mener une attaque militaire. Ses succès lui valent le surnom de "**Générale Tubman**". » (RFO)

Aussi, **de sa création en 1780, jusqu'à l'abolition de l'esclavage par Abraham Lincoln en 1863 (en pleine guerre de Sécession), son réseau, l'*Underground Railroad* aura libéré plus de 30 000 esclaves.** (RFO, 2 mai 2006)

Si ses hauts faits d'armes lui octroyèrent le nom de Général Tubman, sa vision et sa bravoure lui valurent les qualificatifs de « Moïse noir », de « Grand-mère Moïse », ou encore de « Moïse du peuple noir ».

Après la guerre, en 1865, elle retourna à Auburn, dans l'État de New York. Elle se remaria en 1869 avec Nelson Davis, rencontré lors de la guerre de Sécession en Caroline du Nord. Ils vécurent dans le calme durant 19 ans. **Elle continua avec vivacité son combat pour la justice sociale, dont les droits de la femme.** Elle consacra surtout son temps à l'éducation des enfants noirs et à l'assistance aux personnes démunies et en difficulté.

Elle ne vivait que d'une maigre pension de 20 dollars par mois que lui versait le gouvernement. En 1873, elle acheta un lopin de terre avec un don de Sarah Bradford. En 1908, elle acheta une propriété mitoyenne à la sienne et y construisit une maison pour les pauvres et les personnes âgées de race noire. Peu avant sa mort, elle fit don de cette maison à l'Église méthodiste Episcopal Zion Church, en faveur des vieilles personnes.

Harriet Tubman s'éteignit le 10 mars 1913 à l'âge de 93 ans, dans la maison qu'elle avait fondée pour les nécessiteux. Elle fut enterrée avec les honneurs militaires au cimetière de Ford Hill.

Même **après sa disparition, elle recevra de nombreuses distinctions** dont le timbre émis en 1995 par l'U.S. Federal Government.

41. Harriet Tubman
(Source : http://womenshistory.about.com/od/harriettubman/ig/Harriet-Tubman-Pictures/Harriet-Tubman.htm)

- **Divers témoignages soulignent le courage, l'engagement et le don de soi d'Harriet Tubman**

D'abord, à l'image de Moïse libérant le peuple hébreu de l'esclavage auquel l'avait soumis le pharaon d'Égypte et les menant à la liberté, les libérés des États-Unis d'Amérique qualifièrent Harriet Tubman de « **Moïse Noire », libératrice du peuple afro-américain.**

Son compagnon d'armes, **William Still,** de l'*Underground Railroad*, recueillit les récits des fugitifs conduits par madame Tubman au Canada.

« Les récits de ses expéditions révèlent une fervente spiritualité, son courage et sa forte détermination à protéger ceux qu'elle aidait. » (Paul Yange)

Frederick Douglass, le célèbre leader abolitionniste noir, déclara à son propos : « excepté John Brown, je ne connais personne qui ait volontairement connu plus de périls et de difficultés qu'elle pour venir en aide à notre peuple esclave » (Paul Yange).

Ce vaillant **John Brown** dit lui-même de Harriet Tubman « qu'elle était l'une des personnes les plus braves de tout le continent ».

En 2006, **le Réseau France Outre-Mer** (RFO : 2006) a dressé de Harriet Ross Tubman, le « profil d'une femme qui frôla mille fois la mort plutôt que de voir un seul Noir asservi […] et qui arracha des centaines de femmes et d'hommes à l'enfer des plantations du sud des États-Unis ».

Harriet Ross Tubman disait que dans son enfance, elle était souvent décrite comme « une de ces Ashantis », donc **une petite-fille de la reine Abla Pokou de la Côte d'Ivoire et du Ghana.**

Même si la preuve de son origine ashanti n'est pas établie, elle serait fière aujourd'hui de voir que dans le processus de libération qu'elle a amorcé, sa communauté dénommée auparavant les « Noirs Américains » s'est rebaptisée en « Afro-Américains », se réappropriant ainsi leur origine africaine et que beaucoup d'entre eux sont allés au Ghana renouer avec les ancêtres Africains, dont les Ashantis. Ceux-ci leur ont octroyé un village afin qu'à l'instar de chaque Ghanéen, chacun d'eux puisse dire « tel village est mon village d'origine », concrétisant leur retour à la terre mère, l'Afrique. Mieux, grâce aux progrès de la science, beaucoup d'Afro-Américains font aujourd'hui des tests ADN pour déterminer leurs pays d'origine en Afrique.

Harriet reste un modèle pour les Américaines tant blanches que noires et pour beaucoup de personnes à travers le monde.

À preuve, suite à une campagne menée par l'association Women On 20s, qui a recueilli 600 000 signatures, Harriet Tubman a été retenue parmi quinze personnalités féminines américaines pour figurer sur les billets de banque de 20 $, en remplacement du 8e Président des États-Unis, Andrew Jackson (*Le journal de Montréal*, 15 mai 2015 : p. 29 ; Blog de cgb du 10/06/2015).

Même s'il sera nécessaire que le Département du Trésor américain entérine cette décision populaire, ce vote est une preuve de plus qu'Harriet Tubman reste un modèle pour toute la société américaine et à travers le monde.

3.4.4. ROSA PARKS, MÈRE DU MOUVEMENT DES DROITS CIVIQUES[23], EMBLÈME DE L'ÉGALITÉ RACIALE AUX ÉTATS-UNIS

Le 1ᵉʳ décembre 1955, Rosa Parks posa un geste banal, mais capital pour les Afro-Américains. Elle resta simplement assise devant un Blanc qui attendait qu'elle se lève et lui cède la place dans un autobus de Montgomery (Alabama), conformément aux lois en vigueur.

Elle imprima ainsi un tournant décisif à la lutte contre la ségrégation raciale aux États-Unis d'Amérique, surtout dans le Sud.

42. Rosa Parks confortablement assise sur un des sièges jadis réservés aux Blancs
(source : http://www.grioo.com/galerie.php?gid=77&num=4)

• **Née Rosa Louise McCauley à Tuskegee, en Alabama, le 4 février 1913**, elle deviendra célèbre sous le nom de Rosa Parks (Monsieur Biographie). Son père, James, était charpentier et sa mère, Leona, institutrice. Consciente de l'importance de l'éducation dans la vie d'un individu, surtout pour un Noir, dans l'Amérique ségrégationniste, Leona éduque sa fille Rosa Louise à la maison. Puis, à 11 ans, elle est

---

[23] Dénommée ainsi par le Congrès américain.

admise à l'Industrial School for girls, un collège fondé par des familles blanches du Nord en faveur des enfants noirs de Montgomery. Elle y rejoint sa tante. Elle entame ensuite des études secondaires au l'Alabama State Teachers College for Negroes. Fille aînée de sa famille, de surcroît de parents divorcés et n'ayant qu'un frère unique, Sylvester, elle se voit obligée d'arrêter ses études pour prendre soin de sa grand-mère, puis de sa mère, malades. À l'âge de 17 ans (1930), elle commence à travailler comme couturière. Tout en pratiquant d'autres métiers tels qu'aide-soignante et femme de ménage, Rosa exerce ce métier de façon assidue durant 25 ans (1930 à 1955).

• **En 1932, elle épouse Raymond Parks**, un barbier, militant de la cause des droits civiques et membre de l'Association pour l'Avancement des gens de couleur en Alabama, ou NAAPC (National Association for the Advancement of Colored People). Il encourage sa femme à reprendre et à achever ses études secondaires. Elle y arrive malgré les charges familiales et figure ainsi parmi la minorité (7 %) de Noirs qui accèdent à ce niveau d'études.

• **La prise de conscience politique de Rosa Parks** a été déterminée par un ensemble de facteurs d'influences, internes et externes. Le premier a été **la vision et la volonté de sa mère** de lui assurer **l'accès à l'éducation**, quitte à l'instruire à domicile. Le second vient d'un mari aimant et militant qui l'incite à s'instruire davantage et à mieux embrasser le militantisme politique.

Ces influences familiales et maritales seront renforcées par **celle d'un couple libéral blanc**, la famille Durr (Clifford et Virginia), qui encourage Rosa à suivre une formation sur les droits des travailleurs et l'égalité raciale au Highlander Folk School, à Monteagle, dans le Tennessee. Elle lui confère une maîtrise des techniques de défense de ses propres droits et de celle de sa collectivité. De même, son emploi temporaire à la base aérienne de Maxwell, une zone fédérale peu ségrégationniste, lui fait voir que les relations entre Blancs et Noirs peuvent se passer autrement.

• **Mais, le principal facteur d'influence sur sa prise de conscience fut surtout l'environnement social dans lequel elle naquit et grandit.** Rosa Parks se rappelle qu'enfant, son grand-père veillait sur leur ferme afin de protéger sa famille des attaques du Ku Klux Klan (KKK). On sait que beaucoup de familles ont péri totalement ou partiellement dans les incendies allumés par ce mouvement raciste et violent qui « a d'ailleurs brûlé à deux reprises l'école que Rosa Parks fréquentait, **la**

Montgomery Industrial School for Girls » (Wikipédia/Rosa Parks). Au-delà de cette violence directe, **il règne dans ce sud des États-Unis une ségrégation raciale systématique.** Là, les Blancs et les Noirs ne mangent pas, ne boivent pas et ne se soulagent pas dans les mêmes endroits. Rosa Parks mentionne dans son autobiographie : « Enfant, je pensais que l'eau des fontaines pour les Blancs avait meilleur goût que celle des Noirs » (Wikipédia/Rosa Parks).

• **Le transport en commun par bus et train est le lieu par excellence de cette ségrégation raciale.** Elle affecte même le transport scolaire. En effet, les enfants blancs sont transportés par bus, alors que les enfants noirs et jaunes doivent marcher à pied pour se rendre à l'école. Ce « cruel quotidien » fait comprendre à la petite Rosa Louise McCauley qu'il y a le monde des Noirs et celui des Blancs.

Même si pour les adultes, il n'y a pas de bus séparés, il y avait en revanche des sections différentes. Aux Blancs étaient réservés les sièges de l'avant, alors que les Noirs devaient s'asseoir à l'arrière. Pourtant, ils représentaient les trois quarts des utilisateurs de ces bus. Au cas où les sièges de la zone centrale n'étaient pas occupés par les Blancs, les Noirs pouvaient s'en servir. Mais **dès qu'un Blanc rentrait dans le bus, le Noir devait lui céder la place.** Pire encore, les Noirs achetaient leur billet à l'avant, mais ils devaient ressortir et rentrer à nouveau dans le bus par la porte de derrière.

Enfant et adulte, Rosa Parks fut affectée par ces traitements injustes et humiliants des Noirs. Un jour, en 1943, elle fait tomber son porte-monnaie. Elle s'assied sur un des sièges réservés aux Blancs, juste le temps de le ramasser. Le chauffeur la somme de se lever et de ressortir par la porte de devant pour remonter dans le bus par la porte arrière. Pendant qu'elle se dirige vers l'arrière, le bus redémarre. Elle se voit alors obligée de marcher huit kilomètres à pied, sous la pluie.

• **La communauté noire n'est pas restée sans réactions devant ce système de ségrégation raciale.** Beaucoup feront acte de désobéissance civile en refusant de suivre ce que dictaient les lois en vigueur, ce qui leur attira beaucoup de violences faites de brimades, d'arrestations et même de mort.

En 1934, Irene Morgan refuse de céder sa place. Arrêtée et traduite en justice, elle remporte la victoire à la Cour suprême. Dix ans plus tard, Jackie Robinson, le joueur de baseball, refuse de se diriger vers l'arrière du bus. Il est traduit devant une cour martiale, qui l'acquitte. Le NAACP appuie ces cas devant l'opinion publique et la justice. Mais, aussi importantes que soient ces victoires, elles ne menacent pas les lois ségrégationnistes dans leur existence, car elles ne s'appliquent que sur des aspects commerciaux, notamment sur les lignes de bus qui relient les États.

Aussi, une jeune lycéenne, **Claudette Colvin**, âgée de 15 ans, fut arrêtée, menottée et jetée *manu militari* hors d'un bus pour avoir refusé de céder sa place à un homme blanc. Elle devint membre active du groupe de jeunesse du NAACP dont Rosa Parks était la conseillère. Elle se rappelle que celle-ci leur disait : « Faites ce qui est juste ». Rosa fait d'ailleurs une levée de fonds pour la défense de Claudette Colvin.

Mais, pour des raisons d'ordre moral, les activistes noirs hésitèrent à prendre en charge son cas. Il en fut de même d'une autre femme, **Mary Louise Smith**, parce que son père était dit alcoolique.

• Le Mouvement des droits civiques recherchait donc une figure crédible qui puisse porter le flambeau de la lutte contre la ségrégation raciale aux États-Unis, et, plus particulièrement dans le sud.

De son côté, Rosa Parks adhère en décembre 1943 au **Mouvement pour les droits civiques** (American Civil Rights Movement). Déjà depuis 1940, elle et son mari étaient membres de la Ligue des électeurs (Voters League). Elle a aussi travaillé comme secrétaire à la section de l'Association pour l'Avancement des gens de couleur (NAACP) de Montgomery, présidée par Edgar Nixon. **Toutes ces implications participent au raffermissement de la conscience politique de Rosa Parks.**

En outre, le 27 novembre 1955, elle assiste à un grand meeting organisé à Montgomery pour dénoncer le meurtre d'**Emmett Till, tué sauvagement en août 1955.** L'orateur principal est T.R.M. Howard, un activiste des droits civiques du Mississippi, dirigeant le Regional Council of Negro Leadership. Les Afro-Américains sont alors au comble de l'indignation, mais gonflés à bloc par les discours et les slogans de ses leaders, qui les appellent à la mobilisation et à la résistance.

• Quatre jours après, soit, **le 1ᵉʳ décembre 1955, Rosa passe à l'action. Elle désobéit à l'ordre du chauffeur de céder son siège à un Blanc,** d'autant plus que James Blake n'est nul autre que ce chauffeur qui, douze ans auparavant, l'avait fait descendre du bus, puis avait redémarré, la laissant parcourir ses huit kilomètres à pied.

Face à cet acte de désobéissance, elle est arrêtée et accusée de trouble de l'ordre public et de violation des lois locales. Infligée d'une amende de 10 dollars, plus 4 dollars de frais de justice, elle refuse de payer, fait appel et contacte le président de la NAACP et avocat, Edgar Nixon. Celui-ci invite un de ses collègues blancs, le libéral Clifford Durr, à défendre Rosa Parks.

Ce faisant, **le Mouvement des droits civiques voit dans ce cas une excellente opportunité** pour protester contre la ségrégation dans les bus et contre son lot d'abus des droits humains et d'humiliations.

Car, contrairement à Claudette Colvin et à Mary Louise Smith, « **Rosa Parks est une des femmes les plus distinguées de la ville, dont l'éducation ne souffre d'aucune remarque**, et donc un meilleur étendard pour la cause noire » (Wikipédia/Rosa Parks).

C'est alors qu'un jeune pasteur de 26 ans, du nom de **Martin Luther King**, jusque-là inconnu, prend en mains le leadership de cette contestation. La nuit suivant l'arrestation de Rosa Parks, il réunit cinquante dirigeants de la communauté noire à l'église baptiste de la Dexter Avenue pour définir les stratégies à mettre en œuvre. Ils créent séance tenante la Montgomery Improvement Association et désignent Martin Luther King comme président. Ils définissent trois revendications principales :

1. que les Blancs et les Noirs puissent s'asseoir où ils veulent dans l'autobus ;

2. que les chauffeurs soient plus courtois à l'égard de toutes les personnes ;

3. que des chauffeurs noirs soient engagés.

Les leaders passèrent ensuite à la mobilisation populaire autour du procès de Rosa Parks. La veille, par 35 000 tracts disséminés à travers la ville, la population de Montgomery est invitée à ne pas prendre le bus le lendemain, lundi 5 décembre 1955. Le mot d'ordre est repris par le *The Montgomery Advertiser*, le journal noir de la ville. Suite à une réunion d'évaluation tenue le lendemain, le mot d'ordre est reconduit.

C'est le début d'**une longue campagne de boycott** de la compagnie d'autobus de Montgomery.

Elle suscitera des violences de toutes sortes à l'égard des Noirs. Elles iront des vexations au dynamitage des domiciles de Martin Luther King et de l'avocat Edgar Nixon. Prônant la non-violence, M. L. King donne la consigne de ne pas répliquer à ces violences. Ce mouvement engendre aussi d'autres souches de protestations contre la ségrégation raciale aux États-Unis.

43. Rosa Parks en 1955 avec Martin Luther King

- **Rosa Parks devient ainsi une figure emblématique de la lutte contre la ségrégation raciale** et le boycott dura plus d'une année, soit 381 jours. Elle perturba profondément l'économie du pays et secoua les instances politiques et les mentalités. Le pouvoir finit par céder. **Le 13 novembre 1956, la Cour suprême déclare anticonstitutionnelles les lois ségrégationnistes dans les bus.** La nouvelle parvient à Montgomery le 20 novembre et le boycott est levé le lendemain.

Martin Luther King acquit la célébrité en tant que leader du Mouvement de la non-violence.

Ce fut là une victoire éclatante pour la communauté noire, qui venait d'avoir la mesure de sa force.

Cependant, cela ne stoppa ni les violences à l'endroit de la communauté noire et de ses leaders, ni les lois ségrégationnistes. Les bus, les églises fréquentées par les Noirs et le domicile du leader noir, Martin Luther King, furent attaqués. La ségrégation continua dans les lignes de bus entre États. Mais cela ne désarma point les Afro-Américains, revigorés par la victoire de Rosa Parks ainsi que par le leadership éclairé de Martin Luther King et de ses compagnons. Ainsi, « un groupe de jeunes fonde le Freedom Ride, mais après quelques jours, un de ces bus est stoppé par le KKK ; ses occupants sont battus et le véhicule incendié » (Wikipédia/Rosa Parks).

« Ce n'est qu'en 1964 que les lois ségrégationnistes Jim Crow sont abrogées par le Civil Rights Act qui interdit toute forme de

ségrégation dans les lieux publics, puis en 1965 par le Voting Rights Act, qui supprime les tests et les taxes pour devenir électeur. »** (Wikipédia/Rosa Parks)

Même s'il a fallu quasiment dix ans (1955–1965) pour que sa communauté récolte réellement le fruit de son combat pour l'égalité raciale aux États-Unis, Rosa Parks ne baissa jamais les bras.

• Elle resta sur la voie du combat pour les droits civiques. Après Hampton, en Virginie (nord des États-Unis), où elle avait déménagé en 1957 pour des raisons de sécurité, elle se rend à Détroit dans le Michigan et y reprend son métier de couturière. En 1965, elle est invitée à rejoindre l'équipe de John Conyers, le représentant démocrate du Michigan. **Elle travaille avec cet Afro-Américain à la Chambre des représentants des États-Unis.**

En février 1987, soit durant le *Black Month History* (« mois de l'histoire des Noirs »), elle fonde avec l'aide d'Elaine Eason Steele le Rosa and Raymond Parks Institute for Self Development, en l'honneur de son mari, Raymond Parks, décédé dix ans avant (en 1977), soucieuse de la transmission de l'histoire aux jeunes générations, tel que l'exprimaient ses propos : « **Nous devons redoubler d'efforts pour essayer d'inspirer notre jeunesse et l'inciter à vouloir étudier notre héritage** ainsi qu'à savoir ce que signifie être noir dans l'Amérique d'aujourd'hui » (Wikipédia/Rosa Parks : 12). L'institut organise des visites sur les sites symboliques du mouvement pour les droits civiques.

En 1988 (à 75 ans), pour mieux se consacrer à cette action d'éducation et de conscientisation des jeunes, Rosa Parks prend sa retraite et quitte la Chambre des représentants des États-Unis.

En octobre 1995, c'est-à-dire à 82 ans, elle prend part à la fabuleuse marche d'un million de Noirs à Washington, la *Million Man March*.

• En reconnaissance de son engagement durable et fécond, Rosa Parks a reçu de nombreuses distinctions. Il serait long de les citer toutes, mais mentionnons-en quelques-unes :

- **en 1979**, le NAACP la décore de sa plus haute distinction, la Spingarn medal, et l'année suivante (1980), le **Martin Luther King Sr. award.**
- **en 1983**, en reconnaissance de son apport à la conquête des droits civiques, elle est nommée au **Michigan's Women Hall of Fame.**
- **en 1990**, à l'occasion de son 77e anniversaire, elle reçoit un prix du Centre Kennedy de Washington.

- **en 1994**, le **prix de la paix Rosa-Parks** lui est décerné à Stockholm, en Suède.
- **en 1996**, le président Bill Clinton lui remet la **médaille présidentielle de la liberté,** la plus haute distinction décernée par l'exécutif américain.
- **en 1997**, par le *Published Act* numéro 28, il est décrété que le premier lundi suivant chaque 4 février, sera un jour férié dans l'État du Michigan. C'est la première fois qu'un tel honneur est accordé à une personne vivante.
- **en 1998**, le National Underground Railroad Freedom Center décerne à Rosa Parks le **Freedom Conductor Award.** Elle en est la première récipiendaire.
- **en 1999**, avec le titre de **Mère des droits civiques** ou « *Mother of the Modern Day Civil Rights Movement* », elle reçoit la plus haute distinction du législatif, la **médaille d'or du Congrès américain.**
- **en 2000, elle reçoit de son État natal, l'Alabama, l'« Alabama Academy of Honor »** et la première **Governor's Medal of Honor for Extraordinary Courage.**

44. Médaille d'or du Congrès américain décernée
à Rosa Parks en 1999.

Le 24 octobre 2005, Rosa Parks rend l'âme à Détroit, dans le Michigan, à l'âge de 92 ans.

À sa mort, comme durant sa vie, **elle fut honorée tant par le peuple américain** des différents états des États-Unis que par les autorités politiques de toute obédience.

Des centaines de milliers d'Américains de toutes « races » confondues lui témoignèrent leur affection et leur reconnaissance. Ce, tant à Détroit lors de ses funérailles, qu'à Washington lors de l'exposition de son cercueil au Capitole ou qu'en Alabama, au cours de son enterrement.

Sur le plan officiel, le président des États-Unis en exercice alors, **Georges W. Bush, lui rendit un vibrant hommage dans une allocution télévisée**, décrétant que **les drapeaux soient mis en berne** le jour de son enterrement et ordonnant que **sa dépouille soit exposée durant deux jours dans la rotonde du Capitole, pour un hommage public.** C'était jusque-là un privilège réservé aux politiciens ou aux gens de l'armée. Rosa Parks fut la première femme, la deuxième personnalité africaine-américaine (après Jacob J. Chestnut), la seconde personne n'appartenant pas au gouvernement (après le Français Pierre l'Enfant) et la 31ème personnalité américaine (après le Président Ronald Reagan) à recevoir cet honneur de la part du gouvernement fédéral.

Aussi, de nombreuses personnalités politiques assistèrent à ses funérailles en lui rendant hommage (Wikipédia/Rosa Parks).

Ce fut le cas de l'ancien Président des États-Unis, **Bill Clinton**, de son épouse **Hilary Clinton**, alors sénatrice de l'État de New York, du révérend **Jesse Jackson** et de **John Conyers**, le représentant démocrate du Michigan à la Chambre des représentants de l'État de New York. Il en fut de même de plusieurs **élus noirs** du Congrès et de **leaders du Mouvement des droits civiques**. La célèbre cantatrice, **Aretha Franklin** chanta lors de son enterrement.

L'hommage le plus symbolique lui vint de la société de bus contre laquelle elle initia le boycott. « Le bus dans lequel Rosa Parks a été arrêtée fut drapé d'un linceul rouge et noir jusqu'aux obsèques officielles. […] Les premières places des bus de Montgomery restent vacantes jusqu'au jour de son enterrement. Elles sont recouvertes d'une photographie de Rosa Parks entourée d'un ruban noir portant l'inscription suivante : *La société de bus RTA rend hommage à la femme qui s'est tenue debout en restant assise.* » (Wikipédia/Rosa Parks).

Aussi, le corbillard transportant sa dépouille fut suivi d'un bus des années 1950 recouvert d'un linceul noir.

Jesse Jackson fit une mise au point au lendemain du décès de Rosa Parks : « Elle a souvent été décrite par les médias comme un genre de femme simple qui serait rentrée dans l'histoire un peu par hasard. Ce n'est pas vrai. **C'était une femme très courageuse qui a consciemment risqué sa vie et la prison pour briser le système de l'apartheid** ». Puis, il ajoute : « **Elle s'est assise pour que nous puissions nous lever** » (Jesse Jackson, le 25 octobre 2005, Wikipédia/Rosa Parks).

- **Rosa Parks reste un modèle actuel et universel.** C'est pourquoi, au-delà de ses compatriotes américains, elle a reçu diverses distinctions à travers le monde, dont des doctorats honoris causa **d'une douzaine d'universités** et des hommages de la jeunesse qui la vénère dans ses œuvres artistiques (chansons, albums, pièces de théâtre, sculptures…).

Récemment, à l'occasion du 50e anniversaire de la promulgation des lois sur les droits civiques et celui du 150e de la déclaration d'émancipation signée par Abraham Lincoln, le premier Président africain-américain, Barack Obama, a encore rendu hommage à l'héroïne des droits civiques aux États-Unis, Rosa Parks. Avec une émotion visible, il a déclaré que « c'est grâce à ces hommes et à ces femmes que je suis ici [à la Maison-Blanche] aujourd'hui ». Et il rappelle : « Avec le geste le plus simple, elle a aidé à changer les États-Unis et à changer le monde » (Euro-News : 27/02/2013).

« Sans le courage et l'obstination des participants à ce mouvement des années 1950 et 1960, dit-il, il ne serait pas devenu Président des États- Unis d'Amérique ». Pour ce, le 27 février 2013, il a dévoilé une statue à l'effigie de Rosa Parks placée dans la salle des statues du Capitole de Washington.

45. Barack Obama devant la statue de Posa Parks au Capitole de Washington (photo : Kevin Lamarque, Reuters)

Il la situe ainsi aux côtés de celle d'un autre héros Africain-Américain, Martin Luther King, et de celles de tous les Présidents des États-Unis. « Elle occupe ici, dit Obama, la place qu'elle mérite parmi ceux qui ont modifié la trajectoire de ce pays ». (ACP, Washington : fév. 2013)

Il ajoute ensuite : « C'est grâce à eux que nos enfants grandissent dans un pays plus libre et plus juste » (KARE 11 : Video Player).

46. Rosa Parks

Rosa Parks devient ainsi la première personne d'origine africaine à obtenir ce niveau d'honneur.

Sa mémoire continue d'éclairer les cœurs et d'illuminer les esprits et les consciences.

3.4.5. DOROTHY HEIGHT : 8 DÉCADES D'ENGAGEMENT POUR LES DROITS CIVIQUES ET LA CAUSE DES FEMMES !

47. Dorothy Height (1912-2010)

« Dorothy Height, cette héroïne qui a fait pleurer Barack Obama »[24] en public.

80 ans de lutte pour les droits civiques des Africains-Américains et la cause des femmes : tel est la trajectoire de cette femme qui s'est éteinte le 20 avril 2010, presque centenaire (98 ans), à Washington.

48. Dorothy Height

Lors de son enterrement, Barack Obama ne pouvait pas retenir ses larmes[25].

---

[24] **Amina** (*Le Magazine*), n° 482, 2010.
[25] *Voir photo 49 à la page suivante.*

Dorothy Height, chef de file du mouvement pour l'égalité des droits des Noirs américains et des femmes est décédée, le 20 avril dernier, dans un hôpital de Washington, à 98 ans. Lors de son enterrement à la cathédrale nationale de Washington, celle-là même où sont organisés les enterrements des présidents américains, Obama ne peut retenir ses larmes.

49. (Photo 1/*Amina*)

On a vu Barack Obama essuyer ses yeux assis à côté de Michelle Obama, visiblement émue elle aussi et évitant de le regarder de face, certainement pour ne pas pleurer elle aussi en public. Le Président américain a rendu un vibrant hommage à cette « marraine du Mouvement des droits civiques et une héroïne pour tant d'Américains ». Pour Barack Obama, cette figure historique avait « été le témoin de chaque marche et étape sur la route des droits civiques depuis les années 1930 » (*Washington Post*, 21 avril 2010).

Elle a consacré sa vie à lutter pour l'égalité entre les citoyens de la société américaine (Blancs et Noirs) et entre les femmes et les hommes. Comme bien de générations d'Américains (prêcheurs, avocats et militants), elle a mené des luttes pour « les progrès qui ont permis en fin de compte à Michelle et à moi d'être ici en tant que Président et Première dame… » (AFP, 29 avril 2010), dira le premier Président afro-américain des États-Unis. Selon lui, « plus que tout autre leader noir du XXIe siècle, Dorothy Height a été un témoin clé de l'histoire des droits civiques » (*Le Journal des Stars* : 2010).

Dorothy Height est née à Richmond, en Virginie (est USA) en 1912, d'une famille modeste.

• **Visionnaire**, elle comprend très tôt que **l'éducation est la clé de l'émancipation personnelle et collective**. En cette période où les femmes n'avaient pas le droit de vote et où l'admission des Noirs aux études universitaires se faisait au compte-goutte, elle fut déterminée à arracher le droit d'accéder à l'université et à ouvrir la porte aux autres. En effet, dès le lycée, donc adolescente, elle s'inscrivit au concours oratoire.

Par son discours, sur les 13e, 14e et 15e amendements de la Constitution américaine destinés à assurer la protection des personnes anciennement soumises à l'esclavage et à leurs descendants, elle gagne une bourse pour quatre années d'études universitaires. Admise à l'université Barnard, elle se voit refuser son accès sous prétexte que le quota réservé aux Noirs est déjà atteint. C'était un nombre de deux personnes par année. Bien que choquée par cet acte de racisme, elle ne lâche pas prise. Sa lettre d'admission de l'université Barnard en main, elle se présente à l'université de New York, où elle est immédiatement admise. Deux ans après, soit en 1933, elle décroche **une licence**, puis, au bout des deux années suivantes, une **maîtrise (master) en psychologie.**

Ces diplômes en poche, elle choisit une fonction qui correspond à la mission qu'elle s'est fixée, celle d'aider autrui. Elle entame alors une carrière d'assistante sociale au Département de bien-être social de la ville de New York.

• **Stratège**, elle comprend que pour mieux entrer en contact avec le maximum de personnes de sa population-cible, il lui faut passer par les grandes organisations. Activiste, elle quitte donc son travail et intègre l'Association des jeunes femmes chrétiennes (Young Women's Club of America, YWCA) basée à Harlem, dont elle deviendra la directrice adjointe. Elle y dénonce l'exploitation des femmes noires par la petite bourgeoisie blanche, qui les embauchait pour 0,5 cent de l'heure pour faire le ménage. Elle gardera son membership au YWCA jusqu'en 1975 pendant qu'elle milite activement au sein du Conseil national des femmes noires (NCNW).

Elle assurera aussi la présidence de la **fraternité Delta Sigma Theta (DST)** de 1946 à 1957, une organisation privée à but non lucratif qui regroupait deux cent mille femmes éduquées dans des universités à majorité noire et dont la mission était d'aider des collectivités locales de par le monde. La DST compte aujourd'hui plus de 900 sections ouvertes aux États-Unis, en Grande-Bretagne, au Japon, en Allemagne, aux îles Vierges, aux Bermudes, aux Bahamas et en République de Corée (Wikipédia/Dorothy Height). Dorothy Height développera au sein de la

DST des programmes de formation au leadership ainsi qu'à l'éducation aux relations interraciales et œcuméniques.

Identifiée par Mary McLeod Bethune, fondatrice du NCNW, elle s'engage auprès de celle-ci dans la lutte pour les droits des femmes au sein NCNW.

Mary McLeod Bethune devient alors son mentor, et elle, la présidente du NCNW en 1957. Elle dirigera cette importante organisation durant 40 ans, de 1957 à 1998.

En tant que **présidente du NCNW**, elle s'attaque à résoudre les besoins fondamentaux des femmes noires par la lutte contre la faim et le manque de logements décents.

Elle met alors en place plusieurs programmes sociaux tels que les soins aux enfants, l'aide à la nutrition, au logement, à l'orientation professionnelle, destinés à des familles afro-américaines maintenues dans la pauvreté par la ségrégation.

Parmi ses réalisations sociales et humanitaires, on peut citer celles-ci :

- la création de la « banque de viande de porc » pour distribuer de la nourriture aux familles les plus pauvres auxquelles elle fournit aussi des douches et des congélateurs communautaires ;

- les *Wednesdays in Mississipi* » ou « les mercredis au Mississipi » : des rencontres de femmes du nord et du sud des États-Unis, sans distinction de race, d'origine ou de religion, destinées à ouvrir le dialogue en vue d'une plus grande compréhension ;

- Les *Black Family Reunion* » ou « réunion de la famille noire », visant à honorer et à garder vivantes l'histoire, la culture et les traditions des Afro-Américains.

Consciente que le pouvoir économique est aussi une source de libération, **conquérir le pouvoir économique** pour les Africains-Américains était une autre de ses missions.

• **Militante politique**, elle s'engage auprès des leaders du Mouvement des droits civiques en 1960, au moment où la lutte est à son apogée. Elle avait déjà rencontré Martin Luther King quand il avait 15 ans. Il deviendra son leader. Elle travaille à ses côtés et aux côtés d'autres leaders tels que James Farmer ou John Lewis. En 1963, elle était l'unique femme membre de la direction du Mouvement des droits civiques. Rare et précieuse, elle les aide à développer des stratégies d'action. Même si elle n'a pas pris la parole ce jour-là comme d'autres grands leaders noirs, elle était présente en 1963 à la tribune où Martin

Luther King prononça son discours historique, devenu célèbre sous le nom de « *I have a dream* ».

• **Éveilleuse de conscience, la plume a également été son arme de combat**. Au milieu des années 1960, Dorothy Height est chargée de la page « *A Woman's Word* » (le « Mot de la femme ») pour l'hebdomadaire afro-américain et pour les nouvelles du journal le *New York Amsterdam*. Sa page personnelle verra le jour dans le numéro du 20 mars 1965. En 2003, elle publie ses mémoires aux éditions PublicAffairs, intitulées *Ouvrez toutes grandes les portes de la liberté : une mémoire*.

• **Perspicace**, Dorothy Height a su unir deux combats longtemps vus et menés séparément ou parallèlement, quelquefois par les mêmes militants. D'ailleurs, dans son hommage, le Président Obama a souligné ce legs qui a contribué « à nous faire voir **le Mouvement des droits civiques et des droits des femmes non pas comme une lutte séparée, mais comme intégrée à un mouvement plus vaste en faveur des droits de toute l'humanité, sans égard au sexe, à la race, ou à l'origine ethnique** » (Bureau des programmes d'information internationale du département d'État du gouvernement américain/ American Government, 30 avril 2010).

• **Infatigable**, ne ménageant ni son temps ni son énergie, elle siège sur plusieurs comités décisionnels. En effet, elle a été consultante du Comité du Secrétariat d'État sur les affaires africaines, de celui de l'Emploi des handicapés et présidente du Comité sur le statut de la femme. En 1974, elle fut appelée au Conseil national pour la protection des sujets humains dans la recherche biomédicale et comportementale. C'est ce Conseil qui a produit le rapport de Belmont, qui a établi les directives et les principes éthiques de ce type de recherches. Elle a été la présidente du Comité directeur de la Conférence sur les droits civiques, la plus grande organisation de droits civiques aux États-Unis. Jusqu'à sa mort, elle n'a jamais manqué les réunions annuelles de la Famille nationale noire (« *National Black Family Reunion* »).

Trois mois jour pour jour avant sa disparition (20 janvier–20 avril 2010), elle était **l'invitée d'honneur à l'investiture du Président Obama, premier Président noir des États-Unis.** C'est à juste titre que celui-ci l'a caractérisée de femme de « vision et d'énergie, de vision et de classe », puis il a ordonné de mettre les drapeaux américains en berne en son honneur.

• **Citoyenne du monde**, Dorothy Height étend ses actions sociales et humanitaires au-delà des frontières de l'Amérique.

En 1937, elle participe en tant que vice-présidente fondatrice du Mouvement nord-américain des jeunes chrétiens unis, à la Conférence mondiale sur la vie et l'œuvre des Églises, tenue à **Oxford (Angleterre)**. Présidente du NCWC, elle œuvre inlassablement pour les droits des femmes en Amérique latine et en Afrique noire.

En 1948, au terme de sa participation à une réunion du Congrès des femmes à Port-au-Prince, elle fonde **en Haïti** la première section de la DST hors des États-Unis.

En 1952, elle donne des cours à l'université de **New Delhi (Inde)** et à l'École d'études sociales fondée par les YWCA (l'association féminine Young Women's Club of America) de l'Inde, de la **Birmanie** et de **Ceylan.**

En 1955, sous son mandat de présidente, la Delta Sigma Theta (DST) finance la création d'une maternité à **Nairobi (Kenya).**

En 1958, au sein d'une délégation de 35 personnes au « *Town Meeting of the World* », elle effectue une mission spéciale de contact de proximité auprès des populations de **cinq pays d'Amérique latine.**

Après cela, elle se rend dans cinq pays d'**Afrique de l'Ouest** (Libéria, Ghana, Guinée, Sierra Leone et Nigeria) pour y analyser les besoins de formation des associations féminines. Elle enverra diverses missions dans ces pays du tiers monde. Le forum TransAfrica, qui a qualifié Dorothy Height de « **l'une des libératrices les plus renommées du monde africain** », a souligné qu'elle s'est mise en première ligne de la lutte contre l'apartheid en Afrique du Sud, contre les injustices en Haïti et a appuyé la résistance des Nigérians au régime militaire de Sani Abacha.

En 1975, Dorothy Height participe à **Mexico** à la Conférence des Nations unies pour l'année internationale de la femme. Grâce à un don de l'Agence des États-Unis pour le développement international (USAID), le NCNW organise en marge de la conférence une réunion pour les femmes venues d'Amérique et des Antilles. Au terme de cette réunion, au nom de NCWC, madame Height invite cinquante participantes à rendre visite à des femmes rurales du Mississippi afin d'y partager leur expérience, ce qu'elles acceptent toutes.

En 1977, grâce à l'appui de l'Agence d'information des États-Unis, Dorothy Height entreprend une tournée de conférences en **Afrique du**

Sud. Elle l'entame près de Johannesburg, avec la Convention nationale de la Fédération des femmes noires d'Afrique du Sud.

En 2001, malgré son âge (89 ans), elle participe au Sommet des Nations unies sur le racisme, la discrimination et la xénophobie, à **Durban (Afrique du Sud).**

Conforme à ses principes, « Dorothy Height souligne que l'œuvre de sa vie n'appartient pas à une race, à un sexe ou à une nation » (American Government, 20 avril 2010).

- **Femme d'influence**, Dorothy Height conseille les décideurs. Notons que c'est à la suite de sa participation à la délégation des jeunes Américains à Oxford (Angleterre) en 1937 (elle était alors âgée de 25 ans), qu'Eleanor Roosevelt remarque et invite Dorothy Height, en 1938, à se joindre à un groupe restreint de jeunes chargés de planifier et d'organiser une conférence mondiale de la jeunesse au collège universitaire Vassar (dans l'État de New York, du haut du fleuve Hudson). Elle deviendra l'assistant de madame Roosevelt lors de sa rédaction du projet de Déclaration universelle des droits de l'homme des Nations unies, en 1948, soit presque vingt ans avant la loi américaine sur les droits civiques.

- Dorothy Height a également été la **conseillère de plusieurs Présidents américains**, dont en premier l'époux d'Eleanor Roosevelt, le Président Franklin Roosevelt. C'est principalement elle qui a encouragé le Président Dwight D. Eisenhower à bannir la ségrégation raciale dans les écoles et le Président Lyndon B. Johnson à octroyer à des femmes afro-américaines des postes dans le gouvernement américain (Wikipédia). De même, elle a été la conseillère de Barack Obama. Malgré son âge, depuis son investiture, « elle n'était pas passé une fois ni deux fois, mais vingt-et-une fois à la Maison-Blanche. Elle prenait part à nos discussions à propos de la **réforme de la santé [dénommée « Obama Care »]** pendant les derniers mois », dit le Président Obama (*Amina*, 2010 : 20).

50. Source : http://www.washingtonpost.com/wp-dyn/content/article/2010/04/28/AR2010042804620.html

- Cet engagement passionné de Dorothy Height a reçu plusieurs **distinctions américaines**. Présidente d'honneur du Congrès national des femmes noires (NCNW) jusqu'à sa mort, elle a reçu du Président Bill Clinton en 1994, la **médaille présidentielle de la Liberté** et du Président Bush en 2004, la **médaille d'or du Congrès**, la plus haute distinction aux États-Unis. En plus, elle aurait reçu **36 diplômes honorifiques**, dont celui des universités de Harvard, de Princeton et de Barnard, qui lui avait fermé ses portes en 1930. Cette dernière reconnaîtra l'injustice de cet acte et l'inscrira parmi les membres honoraires.

Comme reconnaissance exceptionnelle, Dorothy Height figure dans le **« Asante, Molefi Kete »** (2002), une encyclopédie biographique des 100 plus grands Afro-Américains.

En plus de ces nombreuses distinctions de son vivant, à sa mort, **elle obtient l'honneur suprême d'être inhumée à la Cathédrale nationale de Washington**, là où sont enterrés les Présidents américains.

51. L'Amérique pleure et honore Dorothy Height

Des chefs de file religieux et laïques, des dignitaires et des proches de Dorothy Height, ainsi que plus de sept cents admirateurs qui avaient fait la queue dès avant l'aube pour avoir des tickets d'entrée ont assisté à sa cérémonie funèbre dans la Cathédrale nationale de Washington, le 30 avril 2010 (American Gov., april 2010).

52. Dorothy Height, lumineuse hier et aujourd'hui

3.4.6. Henrietta Lacks : l'immortelle inconnue, sauveuse de vies à travers le monde entier

- **Une singulière découverte**

S'il y a bien un destin dont le récit vous tire des larmes et des applaudissements simultanément, c'est par excellence celui de l'Afro-Américaine Henrietta Lacks.

Elle aurait pu rester éternellement inconnue, n'eût été la curiosité intellectuelle, la perspicacité et la détermination d'une jeune élève, future biologiste et journaliste scientifique, Rebecca Skloot. Dès qu'elle apprit que derrière l'appellation « HeLa Cell » se cachait une femme afro-américaine, elle ne lâcha plus le morceau jusqu'à la découverte de l'identité de celle-ci, de l'identification des membres de sa famille et de leur révélation au monde entier à travers des articles qui furent publiés dans le *New York Times Magazine*, et surtout, un livre qui fut un best-seller aux États-Unis et traduit en 25 langues.

En effet, à la fin d'un de ses cours en biologie, après avoir longuement expliqué l'importance des cellules de HeLa et leur impact sur la médecine et sur les recherches biomédicales, son professeur, monsieur Donald Defler, laissa échapper : « C'était une femme noire » (Rebecca Skloot, 2011 : 18/traduction française de *The Immortal Life of Henrietta Lacks* par Isabelle D. Taudière et Raymond Clarinard, éditions Calmann-Lévy, 2011).

C'est alors que se déclencha une foule d'interrogations dans la tête de l'étudiante. Elle suivit son instructeur et le « harcèle de questions » : « D'où venait-elle ? Savait-elle à quel point ses cellules étaient importantes ? Avait-elle des enfants ? » (R. Skloot, 2011 : 18). En d'autres termes, qui était cette Henrietta Lacks connue sous le code « HeLa » ?

« J'aimerai pouvoir vous en dire davantage. Mais personne ne sait rien d'elle », répondit monsieur Defler.

Pourtant, il y avait 37 ans (1951–1988) que ses cellules étaient mises à contribution dans de multiples domaines de la médecine et de la science.

Ainsi, la jeune élève, Rebecca Skloot, apprenait coup sur coup qu'« HeLa cell » n'était pas uniquement une formule scientifique du genre H2O, mais que derrière celle-ci existait une personne humaine et que, malgré son énorme apport à l'humanité, personne n'avait jamais cherché à savoir qui elle était, pas même ceux qui avaient obtenu un prix Nobel grâce à elle.

Cette double et singulière découverte frappa l'esprit de la jeune Rebecca Skloot. Malgré son jeune âge (seize ans), elle n'entendit pas en rester là. Dès qu'elle fut en mesure de le faire, elle remua ciel et terre pour découvrir qui était Henrietta Lacks, où se trouvait sa famille, qui étaient les auteurs de sa dissimulation et de l'exploitation de ses cellules.

- **L'apport de Henrietta Lacks à la médecine et à la science**

Comme l'affirmait M. Defler en 1988 : « **les cellules HeLa représentent l'un des événements les plus importants de la médecine depuis cent ans** » (Rebbeca Skloot, 2011 : 17). En effet, à cette époque, plusieurs maladies faisaient des ravages parmi les humains et l'on ne disposait que de peu de connaissances pour les soigner, les contrôler et encore moins pour les éradiquer.

C'était le cas particulièrement du cancer. Depuis 20 ans, un couple de médecins menait des recherches pour comprendre ses causes en vue de trouver un moyen de les soigner. Le mari, le docteur George Otto Gey, qui dirigeait le service de recherche sur la culture des tissus humains à l'hôpital Johns Hopkins de Baltimore, était obsédé par un but : vaincre le cancer.

Comme d'autres chercheurs en sciences biomédicales, il savait que pour ce faire, il fallait cultiver des cellules humaines cancéreuses dans des laboratoires. Car, « en culture, **les cellules cancéreuses peuvent continuer à se diviser si elles disposent d'une source continuelle de nutriments. On dit alors qu'elles sont immortelles** » (R. Skloot, 2011 : 18). Pour trouver pareilles cellules, le docteur Gey faisait depuis 20 ans des essais, sans succès. Toutes les cellules cultivées mourraient avant la fin de l'expérience. Ainsi, au grand désespoir des chercheurs, c'était un éternel recommencement.

C'est alors que le destin du Dr Gey croisa celui de la patiente Henrietta Lacks. Elle arriva à sa clinique basée à l'hôpital Johns Hopkins un jour de février 1951.

Son diagnostic révéla un cancer du col de l'utérus. Elle revint huit jours après pour débuter le traitement de cette tumeur maligne. Avant de la mettre sous le radium, le gynécologue préleva un échantillon de sa tumeur et l'envoya au laboratoire du Dr Gey. Ce fut alors « une découverte sans précédent : en plus d'être immortelles, les cellules cancéreuses d'Henrietta Lacks prolifèrent sans limite » (Sciences Cafe

Web). Or, « jusqu'ici, on n'avait jamais pu cultiver de cellules humaines à l'extérieur d'un corps. Mais la présence d'une enzyme particulière dans les cellules d'Henrietta faisait que celles-ci se divisaient indéfiniment, si bien qu'on pouvait non seulement les étudier, mais également les distribuer dans d'autres laboratoires. Elles furent baptisées "cellules HeLa" (pour Henrietta Lacks) » (Sciences Cafe Web). Elles furent la première lignée cellulaire immortelle d'origine humaine jamais établie (une lignée immortelle de cellules d'origine animale avait été créée 11 ans auparavant par Wilton Earle).

Cette découverte fit faire un bond prodigieux à la médecine. Les cellules HeLa furent une véritable révolution qui propulsa la science médicale dans un nouvel âge.

53. The day George Gey got his hands on Lacks's cells, everything changed (photo by Alan Mason Chesney, Medical Archives)

Tel que l'affirme Rebecca Skloot (2011 : 17) : « **Comme les cobayes et les souris, les cellules sont devenues le matériel biologique de base des laboratoires** ».

« Ces cellules ont été utilisées dans le cadre d'un projet de recherche sur les gènes responsables du cancer et ceux qui l'éliminent ; elles ont contribué à mettre au point des médicaments pour traiter l'herpès, la leucémie, la grippe, l'hémophilie, la maladie de Parkinson, et elles ont été utilisées pour étudier la digestion du lactose, les maladies sexuellement transmissibles, l'appendicite, la longévité humaine, l'accouplement des moustiques et les effets négatifs sur les cellules d'une exposition professionnelle aux stations d'épuration. Leurs chromosomes et leurs protéines ont été étudiés si précisément que les chercheurs savent tout sur leur comportement. » (R. Skloot, 2011 : 17)

Ce faisant, en sciences médicales, les cellules d'Henrietta sont omniprésentes. Elles sont étudiées dans des champs aussi divers que l'histologie, la neurologie, la pathologie, etc. « Aujourd'hui encore, les cellules HeLa constituent la lignée standard dans le cadre d'innombrables études liées à la cancérologie, la biologie, ou encore l'effet des radiations. » (Sciences Cafe Web)

Les cellules d'Henrietta ont même été transportées lors de la première mission spatiale pour l'étude de la gravité sur l'humain. Elles ont également permis de mettre au point le vaccin contre la polio, qui tuait des milliers d'enfants dans le monde ou les laissait avec de lourdes séquelles qu'ils traînaient leur vie durant. Ce fut le cas pour l'un des plus célèbres Présidents américains, Franklin Roosevelt. Les cellules d'Henrietta participèrent aussi au développement de la chimiothérapie, du clonage, de la cartographie génétique (ADN) et de la fécondation in vitro. (R. Skloot, 2010 : 2).

C'est dire que ces cellules ont permis et continuent de permettre de guérir de graves maladies, donc de soulager des souffrances et de sauver des vies dans le monde entier.

Ses cellules sont présentes par milliards dans les laboratoires et chez des humains.

D'après l'auteur de sa biographie, certains scientifiques ont tenté de quantifier l'apport des cellules HeLa à la science et à la médecine universelle. « Si l'on pouvait empiler sur une balance toutes les cellules HeLa produites depuis le début de la mise en culture, elles pèseraient plus de cinquante millions de tonnes (chiffre qui dépasse l'entendement lorsqu'on sait qu'une cellule ne pèse pratiquement rien). Un autre chercheur a calculé qu'alignées bout à bout, elles feraient au moins trois fois le tour de la Terre, s'étirant sur plus de cent mille kilomètres. […] Impressionnant pour ce bout de femme d'un mètre cinquante ! » (R. Skloot, 2011 : 14).

Pourtant, ni Henrietta Lacks, ni son mari, ni ses enfants ne furent consultés avant ce prélèvement d'un échantillon de sa tumeur. Ils ne furent pas non plus informés de la découverte faite avec ses cellules, ni du commerce que les laboratoires en firent à travers le monde. Bien entendu, ils ne profitèrent point non plus de la manne financière qu'il engendra. Pourtant, ils en avaient bien besoin. Confrontés à la pauvreté, certains de ses enfants étaient malades et un autre sombrait dans la délinquance juvénile, qui le conduisit en prison et dans un processus de destruction qui engendra les soucis et la souffrance de son père, de sa sœur et de ses frères.

De même, malgré la découverte phénoménale que ces cellules permirent à l'hôpital Johns Hopkins d'effectuer, son personnel ne se soucia point d'aider la famille d'Henrietta Lacks à lui assurer ses funérailles et à lui offrir une sépulture ou même une pierre tombale digne de ce nom.

- **La vie d'Henrietta Lacks**

Qui est donc cette femme dont la mort sauva des milliers de vies à travers le monde et dont les cellules bouleversèrent fondamentalement le cours de l'histoire de la médecine et des recherches biomédicales ? Qui est cette immortelle qui fut parmi les astronautes de la première mission spatiale américaine à travers ses cellules dénommées « HeLa cells » ? Qui est donc Henrietta Lacks qui, morte, donna naissance à des scientifiques de renommée internationale parmi lesquels des Nobel de la Paix ?

Henrietta Lacks est née le 18 août 1920 dans l'État de Virginie des États-Unis d'Amérique. C'est une citoyenne américaine d'origine africaine. Comme le font aujourd'hui bon nombre d'Afro-Américains, des tests ADN auraient pu déterminer duquel des 54 pays de l'Union africaine elle venait. Mais cela est une autre question à laquelle sa descendance a peut-être déjà pensé. Revenons à son histoire aux États-Unis.

54. Henrietta Lacks sur fonds de « HeLa Cell »

Tel que la montrent ses quelques photos, Henrietta est une belle femme, élégante et lumineuse. Elle apparaît comme une personne pleine de vie, sûre d'elle, et son large sourire irradie l'espace dans lequel elle se trouve.

Sa mère meurt en couches en donnant la vie à son dixième enfant. Orpheline de mère à 4 ans, elle fut confiée à son grand-père.

Neuf mois après que son cancer ait été détecté, soit **le 4 octobre 1951, Henrietta Lacks rendit l'âme.** Elle n'avait que 31 ans. Elle laissa dans le deuil son mari, cinq enfants et de nombreux frères, sœurs, cousins et cousines.

Cyniquement, le jour de son décès, le 4 octobre 1951, George Gey apparaît à la télévision nationale avec un tube rempli des cellules d'Henrietta. Il les présente à la caméra et dit : « Il se peut très bien que ce genre de recherches fondamentales nous permettent de trouver une méthode pour attaquer ou éliminer totalement les cellules cancéreuses ». Lors de cette unique apparition à la télévision, le docteur Gey ne cita nommément ni Henrietta, ni ses cellules. Il les appela les « cellules HeLa » [lignée d'HeLa] (R. Skloot, 2011 : 84). « Gey annonça ainsi à la nation l'espoir de guérir le cancer pendant que le corps d'Henrietta reposait dans la morgue de Hopkins, les ongles de ses orteils brillants d'une fraîche couche de vernis. Et sa famille ne savait rien de ces cellules » (Rebecca Skloot : 2010).

- **Rebecca Skloot : la rédemptrice d'Henrietta Lacks**

Le portrait d'Henrietta Lacks aura été incomplet sans un mot sur Rebecca Skloot, car, sans elle, la première n'aurait peut-être jamais eu de seconde vie.

Tuée par une cellule cancéreuse, enterrée par des médecins et des scientifiques dans un cercueil fixé aux clous par la formule « HeLa cells » **en 1951, elle fut ressuscitée en 2010, soit 59 ans plus tard,** grâce à l'acharnement de cette journaliste qui a mené des fouilles partout pour la déterrer.

Biologiste et journaliste d'enquête scientifique, Rebecca Skloot a consacré dix ans de sa vie à la recherche de la personne qu'abritait l'appellation « « HeLa cells » ou la « lignée d'HeLa ».

Sa détermination portera ses fruits. Ce sont les résultats de sa collaboration avec les membres de la famille d'Henrietta Lacks (mari, enfants, cousins et cousines), ses enquêtes dans les laboratoires et les institutions médicales et de recherche, ses fouilles documentaires (écrits scientifiques, articles de journaux, rapports médicaux, etc.), ses entrevues avec des médecins, des scientifiques, des employés de tribunaux, des criminalistes, des lauréats de prix Nobel, etc., qui donneront lieu à ce livre intitulé *Immortal Life of Henrietta Lacks*, un ouvrage qui constitue toute une révélation de la personne qui est derrière l'appellation « HeLa cells », de l'histoire de celle-ci, de sa famille, du degré inouï d'exploitation raciale aux USA, de l'absence d'éthique chez certains médecins et scientifiques, du sens de la justice des employés des tribunaux, des criminalistes et du courage de certains journalistes d'enquête, tels que Rebecca Skloot.

3.5. UN CAS SPÉCIFIQUE D'UNE RÉSISTANTE AFRICAINE DANS L'OCÉAN INDIEN : NIAMA BATHILY, DITE MARIE-GENEVIÈVE (1745-1809), PRINCESSE AFRICAINE, REINE DE L'ÎLE DE BOURBON (ACTUELLE ÎLE DE LA RÉUNION)

On a longtemps pensé que tous les Afro-Réunionnais étaient venus de l'Afrique australe, en particulier du Mozambique. Mais, comme l'écrivait Me Abdoulaye Wade, ancien président de la République du Sénégal, à propos du livre de Frédéric Mocadel :

« Il nous fait découvrir […] un nouvel éclairage de l'histoire du XVIIIe siècle que nous avions tendance à résumer dans l'aspect triangulaire de nos nordiques horizons : Afrique de l'Ouest-Amérique-Europe. » (Frédéric Mocadel, 2006 : 15)

C'est dire que les routes de l'esclavage ont été nombreuses et variées. Elles se sont étendues jusque dans les îles lointaines de l'océan Indien, notamment à l'île de Bourbon, actuelle île de la Réunion. Conférencière invitée au colloque de l'ORACLE de l'université de La Réunion, en décembre 2009, le docteur Aoua Ly-Tall y découvre une plaque dédiée à la mémoire d'une femme. Située à la rivière d'Abord, à Saint-Pierre, **elle était datée du 19 décembre 2005 à 17 h 30.**

L'honorée s'appelait Niama et venait de l'Afrique de l'Ouest.

Elle aurait pu être la grand-mère de l'auteure de ce livre, car il s'agissait d'une princesse du royaume du Galam qui jouxte celui de ses ancêtres, le royaume du Tékrour, tous les deux riverains du célèbre fleuve Sénégal. Le peuple de Niama, les Soninkés, habitent la haute vallée dite Gajaaga (dans l'actuel Sénégal oriental), tandis que celui de l'auteur, les Peulhs (Hal Pulaar), en occupent la moyenne vallée, ou Foutah Tooro, alors que les Waalo-Waalo vivent dans le delta de ce fleuve, berceau de l'ancien royaume du Waalo de la reine Ndaté Yalla.

Ces trois royaumes constituent aujourd'hui la région de Saint-Louis du Sénégal et de Dagana.

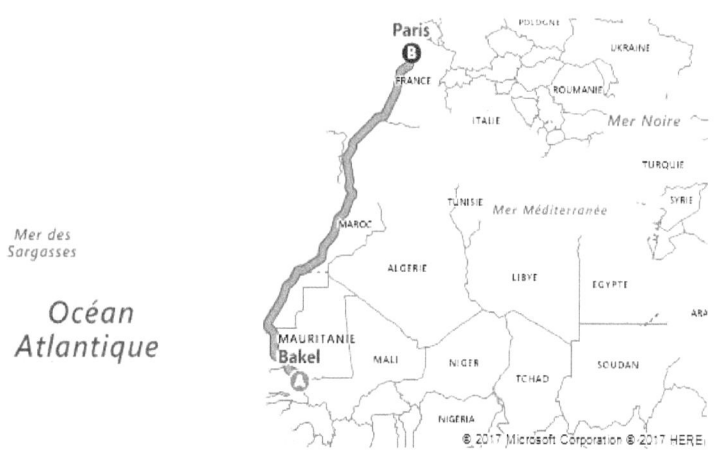

7. 5 352 km (Bakel-Paris) + 9 000 km (Paris-Saint-Denis)

Comment Niama s'est-elle retrouvée si loin de chez elle, à 14 352 km de la haute vallée du fleuve Sénégal, qui se jette dans l'océan Atlantique, à l'île de Bourbon, dans l'océan Indien ?

C'est à cause de la traite des humains entreprise par les Français au Sénégal au XVIe siècle que Niama Bathily passera du statut de princesse à la condition d'esclave.

Le royaume du Galam était par excellence le pays de l'or. D'ailleurs, *galam* ne signifie-t-il pas « or pur » ? En effet, ce royaume surnommé « pays de l'or » est une terre décrite dès le IXe siècle comme un lieu où « l'or brillait comme des plantes dans le sable ou comme des carottes cueillies au soleil ». Car, si nombreuses étaient les mines qu'on rapportait en 1154 que le roi était « si riche que ses chevaux étaient attachés en paillettes d'or de 15 kg » (Soninkara.org).

Ce faisant, très tôt, cette contrée, dirigée par la dynastie des Bathily, a attisé des convoitises d'abord de la part des royaumes voisins, puis au XVIe siècle, des Européens, qui y entreprirent l'esclavage. En effet, « dès 1666, les Français lancent une première expédition au Galam. En 1755, il est déjà en état de survie. Avec plus de 100 000 habitants, il est cinq fois plus peuplé que l'île de Bourbon » (F. Mocadel, 2006 : 1).

C'est dans ce contexte d'intrusion de la traite des esclaves et de l'insécurité permanente dans son royaume qu'après le massacre de toute sa famille (la famille royale de Tyabou Birou), Niama fut arrachée à sa terre natale à l'âge de 9 ans, conduite à Saint-Louis du Sénégal (ancienne capitale de l'AOF) puis sur l'île de Gorée. Là, on la fit passer par la porte du non-retour de la maison des esclaves et transporter en Europe à travers les routes de l'esclavage.

55. « **Arrêt émouvant de S. E. Michaëlle Jean devant la porte du "non-retour" du château d'Elmina au Ghana** » (© Fred Chartrand, CP)[26]

Elle survit à 8 mois de traversée maritime dans la cale d'un bateau négrier. À l'île de France (actuelle île Maurice), elle fut rachetée par le gouverneur Jean-Baptiste Geoffroy, qui l'emmena à l'île Bourbon (actuelle île de la Réunion) et en fit sa compagne de vie. Il l'affranchira le jour du baptême de son fils, Jean-Baptiste Lislet Geoffroy, le 23 août 1755. **De princesse soninké du royaume du Galam, Niama devint ainsi reine de l'île Bourbon** par son statut d'épouse de la plus haute autorité de l'île, le gouverneur général, représentant du roi de France, Louis XV.

Comme le disait la professeure Sophie Geoffroy, dans la préface du roman de Niama (à venir), cette liaison entre Niama, une princesse africaine et le gouverneur général Jean-Baptiste Geoffroy est « le triomphe de l'amour, de l'intelligence et de la libre-pensée ». Elle poursuit :

« Ainsi s'opéra, au carrefour de leurs chemins respectifs, le croisement des peuples et des cultures à travers cette union du Blanc et

---

[26] Source : http://www.grioo.com/info8641.html

du Noir, du masculin et du féminin, de la vigne et du café […]. Ici, le triomphe du fils projette en pleine lumière la plénitude et la puissance de la mère, qui retrouve enfin sa voix. »

Notons que **le fils de Niama, Jean-Baptiste Lislet, grand savant, avait atteint l'une des plus hautes distinctions, celle de membre de l'Académie royale des sciences de la France** (Gilles Sagodira, communication au FESMAN, Dakar, 2010).

56. Niama Bathily (1745–1809)

Mais, en fait, Niama ne s'était-elle jamais tue ? N'exprimait-elle pas sa manière d'être et d'agir ?

Nous pensons que par ses attitudes et ses comportements, elle affichait sa noblesse, sa liberté d'esprit et son refus de la soumission. **Le « gommage culturel » ne fonctionna pas avec elle.**

Ni le baptême imposé par le Code noir, qui lui attribua le prénom Marie-Geneviève, ni l'instruction « dans la religion catholique, apostolique et romaine » (Soninkara.org) n'altérèrent sa personnalité. **Elle resta Niama (« maman » en soninké) et musulmane de la famille royale des Bathily.**

À preuve encore, le statut social de ses relations et de ses intimes. Par exemple, la marraine de son premier enfant, une fille dénommée Jeanne Thérèse, est une riche Port-Louisienne et le parrain, un capitaine de marine de la Compagnie des Indes. En revanche, le jour de son affranchissement, à l'occasion du baptême de son premier fils, elle choisit ses semblables. Celui-ci a pour marraine Ignace, « femme de François, Mallebar libre » et pour parrain Jean-Louis, esclave du commandant de la ville.

La noblesse de Niama ne put donc se perdre dans les méandres obscurs de l'esclavage, car elle est ancrée en elle. Malgré le jeune âge auquel elle avait quitté sa patrie, sa société avait su lui inculquer les valeurs africaines qui confèrent à l'Africaine une grande force morale.

Ce sont celles-ci qui lui ont permis d'opérer une résistance morale et psychique comme arme de défense contre des actes destructifs de l'humain tels que l'esclavage. Durant toute sa vie, elle a su imposer l'admiration et le respect dignes d'une princesse. Elle a su rester à la hauteur de son rang. « Elle s'éteint en 1809 à Port-Louis dans l'île de France, respectée par tout son entourage. » (F. Mocadel, 2006 : 70)

Jean-Baptiste avait reconnu cette noblesse incarnée en Niama et en a fait la mère de ses enfants et son héritière. En plus du respect de son conjoint, elle avait gagné le cœur de ses concitoyens réunionnais. Elle est restée dans la mémoire collective réunionnaise et son souvenir fut transmis de génération à génération. C'est ainsi que près de deux siècles après sa disparition (1809–2005), ses compatriotes lui ont rendu hommage et l'ont inscrite sur la plaque de l'éternité le 19 décembre 2005. « Le peuple sénégalais, cœur de lion, nourri par la tradition de la *téranga* (hospitalité), ne peut voir en Niama que le prototype de la femme africaine auréolée dans l'âme d'une princesse dont la vertu est […] transmission. Merci à l'île de la Réunion de nous l'avoir rappelé » (F. Mocadel, 2006 : 5), dit maître Abdoulaye Wade, président de la République du Sénégal d'alors (2000–2011), pays d'origine de Niama.

En effet, tels des griots modernes, Frédéric Mocadel et Christian Vittori (son éditeur qui prépare aussi un roman sur Niama) ont su chanter la gloire de Niama et la faire remonter des profondeurs de l'oubli. Ils l'ont portée à notre connaissance. Puis, la plaque qui lui rendait hommage l'a gravée dans nos mémoires, de même que son fils prodige, Jean-Baptiste Lislet. Comme le disait monsieur Paul Vergès dans sa préface du livre de Frédéric Mocadel sur Niama : « **Nous, leurs descendants : Blancs, Noirs et Métis.** Quand, aujourd'hui, des jeunes se forment dans un lycée de la Réunion portant le nom de Lislet-Geoffroy, ils ont eu à transformer le lourd héritage de l'histoire en promesse de fraternité » (F. Mocadel, 2006 : 7).

3.6 Les Africaines de la diaspora : héroïnes d'aujourd'hui

3.6.1. Juanita Westmoreland-Traoré : une bâtisseuse d'une nation québécoise de droit, de liberté et de justice sociale

• L'honorable, honorée

Décidément, cette dame croule sous les honneurs et non des moindres, pourrait-on dire. Madame Juanita Westmoreland-Traoré est en effet gratifiée par diverses organisations de multiples distinctions dont :

- Officier de l'Ordre national du Québec par le gouvernement du Québec en 1991 ;
- D^r honoris causas par l'université du Québec à Montréal (UQAM) ;
- D^r honoris causas par l'université d'Ottawa au Canada ;
- prix Jackie Robinson « Achievement Award » par l'Association montréalaise des gens d'affaires et professionnels noirs ;
- prix Alan Rose pour les droits de la personne par le Congrès canadien juif ;
- prix Touchstone par l'Association du Barreau canadien ;
- prix « Droits et Libertés » par la Commission des Droits de la personne et des Droits de la jeunesse (CDPDJ) du Québec pour l'ensemble de sa carrière, le 12 novembre 2008 ;
- le mérite Christine-Tourigny par le Barreau du Québec pour son engagement social et son apport à l'avancement des femmes dans la profession, le 28 mai 2009 ;
- un colloque en son honneur (McGill publications : 2012) au moment de son départ pour la retraite, organisé par la Faculté de Droit de l'université McGill à Montréal, sur le thème « La justice sociale, le droit et l'égalité », du 16 au 17 mars 2012.

**57. Photo : archives de l'agence QMI -
L'honorable juge Juanita Westmoreland-Traoré**

Comment cette Afro-Québécoise en est-elle arrivée à une carrière si brillante et surtout, à ce parcours sans faille dans ce monde de discriminations parsemé de peaux de bananes destinées à faire tomber toute personne qui veut opérer des changements de l'ordre établi en faveur de la majorité et, en particulier, par une classe de privilégiés ?

Bien sûr, il faut souvent se référer aux parents pour expliquer l'enfant qu'ils ont bâti, et surtout l'adulte que celui-ci est devenu. Sans connaître les parents de Juanita, on peut imaginer que s'ils ont offert à leur fille adolescente une machine à écrire, ils devaient être des intellectuels ou des parents avertis et conscients, qui donnaient à leur fille en plus de l'amour les outils nécessaires à sa mise en confiance et à son envol vers les plus hauts sommets.

Le contexte politique de l'évolution de Juanita a également joué dans ses rêves et dans son devenir. En effet, **enfant du Mouvement des droits civiques aux États-Unis des années 1950** (de 8 à 14 ans) **et fille** de la **Révolution tranquille du Québec des années 1960** (de 18 à 21 ans)**,** Juanita Westmoreland est une jeune fille typique de cette période de bouleversements de rapports sociaux à travers le monde.

Son enfance fut bercée par des échos de résistance des gens qui lui ressemblent aux États-Unis, les Afro-Américains, guidés par des figures emblématiques telles que Rosa Parks, Martin Luther King et d'autres grands leaders de cette communauté.

De même, durant ses années de maturité (18-21 ans), **la nation québécoise opérait sa révolution dite « tranquille »**. Juanita baigne dans cette atmosphère de profondes mutations.

Au loin, la jeune fille entendait aussi les échos des luttes des peuples d'Afrique, d'Asie et des Antilles pour la décolonisation de leurs pays. Ses yeux s'ouvrent donc sur une période en pleine ébullition, sur un monde de bouillonnements d'idées de droits humains, de liberté, de changement des relations entre les peuples et les continents.

Témoin attentif de tous ces mouvements de libération tant au nord qu'au sud, la jeune Juanita s'en abreuve allègrement.

Déjà à l'école secondaire, **on note chez Juanita Westmoreland des signes d'un tempérament de leader.** Elle est en effet élue secrétaire de la Negro Citizenship Association. Il semble que la machine à écrire offerte par ses parents, une Smith Corona portative, ait joué dans ce choix (Brian Myles : 2008).

Mais, on peut imaginer que c'est sa personnalité qui a été déterminante. Dès lors, elle faisait partie des dirigeants des jeunes Noirs qui revendiquent leurs droits de citoyens au Québec et au Canada.

- **Le rêve de devenir une défenseure des droits humains**

C'est parmi les leaders du Mouvement des droits civiques des États-Unis d'Amérique que Juanita Westmoreland puise son inspiration et trouve son modèle. Ce dernier n'est nul autre que le défenseur de Rosa Parks et du mouvement de boycott des autobus de l'Alabama suite à l'arrestation de celle-ci (voir le portrait de Rosa Parks plus haut), à savoir, Me Thurgood Marshall, le principal avocat de la National Association for the Advancement of Colored People (NAACP) et le premier Noir nommé juge à la Cour suprême des États-Unis. Encore aujourd'hui, Mme Westmoreland-Traoré assume cet héritage reçu des Afro-Américains : « **J'ai toujours voulu être avocate défenseure.** Je suis une enfant des années 1960 et du Mouvement des droits civiques » (ledevoir.com : 2008).

La voie de Juanita fut tracée par ce rêve de devenir une défenseure des droits humains. Dès lors, elle s'attela à trouver les outils pour sa réalisation. Est-il étonnant qu'arrivée au temple du savoir, l'université, cette adepte de la défense des humains choisisse l'institution de formation en justice et en droit ? En effet, après un baccalauréat ès-art obtenu avec brio au collège Marianapolis (1963), elle s'inscrit à la Faculté de Droit de l'université de Montréal.

Durant ses vacances universitaires, **la jeune étudiante se lance à la découverte du monde.** En 1964, alors qu'elle n'avait que 22 ans, elle s'engage dans la Coopération internationale avec l'ONG québécoise Carrefour international, dont la mission est de développer la solidarité avec les peuples des pays en développement. Juanita se rendra la première année au Sénégal, puis, la seconde (1965) au Togo.

Comme pour Barack Obama à 21 ans lors de sa première visite au pays d'origine de son père, le Kenya, pour Juanita Westmoreland, ce voyage sur le continent africain avait un autre but. Elle nous l'explique : « En tant que jeune Afro-Canadienne, **j'avais besoin de renouer avec mes racines… C'était un besoin impérieux qui touchait à mon image et à ma réalisation personnelle.** » (Carrefour international)

Plus encore, chez Juanita, ce voyage contribue à briser les murs de l'ignorance de l'autre et les solitudes vécues, comme elle l'exprime si bien : « En ce moment, il y avait réellement deux solitudes au Canada. L'orientation offerte par Carrefour s'est révélée une préparation essentielle. Nous vivions ici avec des gens d'autres sociétés. Nous étions à la fois francophones et anglophones… Puis, une fois outre-mer, nous travaillions avec des Américains qui étaient des Afro-Américains, ainsi qu'avec des Afro-Canadiens et des Africains du continent africain. C'est une expérience très enrichissante » (Carrefour international).

Mieux, elle découvre en Afrique des gens extraordinaires dotés de valeurs. Comme Obama qui retrouve ses repères culturels et son identité après son voyage au Kenya, ce séjour en Afrique de l'Ouest « m'a en quelque sorte libérée en tant que personne », affirme Juanita (Carrefour international).

Motivée plus que jamais, elle décroche l'année suivante (1966) sa licence en droit à la Faculté de droit de l'université de Montréal (UDM). Bien que devenue membre du Barreau du Québec en 1969, elle s'envole une fois de plus vers d'autres horizons en quête de plus de savoir, et surtout, de plus d'ouverture sur le monde. Cette fois-ci, elle se rend en Europe, précisément en France et s'inscrit à l'université de Paris II. Elle revient au Québec avec un diplôme d'études supérieures en sciences administratives et un doctorat d'État en droit public.

- **Une femme engagée dans 101 causes**

Juanita ne dévia jamais de la trajectoire de défenseure des droits humains qu'elle s'était tracée. Car, si Me Marshall, du Mouvement des droits civiques aux États-Unis, fut son modèle, **son premier associé fut un des acteurs de la Révolution tranquille au Québec,** « un champion de la cause des travailleurs, **Me Bernard Mergler**, le défenseur de Madeleine Parent et de tous ces militants qui ont construit le mouvement ouvrier québécois contre tous les Duplessis, leurs polices et leurs entreprises répressives » (université du Québec à Montréal : 1991). Elle travaille dans l'étude légale de celui-ci, dite « Mergler, Melançon, Bless » de 1970 à 1976.

Notons en passant que **Madeleine Parent, ce monument féminin du Québec, avant-gardiste des luttes syndicalistes et féministes, est restée une grande amie de Juanita Westmoreland jusqu'à son dernier souffle.** On peut affirmer qu'elles étaient liées par un idéal commun de justice sociale et d'égalité entre tous les humains (femmes/hommes, riches/pauvres, Québécois de souche/d'ailleurs).

En 1976, l'avocate crée sa propre étude légale de pratique privée. Mais, militante dans l'âme, Me Westmoreland-Traoré ne tardera pas à s'éloigner des fauteuils moelleux des cabinets d'avocats. Durant cette même année (1970–1976), elle opte pour la carrière d'éducatrice des jeunes en vue « de transmettre le savoir » (Jean-Nicolas Saucier) dont principalement les valeurs de justice sociale, de droit et de libertés individuelles et collectives. Pour ce, elle devient professeur adjoint à mi-temps à la Faculté de droit de l'université de Montréal. Elle y apporte une innovation en mettant sur pied le premier cours de droit de l'environnement, qu'elle dispense durant quatre années.

Comme souligné au moment de l'élever au rang de docteur honoris causas par cette institution, elle étend ses contributions académiques à l'une des universités naissantes du Québec, notamment l'université du Québec à Montréal (UQAM). « En 1976, c'est votre engagement aux côtés des plus faibles et des discriminés qui vous amène à joindre les rangs du jeune Département de sciences juridiques de l'UQAM, qui était alors l'objet de méfiance dans les cercles du pouvoir. Vous passez la décennie suivante à l'UQAM, enseignant le droit public et administratif et les droits de la personne » lui dit monsieur Gaëtan Cousineau, président de la Commission des droits de la personne et des droits de la jeunesse (CDPDJ). » (UQAM : 1991)

Presqu'une et une seule[27] dans son domaine, madame Westmoreland semble se multiplier en 101 juristes engagés. **Elle donne le sentiment d'être partout à la fois.** Et, ce qui est admirable, c'est qu'elle accomplit chaque responsabilité avec efficacité. **Elle laisse partout sa marque, une marque d'excellence.** En plus de ses fonctions professionnelles, elle occupe plusieurs fonctions para- professionnelles. De 1979 à 1983, elle fut membre de l'Office de la protection des consommateurs du Québec. Dans cette même période, en 1982, elle devient commissaire à mi-temps à la Commission canadienne des droits de la personne (1983–1985). Elle fut également conseillère légale du Congrès des femmes noires du Canada, du Centre communautaire des Noirs et de l'Association Québécoise des Organismes de Coopération Internationale (AQOCI).

- **Une brillante carrière, une trajectoire sans faille**

En 1985, elle est nommée la **première présidente du Conseil des communautés culturelles et de l'immigration (CCCI).** Elle exerce cette fonction durant cinq années. Sous sa direction, le CCCI participe à la formulation des politiques des rapports des communautés culturelles avec la majorité. Elle accroît le rayonnement de cette institution à travers le Québec et même au-delà.

Elle fut également **membre de plusieurs conseils d'administration** d'organisations, comme la Ligue des droits de l'Homme, l'Association canadienne des libertés civiles et membre de l'exécutif de la Fondation canadienne des droits de la personne et du Conseil consultatif de l'Ordre national du Québec (avant l'élection du premier conseil de l'Ordre).

Malgré toutes ses charges, **l'honorable juge écrit et publie.** Elle est donc **auteure et co-auteure.** En plus de plusieurs articles publiés dans la revue du Barreau du Québec et d'écrits pour les Presses de l'Université de Montréal, elle participe à la rédaction de documents tels que le rapport de la Commission Maud et les espaces verts de Montréal et le rapport sur les ententes de la communauté noire relatives au système d'éducation publique pour le Conseil supérieur de l'Éducation du Québec en 1979. De même, en 1983, elle fut **commentatrice** du Rapport annuel du plan d'action en faveur des communautés culturelles.

Force nous est de souligner, entre autres, l'importante communication de 196 pages intitulée « Droit humanitaire et droit d'intervention »

---

[27] Elle et son oncle étaient à l'époque les seuls juges d'origine africaine. Elle était l'unique femme Afro-Québécoise à être juge.

qu'elle a présentée au Mexique durant les journées mexicaines de l'Association Henri Capitant, tenues du 18 au 25 mai 2002 à Mexico et à Oaxaca. Elle agissait également dans ce cadre à titre de Rapporteur pour le Québec/Canada.

La juge Westmoreland-Traoré fut même appelée à exercer des fonctions hors du Québec. En effet, en 1990, le gouvernement du Nouveau Parti Démocratique (NPD) nouvellement élu en Ontario lui confie la **direction de la Commission de l'équité en matière d'emploi.**

Le gouvernement conservateur de Mark Harris, qui reprend le pouvoir en peu de temps au NPD, met fin à ses fonctions. C'est alors que l'université de Windsor l'appelle et la nomme **doyenne de sa Faculté de droit. Du même coup, elle devient membre du Barreau de l'Ontario en 1996.**

Toutefois, la province du Québec ne tarde pas à récupérer son enfant prodige. Après trois années d'exercice à Windsor, en 1999, le gouvernement du Québec la fait revenir et la nomme juge à la Chambre criminelle et pénale ainsi qu'à la Chambre de la Jeunesse de la Cour du Québec.

Elle devient ainsi **la première personne d'ascendance africaine à accéder à la magistrature du Québec.** Aujourd'hui encore, elle est l'unique femme parmi les trois juges d'origine africaine que compte la belle province. Notons que la charge de juge à la Chambre de la jeunesse donne à madame Westmoreland-Traoré l'opportunité de revenir à ses premières amours ou même à ses amours permanentes, à savoir la jeunesse, dont la situation constitue l'une de ses principales préoccupations.

Juanita Westmoreland-Traoré est aussi une internationaliste. Elle agit souvent comme médiatrice, arbitre, commissaire et observatrice pour des tribunes et des causes internationales, ce, au compte du gouvernement du Québec et d'organisations internationales telles que la Fédération internationale des droits de l'homme ou la Ligue des droits et libertés ou des Nations unies, dont elle fut la conseillère auprès de la Commission de vérité et de justice en Haïti.

• Le courage des idées et la force des principes

Notons que Juanita ne prend pas seulement de son modèle africain-américain, Me Thurgood Marshall, la profession (avocat, puis juge), mais aussi la ligne de conduite. Elle l'applique quasiment tout au long de sa carrière et l'assume encore aujourd'hui. « **Il utilisait le droit comme un moyen d'action sociale pour faire avancer la cause des gens sans**

voix et sans moyens, se souvient Mme Westmoreland-Traoré. Lorsqu'il était à la Cour suprême, il ne ménageait pas ses idées et ses écrits pour exprimer aussi les objectifs de la Constitution américaine. Il était souvent en dissidence, mais il n'hésitait pas à le faire. » (ledevoir.com).

L'émule va agir selon l'exemple de son mentor dès les premiers mois de sa pratique d'avocate. En effet, en 1969, elle prend la défense d'un groupe d'étudiants de l'université Concordia et arrive à obtenir l'acquittement pour 11 des 12 accusations qui étaient portées contre eux. Ils avaient occupé des locaux et saccagé du matériel informatique tout en jetant par la fenêtre des matrices essentielles au bon fonctionnement des ordinateurs de la période pré-siliciumienne. Des allégations de racisme contre un professeur que la direction ne traita pas avec sérieux, à leur avis, furent à l'origine de ce soulèvement estudiantin.

C'est dire que face à la nécessité de s'opposer aux discriminations et au racisme, Me Juanita Westmoreland-Traoré n'avait pas hésité à se jeter à l'eau au risque de compromettre sa carrière encore jeune, donc fragile. Bien des années plus tard, elle s'expliqua en entrevue avec le journal *Le Devoir* : « Nous sommes maîtres de nos destins, mais, à un moment donné, nous répondons aux circonstances » (UQAM : 1991).

Dans son hommage, l'UQAM salue entre autres cet acte de bravoure de la jeune avocate : « Votre première cause célèbre fut d'ailleurs la défense des étudiants de l'université Sir George Williams (actuelle Concordia) accusés de méfaits à la suite de manifestations contre la discrimination raciale » (UQAM : 1991). Ce fut en plus un acte bien inspiré, puisque « parmi ceux-ci se trouvait Roosevelt Douglas, qui devait plus tard être élu Président de l'île de la Dominique dans les Caraïbes » (UQAM : 1991).

De même, au cours de sa carrière de juge, tout en prônant le respect du Code déontologique qui, dit-elle, « nous indique qu'on doit rendre justice dans l'application de la loi » (ledevoir.com), elle aura l'audace de prendre des décisions controversées.

En 2005, elle acquitta un jeune Noir accusé de posséder de la drogue en vue de la vendre. Elle fondait sa décision sur le fait que le Service de police de la ville de Montréal (SPVM) avait utilisé une méthode illégale de profilage racial, ce qui avait biaisé la légalité de l'arrestation. Jusqu'à cette période, c'était un facteur qui n'était pas du tout pris en compte. La communauté d'origine et d'ascendance africaine s'en réjouit, car pour elle, cette façon de voir les choses mettait l'accent sur les abus de pouvoir de la police et contribuait désormais à les limiter.

De même, au printemps 2008, une émeute éclata à la suite d'un match de soccer auquel prenait part l'équipe du Canada. Beaucoup de jeunes furent arrêtés. La juge Westmoreland remit en liberté l'un des jeunes émeutiers, sous prétexte qu'**il fallait tenir compte de ses racines autochtones.** Elle défend cette décision semble-t-il contestée même par la communauté dont était issu le jeune : « Il y a un désavantage dans la société envers les Amérindiens, qui se manifeste parfois par un plus fort taux de sous-emploi et de dépendance à l'alcool » (ledevoir.com : 2008).

Pour elle, il n'était donc pas juste d'en rajouter car ce sont les injustices commises à l'égard de son peuple qui ont fait du jeune autochtone ce qu'il est devenu. Le condamner alors, c'était perpétuer cette oppression d'hier. En fait, madame Westmoreland fonde sa vision sur le fait qu'il faut replacer les actes des citoyens dans leur contexte : « l'évolution du droit est indissociable de son contexte social » (ledevoir.com : 2008). Elle étaye son argumentaire par le cas de la violence conjugale dont les auteurs sont aujourd'hui jugés différemment que par le passé.

Par ailleurs, pour elle, la condition de ce jeune autochtone n'est qu'un cas exacerbé de la situation de la jeunesse en général, et celle des minorités en particulier. Elle exhorte la société non pas seulement à écouter, mais à « entendre la colère des jeunes » (ledevoir.com : 2008), en d'autres termes, à faire l'effort de les comprendre. « Les jeunes entretiennent de profonds griefs à l'égard des autorités. **Il y a une impatience de la part des jeunes et parfois, je peux dire, une réaction de colère.** Des études nous indiquent qu'il faut poser des questions, puisque ces jeunes font parfois l'objet de questionnements et de détention temporaire de façon répétée. À un moment donné, il y a un genre d'animosité et de distance qui se crée. » (ledevoir.com : 2008)

58. La juge Juanita Westmoreland-Traoré : Entendre la colère des jeunes (photo : Jacques Grenier)

La violence qui a marqué les soulèvements populaires très majoritairement composés de jeunes en 2011-2012 et qui ont frappé autant le monde musulman (en Afrique de l'Ouest, du Nord et au Moyen-Orient) par le Printemps arabe, que l'Amérique par « Occupons Wall Street », l'Europe, par le mouvement des Indignés et le Québec, par le mouvement étudiant dit « Québec Érable », donne raison à cette juge à la Chambre de la jeunesse. En effet, si elle n'est pas bien comprise et endiguée à temps et de façon appropriée, la colère des jeunes peut déferler sur la société et créer de profondes crises sociales. N'est-on pas en plein dedans de nos jours ?

En outre, forte de sa conviction **qu'il faut prendre en compte le contexte social dans l'application de la loi**, la juge joint l'acte à la parole en vue de fournir des outils à la magistrature. En collaboration avec une de ses collègues, elle consacrera quatre années à élaborer un guide à l'intention de la magistrature sur les questions de diversité et d'égalité. « Ce précis à l'intention des juges renferme des centaines de textes de doctrine et de jurisprudence traitant de la discrimination fondée sur la race, l'âge, le handicap et même la pauvreté. » (B. Myles : 2008)

En d'autres termes, **il faut considérer la pauvreté comme un déterminant social qui peut être un facteur de discrimination,** comme d'autres ont été définis par la Déclaration universelle des droits de l'homme il y a soixante ans, à savoir l'âge, le sexe, la religion et la « race ». Pour elle, « on a peut-être devancé les choses puisque la pauvreté n'est pas un facteur énuméré dans la Charte, mais **nous pensons que la question de l'inégalité fondée sur les moyens économiques est transversale et présente dans plusieurs dossiers** » (ledevoir.com : 2008).

C'est là une innovation capitale que l'avocate-juge Westmoreland-Traoré a apportée. Elle s'ajoute à d'autres, tel que le souligne l'hommage de l'UQAM (1991) :

« Vous vous consacrez alors à un domaine de la pratique juridique encore en friche, celui du droit de l'immigration et surtout celui des réfugiés politiques que le Canada venait juste de reconnaître en signant une convention internationale à ce sujet. Votre engagement dans la défense des droits des plus faibles s'est étendu à tous ceux qui avant l'aide juridique et la Charte québécoise des droits et libertés de la personne n'avaient pas accès à la justice tout en demeurant des personnes discriminées. »

• L'honorable juge : un modèle pour la jeunesse du Québec et d'ailleurs

Pierre après pierre, madame Westmoreland-Traoré a contribué à bâtir une nation québécoise de libertés et de droits pour tous, comme l'affirme en ces termes le représentant de l'UQAM, qui lui décernait le titre de docteur honoris causa : « Honorable juge Westmoreland-Traoré, votre carrière a été l'avant-garde des combats sociaux. Vous êtes une personne inflexible sur les principes » (UQAM : 1991).

En lui remettant le prix « Droits et Libertés » à une date symbolique qu'est le 60e anniversaire de la Déclaration universelle des droits de l'Homme (1948–2008), le président de la CDPDJ, monsieur Gaëtan Cousineau, était allé dans le même sens : « Par son refus constant de l'exclusion et sa recherche de l'équité et de la justice pour tous, Mme Westmoreland-Traoré incarne cet idéal de façon exceptionnelle » (ledevoir.com : 2008). Il ajouta qu'elle avait participé ainsi à « l'actualisation de l'idéal humain » prônée par cette Déclaration. Il est évident, comme l'affirme Brian Myles, que « quand il est question de discrimination, la juge Westmoreland-Traoré ne fait pas dans la dentelle » (ledevoir.com : 2008).

C'est l'image d'une femme qui a le courage de ses idées et la force d'appliquer ses principes que l'honorable juge Juanita Westmoreland-Traoré laisse dans l'esprit de ses collègues, tant du milieu académique que juridique, ainsi que dans celle de la nation québécoise dans sa diversité.

Sa conscience citoyenne et sa générosité l'ont conduite à créer une bourse, après sa retraite.

Comme conclut son ancien collègue de l'UQAM : « Votre carrière peut servir de modèle à nos jeunes juristes et politologues » (UQAM : 1991). Dans cette période de perte de repères et d'absence de modèles, en plus de ces jeunes qui se destinent au droit et à la politique, cette juge peut constituer une source d'inspiration pour toute la jeunesse québécoise et même à travers le monde. **Enfant de la Révolution tranquille, l'histoire retient que l'honorable Juanita Westmoreland-Traoré figure parmi les bâtisseurs de la société québécoise.** Les prestigieuses distinctions qu'elle a reçues la placent comme l'un des modèles positifs au Québec.

3.6.2. CHRISTIANE TAUBIRA : AUTEURE DU PROJET DE LOI RECONNAISSANT L'ESCLAVAGE COMME CRIME CONTRE L'HUMANITÉ

59. Christiane Taubira

D'ascendance africaine, cette citoyenne de Guyane française a fait de la lutte contre le racisme et ses corolaires sa principale cause. Elle se dote d'abord d'armes intellectuelles pour l'engager. En plus d'un doctorat de 3ème cycle en Sciences économiques obtenu à l'université Paris II, après Assas et Panthéon (1er et 2ème cycle) et d'autres diplômes en sociologie et ethnologie afro-américaine passés aux universités de la Sorbonne et de Jussieu, elle obtient un 3ème cycle en agro-alimentaire au Centre français de la Coopération agricole Paris et Bordeaux (CFCA). Ces hautes qualifications académiques sont complétées par des connaissances linguistiques. En effet, en plus du français, elle parle l'anglais, l'espagnol et le portugais.

Une fois ces outils intellectuels en mains, elle s'engage dans la politique pour fortifier ses armes de combat contre le racisme et les préjugés et les discriminations qu'il engendre. En 1993, elle est élue pour la première fois députée de la Guyane. Très compétente, elle est réélue en 1997, en 2002 et en 2007. À ce titre, elle occupera plusieurs fonctions politiques. Elle sera successivement membre de la Commission des Affaires étrangères, députée au parlement européen de 1994 à 1999, membre de la Commission Développement et Coopération, puis membre de la Délégation de l'Union européenne auprès des pays de l'Afrique-Caraïbes-Pacifique (UE/ACP).

Elle s'attaque d'abord au fondement du racisme et des préjugés contre les Noirs, l'esclavage.

En octobre 1999, madame Taubira plaide devant le Conseil exécutif de l'UNESCO la nécessité d'adopter des lois nationales et un texte international reconnaissant l'esclavage comme crime contre l'humanité et sa réparation par des politiques publiques ciblées.

Pour ce, elle dépose au parlement français un projet de loi visant à reconnaître la traite des Noirs et l'esclavage comme des crimes contre l'humanité. Le texte fut adopté le 10 mai 2001, puis promulgué par le président de la République de la France le 21 mai 2001 sous le n° 2001-434. Il fut ensuite cosigné par le Premier ministre et huit ministres concernés par ses dispositions (Éducation, Recherche, Justice, Culture et Communication, Affaires étrangères, Affaires européennes, Intérieur, Outre-Mer) et devint célèbre sous le nom de « Loi Taubira ».

Elle sera un membre actif de la délégation officielle française à la Conférence internationale contre le racisme, la xénophobie et l'intolérance qui a eu lieu à Durban (Afrique du Sud), en septembre 2001.

On peut affirmer que si Napoléon avait édifié le Code noir pour instaurer l'esclavage, Christiane Taubira l'a déboulonné par son projet de loi condamnant l'esclavage comme crime contre l'humanité.

Cette battante pour la liberté et la dignité a embrassé d'autres causes que l'esclavage et ses effets.

Elle est également l'auteure de la première proposition de loi interdisant la fabrication, le stockage, la vente et l'usage des mines antipersonnel (MAP) qu'elle soumet au parlement français en février 1995. Un mois après, elle dépose une résolution allant dans le même sens au parlement européen. En conséquence, elle sera nommée rapporteur à l'Assemblée nationale de la loi d'interdiction des MAP.

Cette cause, que la princesse Diana a eue à cœur jusqu'à sa mort, conduira madame Taubira à des interventions internationales. En décembre 1997, elle sera membre de la délégation officielle française à la Convention internationale d'Ottawa au Canada pour l'interdiction de la production, du stockage et de l'exportation de ces mines antipersonnel. Elle agira aussi comme rapporteur à l'Assemblée nationale de la loi de ratification par la France de la Convention internationale d'interdiction des MAP.

Elle sera successivement membre de la délégation officielle française à la Convention internationale de Maputo (Mozambique) pour l'évaluation de l'application de la Convention d'Ottawa (juin 1999), rapporteur pour le parlement européen des relations entre l'Union européenne et les pays ACP (Afrique-Caraïbes-Pacifique) en matière d'environnement et de développement durable. Elle est également l'auteure d'un rapport sur l'activité minière en Guyane et sur ses retombées dans les relations de coopération, commandé par le Premier ministre. Celui-ci la nommera d'ailleurs à diverses positions, telles que membre de la Commission française de Développement durable, membre de l'Observatoire national de la parité et membre du Conseil consultatif de la défenseuse des enfants (Claire Brisset). Elle sera aussi rapporteur de conventions fiscales entre la France et divers pays des Caraïbes.

À titre de parlementaire engagée, elle sera chargée de plusieurs missions reliées à la justice sociale. En effet, en avril 1994, elle est observatrice parlementaire aux premières élections multiraciales en Afrique du Sud. En septembre 1994, elle est membre de la délégation officielle française à l'investiture de Nelson Mandela et fait partie de cette mission parlementaire sur le droit des minorités en Afrique du Sud. En 1995, elle sera membre de la délégation de la Commission des Affaires étrangères de l'Assemblée nationale au Sommet des femmes méditerranéennes pour la paix, à Marrakech, au Maroc. En septembre 1995, elle fait partie de la délégation du parlement européen au Sommet des femmes, à Pékin, en Chine. En 1999, elle est membre de la délégation officielle française à l'investiture de M. Thabo Mbeki, président de la République sud-africaine.

À titre personnel, on la retrouve dans plusieurs causes. Elle est contributrice de Handicap international, membre de la Ligue française des droits de l'homme, membre de l'Human Rights Watch, membre d'Ensemble contre la peine de mort (ECPM). Elle défend des actions pour la suppression de la dette des pays du Sud et participe également au parrainage d'enfants par la prise en charge mensuelle des frais de leur scolarité des pays en développement tels que le Sénégal, le Brésil, etc.

Ancienne professeure en sciences économiques et ancienne directrice de diverses structures (CNAM en Guyane, Coopération agricole Antilles-Guyane (Caricoop), Service technique de la pêche maritime (Atpag), Coopération et commerce extérieur avec les Caraïbes, les 3 Amériques, l'Asie du sud-est (OEEC)), cette éducatrice donne inlassablement des conférences au niveau national et international. Elle en a donné à Paris-Sorbonne, Paris-Nanterre, Paris-Créteil, Bordeaux, Nantes, Montpellier, Toulouse, Lyon, Grenoble, IEP Paris, IEP Strasbourg, université Antilles, Guyane, ainsi que dans divers lycées en France, aux Antilles et en Guyane.

À l'international, Christiane Taubira a été conférencière à New York University, au Schomburg Center, au CUNI, à Howard University, au Congressionnal Black Caucus, à la Commission Indépendante Millénaire pour l'Afrique (bureau du PNUD au Bénin).

Elle est également l'auteure de quelques ouvrages tels que *Codes noirs : de l'esclavage aux abolitions* (Introduction), en 2005, *L'esclavage raconté à ma fille*, en 2002, ainsi que des essais sur la pêche maritime, sur la coopération transfrontalière, sur l'identité et la multiculturalité. Elle a participé à la rédaction d'un ouvrage collectif, intitulé *Nouvelles* et publié chez Gallimard. Elle écrit également dans le bulletin parlementaire mensuel *Kayakou* et dans *Cap sur l'horizon*.

Sur le plan politique, après avoir été députée de la première circonscription de la Guyane durant presque deux décennies (de 1993 à 2012) et conseillère régionale de la Guyane dans le groupe de l'opposition « Démocratie et Probité », Christiane Taubira se présente comme candidate aux élections présidentielles de 2002 sous la bannière du Parti radical de gauche (PRG).

Le 16 mai 2012, elle est nommée garde des Sceaux et ministre de la Justice dans le gouvernement de Jean-Marc Ayrault, Premier ministre du Président François Hollande, qui battit Nicolas Sarkozy aux élections présidentielles de la France en mai 2012.

Elle devient plus célèbre encore par sa défense de l'adoption de la « loi pour le mariage pour tous » en faveur des homosexuels, en tant que garde des Sceaux. Cette loi connut une rude opposition qui divisa les Français. Mme Taubira finira par la faire adopter (loi n° 2013-404, promulguée le 17 mai 2013) et par gagner une fois de plus une bataille pour l'égalité entre les humains.

Devant le projet de promulguer une loi pour la déchéance de la citoyenneté en cas d'actes de terrorisme auquel elle s'oppose et claque la porte du gouvernement de Hollande/Valls. Comme il apparaît, cette femme engagée se bat sur différents fronts pour l'égalité sociale.

3.6.3 MICHAËLLE JEAN : UNE ÉVEILLEUSE DES CONSCIENCES PAR L'ACTION, UN PARCOURS D'EXCELLENCE FÉMININE AFRICAINE

60. Michaëlle Jean, ancienne gouverneure du Canada commémorant le jour du Souvenir au Canada. En tant que chef des forces armées canadiennes, elle porte les insignes de l'ordre du Canada et de l'ordre du Mérite militaire (Wikipédia/Michaëlle Jean)

Née le 6 septembre 1957 à Port-au-Prince en Haïti, elle devient la 27e Gouverneure générale du Canada (27 septembre 2005–1er octobre 2010). Représentante de la reine Élisabeth II, elle assume donc cette fonction à titre de **vice-reine et de chef des forces armées canadiennes.**

Nièce du célèbre poète haïtien, René Depestre, réfugié en France sous la dictature de François Duvalier, Michaëlle Jean est mariée au philosophe, cinéaste et grand intellectuel français, Jean-Daniel Lafond, devenu citoyen canadien en 1981. D'ailleurs, avant son investiture, madame Jean a dû renoncer à sa nationalité française acquise par ses liens matrimoniaux. Elle est mère d'une fille nommée Marie-Éden Lafond.

Le père de Michaëlle était enseignant et directeur d'une école protestante privée à Port-au-Prince. Malgré tout, elle fut instruite à domicile. Ses parents tenaient à la soustraire de l'endoctrinement des élèves mené sous le régime de Duvalier père. Considéré comme un opposant politique, il fut d'ailleurs arrêté et torturé. À sa libération en 1967, il quitte Port-au-Prince pour le Canada.

C'est **en 1968, à l'âge de 11 ans, que Michaëlle Jean arrive au Canada comme refugiée, avec sa mère et sa petite sœur.** Elles rejoignent le père de famille à Thetford Mines, une petite ville de la province du Québec, mais, devenu violent certainement à cause des violences que lui-même a intériorisées à cause de la dictature dans son pays, de la prison et de l'exil forcé, elles doivent le quitter. Michaëlle, sa mère et sa petite sœur s'installent alors à Montréal.

Diplômée d'une maîtrise en littérature comparée et d'une licence (dite baccalauréat en Amérique du Nord) en langues et littératures espagnole et italienne de la Faculté des arts et des lettres de l'université de Montréal, elle possède **une spécialisation en langue, culture et littérature** italienne acquise à l'université de Pérouse, de Florence, puis à l'université catholique de Milan. Grâce à ce cursus universitaire mené entre 1979 et 1987, Michaëlle Jean est polyglotte. En effet, elle parle couramment le français, l'anglais, l'espagnol, l'italien et le créole d'Haïti. Elle est également capable de lire le portugais.

Femme de cœur, Michaëlle Jean enseigne l'italien à l'université de Montréal, **mais s'implique aussi dans l'assistance aux femmes victimes de violences conjugales.** C'est la coordination d'une étude sur cette question[28] durant sa formation universitaire qui fut le facteur d'influence de cet engagement. Peut-être était-il déjà latent du fait du vécu familial. Elle travaille alors pour le regroupement provincial des maisons d'hébergement et de transition pour les femmes victimes de violence conjugale au Québec. Elle co-initie la création d'un très **vaste réseau de refuges d'urgence** au Québec et au Canada. Elle collabore aussi avec Emploi et Immigration Canada et le Conseil des communautés culturelles du Québec. C'est dans ces structures qu'elle commence à écrire sur les expériences des femmes immigrantes et à réaliser de courts métrages tels que *Salam Iran, une lettre persane*, *Le cabinet du Docteur Ferron* et la *Manière nègre*.

De même, en collaboration avec son époux, le cinéaste et documentariste Jean-Daniel Lafond, elle réalise des courts métrages et **des documentaires très militants**, dont certains sur son pays d'origine,

---

[28] Intitulée « L'incidence des agressions à caractère sexuel rapportées par des femmes violentées par leur conjoint », cette vaste enquête, qui est une première en Amérique du Nord, sera publiée sous le titre *La femme blessée* et sera l'objet d'un débat parlementaire à l'Assemblée nationale du Québec en juin 1987. Elle contribuera à déterminer les prises de décisions politiques en matière de violences faites aux femmes au Québec et au Canada.

Haïti. C'est le cas de *Tropique Nord ou comment être Noir et Québécois*, qui reçoit le prix de la meilleure réalisation francophone au festival de Namur, puis en 1994, en collaboration avec leur oncle René Depestre, *Haïti dans tous nos rêves*, qui obtient le grand prix du film politique au festival Hot Docs de Toronto et enfin, en 1996 et en 1999, *L'heure de Cuba*.

En 1988, elle fut recrutée par la Société de Radio Canada (SRC) qui l'a identifiée sur un documentaire de l'Office National du Cinéma (ONF) du Québec. Ainsi, d'animatrice sociale et réalisatrice, elle devient reporter et animatrice à la **télévision de Radio-Canada.** Chargée du programme des nouvelles, elle intervient dans les émissions comme *Actuel* (1988), *Montréal ce soir*, *Virages* (1991-1992) et *Le Point* (1992-1995).

Au bout de six années d'exercice, l'excellence de son travail la propulse comme chef d'antenne au **Réseau de l'information (RDI)**, la chaîne des nouvelles continues de la Société de Radio Canada. Elle y anime de nombreuses émissions telles que *Le Monde ce soir*, *L'édition québécoise*, *Horizons francophones*, *Les Grands reportages*, *Le Journal RDI* et *RDI à l'écoute*. Quatre ans après (en 1999), elle est invitée à se joindre à la **chaîne nationale anglaise de Radio Canada** (CBC) et assure l'émission *CBC Newsworld*. Elle produit aussi deux émissions, *The Passionate Eye* et *Rough Cuts*. Déjà chargée de prestigieuses émissions comme *Le Télé journal* en 2001 et le *Télé journal-midi* en 2003, elle acquiert en 2004 sa propre émission, dénommée *Michaëlle à l'écoute*.

Première femme d'ascendance africaine à paraître au bulletin des nouvelles de la télévision francophone au Canada, elle se distingue dans ce monde des médias par son professionnalisme, par sa beauté et par son élégance. Comme une « figure de proue du journalisme québécois, elle jouit d'une grande crédibilité et du respect de millions de téléspectateurs canadiens et étrangers » (Pierrette H. Fofana, Grioo : 2005).

Les analystes la classe parmi les meilleurs journalistes du Canada francophone et anglophone. Elle reçoit à ce titre de nombreuses distinctions (cf. gouvernement du Québec : présentation de la Gouverneure générale *in* : http://www.gg.ca/gg/bio/index_f.asp).

L'annonce de la désignation de madame Jean comme Gouverneure générale du Canada par monsieur Paul Martin,

Premier ministre du Canada (décembre 2003–février 2006) survient le 4 août 2005.

La nouvelle fut comme une onde de choc, surtout au Québec. D'abord, parce qu'aucun pronostic ne l'avait répertoriée parmi les pressentis à cette fonction, qui revenait cette fois-ci de droit à un(e) francophone, donc, en principe, au Québec. Ensuite, parce que les amis du mari de madame Jean l'accusèrent de trahison vis-à-vis de la cause souverainiste. Pour eux, en tant que pro-souverainiste, accepter d'être le représentant de la reine d'Angleterre auprès de sa femme était une volte-face. Après un moment de silence, des critiques fusèrent de différents bords. Quelques-unes furent féroces, surtout celles des plus radicaux. Pour discréditer cette nomination, certains écrivirent même à la reine, d'autres exigèrent que le couple Jean décline l'offre ou que le Premier ministre du Canada revienne sur sa décision (A. Noël-Choquette : 2005).

61. Michaëlle Jean, sa fille Marie-Eden Lafond et la reine Elizabeth II
© Reuters

Il n'en fut rien. Bien au contraire, comme de coutume, un mois après sa désignation, soit le 6 septembre 2005, Michaëlle Jean, sa fille et son mari se rendent au château de Balmoral rencontrer la reine et la famille royale d'Angleterre. **Selon les médias, la rencontre fut conviviale et chaleureuse.**

Confirmée ainsi par la reine Élisabeth II, Michaëlle Jean succède à madame Adrienne Clarkson au cours d'une majestueuse cérémonie d'investiture, **le 27 septembre 2005 au Sénat du Canada.**

Si elle a pris fonction sous le mandat de monsieur Paul Martin, elle exercera la dernière partie sous celui de son successeur, le Premier ministre Stephen Harper.

- **Vision et réalisations d'une Gouverneure générale des temps modernes**

Femme engagée, Michaëlle Jean entreprend sa fonction avec des idées neuves et progressistes. Cela n'est point très surprenant, car c'est une gouverneure générale des nouveaux temps. En effet, née bien après le début du règne d'Élisabeth II (6 février 1952), elle est parmi les 27 gouverneurs généraux du Canada « la quatrième plus jeune (après Lord Lorne, 33 ans en 1878, Lord Lansdowne, 38 ans en 1883 et Edward Schreyer, 43 ans en 1979) » (Wikipédia français/Michaëlle Jean). Elle la 3e femme à occuper cette fonction. De plus, c'est une femme qui a beaucoup d'audace et le courage de ses idées.

Militante des droits humains en vue de la justice sociale, Michaëlle Jean fait de la jeunesse sa priorité et de l'élimination des violences faites aux femmes son cheval de bataille.

Une autre de ses préoccupations est aussi l'unité nationale du Canada. Déjà dans son discours d'investiture, elle annonçait la couleur. « Finis les deux solitudes », affirmait-elle, faisant cas du nécessaire rapprochement entre anglophones et francophones canadiens. Mieux, vu la diversité ethnoculturelle de l'actuel Canada, elle précisait : « **nous devons briser le spectre de toutes les solitudes et instaurer un pacte de solidarité** entre tous les citoyens qui composent le Canada d'aujourd'hui. Il y va de notre prospérité et de notre rayonnement partout où l'espoir que nous représentons apporte au monde un supplément d'âme » (gouvernement du Canada : « Discours d'installation de S. E. Michaëlle Jean »).

Pour ce, elle consacre la première année de son mandat à **aller à la rencontre des citoyens et des citoyennes du Canada** et à les écouter. Toujours avec l'objectif de créer ce « pacte de solidarité » entre Canadiens, elle visite chacune des provinces et territoires du pays. Et comme Obama pour sa campagne électorale, Michaëlle met à profit les nouvelles technologies de la communication et de l'information (NTCI) pour rejoindre les Canadiens et dialoguer avec eux. Elle instaure un site web appelé « À l'écoute des citoyens ». Ainsi, par des blogs, des forums et des clavardages (*tchat*), les citoyens lui parlent, discutent entre eux et avec d'autres peuples du monde. Elle instaure donc « le dialogue, qui est pour moi [Michaëlle] l'acte fondateur de ce pays » (discours d'installation).

« **Sincère dans son engagement pour la justice sociale et pour le progrès humain,** la Gouverneure générale du Canada a d'abord tendu la main aux communautés et aux couches défavorisées du pays. » (Aoua B. Ly-Tall : *La Presse*).

Ainsi, **son premier geste fut de rendre justice aux premières nations du Canada.** En reconnaissance du Canada à leur contribution à la Seconde Guerre mondiale, cette guerre de la liberté et de la dignité, « Son Excellence Michaëlle Jean consacrera sa toute première sortie internationale à l'accompagnement des anciens combattants autochtones au cimetière de guerre canadien à Bény-sur-mer, en France, pour une cérémonie du souvenir et de prières pour le repos de l'âme de leurs parents » (Aoua B. Ly-Tall, Ph. D. : *La Presse*)[29]. Les ancêtres purent ainsi leur organiser un rituel aux morts.

D'ailleurs, tout au long de son mandat, les premières nations du Canada bénéficieront de son attention et auront une place particulière dans ses activités. En 2006, elle leur fait l'honneur d'assurer l'ouverture du festival d'Iqaluit, au Nunavut, dit « Toonik Tyme » et leur offre à cette occasion 80 livres en inuktitut, en français et en anglais, destinés à la bibliothèque d'Iqaluit pour la commémoration du jubilé d'or d'Élisabeth. De même, dans un geste spectaculaire, « elle ira leur témoigner son soutien dans leur lutte pour la préservation de leurs traditions, dont **la chasse aux phoques** » (A. Ly-Tall : *La Presse*). Longtemps discriminées, leurs communautés lui rendent bien ces marques d'attention visant à leur rendre justice et à défendre leurs intérêts. Elles lui sont très reconnaissantes et l'adorent.

Aussi, **Michaëlle Jean poursuit sa croisade contre les violences faites aux femmes** durant son mandat de Gouverneure générale du Canada. Ayant travaillé durant huit années dans une maison d'hébergement pour femmes victimes de violence conjugale, elle a réalisé combien celle-ci était dévastatrice pour les femmes et aussi pour leurs enfants. **Elle porte donc cette double cause de défense des enfants et des femmes contre toute forme de violences familiales.** Tant au Canada que dans les pays qu'elle visite, elle sensibilise les décideurs politiques à ce fléau. Ce fut par exemple le cas des viols au

---

[29] **Annexe V :** article sur l'exercice du pouvoir de S. E. Michaëlle Jean en tant que Gouverneure générale du Canada, « Une touche magique », in *La Presse*.

Congo et des mutilations génitales féminines (MGF-excision) au Mali (A. Ly-Tall, *Carnet de voyage*, 2006 : 14).

Partout, Mme Jean incite les autorités politiques à veiller au respect des droits des femmes et travaille main dans la main avec les organisations de la société civile qui œuvrent pour l'élimination des violences faites aux femmes. Ce fut l'une de ses dernières activités.

Préoccupée par la jeunesse, elle entreprend plusieurs activités en sa faveur.

Son mandat connut un moment critique lors de la crise politique du Canada à la fin de l'année 2008. Suite au dépôt du budget par le gouvernement conservateur de monsieur Stephen Harper, l'opposition entreprit de le renverser et de former un gouvernement de coalition composé par le parti libéral (PLP) et le Nouveau parti démocrate (NPD) avec l'appui du bloc québécois et du parti vert. Il revenait à Son Excellence Michaëlle Jean de trancher ce litige politique sans précédent.

Un vote de confiance qui rejetterait le budget allait faire tomber ce gouvernement minoritaire. Dans ce cas, l'opposition prendrait le pouvoir. L'option proposée par le Premier ministre était cependant de suspendre les travaux du Parlement. Une autre alternative était de déclencher de nouvelles élections. Après une période de réflexion de trois jours et avoir fait attendre le Premier ministre du Canada durant deux heures de temps dans sa salle d'attente, la Gouverneure générale accéda à sa demande de procéder à la prorogation du Parlement (4 décembre 2008 au 26 janvier 2009). Il semble qu'« en autorisant le Premier ministre Harper à suspendre les travaux du Parlement durant plusieurs semaines, la Gouverneure générale lui avait permis de gagner suffisamment de temps pour consolider ses assises en Chambre. La coalition s'était quant à elle rapidement effritée dans les semaines suivantes » (A. Panetta : 2009). Selon d'autres, sa décision a permis d'éviter une grave crise politique qui aurait pu engendrer une fissure entre l'ouest et l'est du pays. À la fin de son mandat, Michaëlle Jean explique elle-même : « J'avais le mandat de prendre une décision. Je ne pouvais la prendre en quelques minutes seulement. Ma préoccupation principale était de prendre la meilleure décision, celle qui était dans l'intérêt du pays… » (A. Panetta : 2009).

De mémoire de Canadiens, jamais un Gouverneur général n'avait été aussi dynamique. Elle a non seulement parcouru le vaste territoire du Canada, mais a aussi visité les cinq continents du monde.

Elle a réalisé une quarantaine de missions et de visites d'État en Afghanistan, en Chine, dans une dizaine de pays européens, dans dix pays d'Afrique et dans neuf pays d'Amérique du Nord et du Sud (A. Panetta, 2009 : 1ère visite du G. G. en Afghanistan).

Par ailleurs, elle n'hésita pas à se rendre dans des zones à risque. En effet, lors de la Journée internationale de la femme du 8 mars 2007, elle fit une visite surprise aux troupes canadiennes en Afghanistan (http://www.gg.ca/document.aspx?id=12390&lan=fra/Panetta), ceci malgré l'avis dissuasif du Premier ministre du Canada, Stephen Harper, soucieux de la sécurité de la Gouverneure générale du Canada, pays membre de la coalition contre le terrorisme. D'ailleurs, lors de sa visite, deux convois canadiens furent attaqués par les Talibans (http://www.thestar.com/Nesws/article/189686) qui, par ce geste, envoyaient peut-être un signal à la commandante en chef des armées canadiennes. Mais, pour celle-ci, il était nécessaire d'aller encourager les troupes canadiennes et de porter la solidarité des Canadiens au peuple afghan et surtout aux femmes afghanes qu'elle a tenu à rencontrer. C'est là un autre signe de sa détermination et de son courage.

Le Premier ministre du Canada lui confia même des tâches relevant d'habitude de sa propre compétence, telles que la remise de lac Grey, cela à peine un mois après son intronisation, le 25 novembre 2005.

En 2008, elle assure **l'ouverture du prestigieux 400ᵉ anniversaire de la ville du Québec.**

Enfant prodige, Michaëlle Jean fait un retour au pays natal. En effet, en mai 2006, elle fait un voyage en Haïti en tant que Gouverneure générale du Canada. Imaginez la liesse populaire lors de cet accueil ! Elle y est reçue par son oncle, lui aussi rentré d'exil en France. **Sa seule image est un outil pédagogique d'éducation pour les parents et une source d'inspiration pour les jeunes des Antilles, surtout d'Haïti,** meurtris par diverses épreuves. Elle leur redonne le goût à la vie et la volonté de redresser leur pays sur le plan politique et économique.

L'Afrique, continent d'origine de ses ancêtres, tel qu'elle le revendique, figure parmi ses préoccupations et habite même ses rêves, ceux du retour à la mère patrie[30]. Ce faisant, une année après son investiture, elle entreprit un voyage d'État (18 novembre–11 décembre

---

[30] **Annexe V :** poème écrit à la suite du choc de la visite d'Elmina, site de détention et point de départ des négriers chargés d'Africains réduits à l'esclavage vers l'Occident, ou la « Gorée » du Ghana.

2006) dans cinq pays africains (Algérie, Ghana, Mali, Afrique du Sud, Maroc). Tout en affirmant sa foi en l'avenir du continent africain, elle lance partout des appels aux jeunes et salue le courage et les réalisations des Africaines.

En novembre 2009, elle **entreprend un second voyage en Afrique** et visite à cette occasion le Sénégal, la Guinée Bissau, le Rwanda et la République Démocratique Congo. Elle magnifie le potentiel de ce continent, le courage de ses populations et de ses droits au bien-être.

Elle a également rencontré **plusieurs autorités politiques et religieuses dans leurs pays et en a reçu d'autres au Canada.** On compte parmi ceux-ci le pape Benoît XVI, le Président du Brésil, Lula da Silva, le président de la République islamique d'Afghanistan, Hamid Karzaï ou encore Michelle Bachelet, ancienne Présidente du Chili et actuelle directrice de l'ONU Femme, qu'elle a rencontrée en Argentine.

Couverte d'honneurs, Michaëlle Jean achève en beauté son mandat entamé avec grâce (A. Ly-Tall, 2010 : *La Presse*). Voir **Annexe IV**.

Elle a reçu **dix-sept distinctions** du Canada, du Québec et d'autres institutions à travers le monde (Wikipédia en français). Bien que le mandat de Gouverneur général ne soit pas renouvelable (Wikipédia en français, chapitre « Prix »), 43 % de la population canadienne aurait reconduit Son Excellence Michaëlle Jean à sa fonction et 57 % apprécient le travail qu'elle a effectué durant son mandat, selon un sondage réalisé par le journal *Toronto Star*.

La façon sans faille dont madame Jean a réalisé son mandat de Gouverneure générale du Canada a confirmé l'avis de monsieur Paul Martin, Premier ministre du Canada qui l'avait choisie pour cette fonction. Dans son annonce, il affirmait : « **C'est une femme qui a des compétences et un talent de grande envergure** » (annonce de la désignation de Mme Jean comme Gouverneure générale du Canada par M. Paul Martin). En effet, « sans affirmer qu'elle lui a rendu ses lettres de noblesse [à cette institution], avec une touche magique et gracieuse qui lui est propre, elle l'a sortie de l'ombre et a accru l'aura du Canada à travers le monde » (A. Ly-Tall, 2010 : *La Presse* et *Le Montréal Africain*).

Au cours de son mandat, dix universités canadiennes lui ont décerné des doctorats honoris causa. Comme une consécration, en 2009, le Conseil d'administration de l'Institut national de la qualité lui attribue le **prix de reconnaissance de l'Excellence** pour sa contribution exceptionnelle à la qualité de vie des Canadiens et des Canadiennes et de l'humanité.

Au terme de ce parcours d'excellence de Gouverneure générale du Canada, elle fut nommée **envoyée spéciale du Canada auprès de l'Organisation des Nations unies pour la Science et la Culture (UNESCO)**, pour un mandat de 4 ans et prit fonction le 8 novembre 2010.

En 2014, elle succède à Abdou Diouf au poste de Secrétaire générale de l'Organisation internationale de la francophonie (OIF).

Excellente graine africaine, Michaëlle Jean a germé en Haïti, fleuri au Canada et éclos sur le monde. Le parcours de cette femme, membre à part entière de l'élite féminine de la diaspora africaine, est remarquable et remarqué. **Fierté pour la communauté noire** à travers le monde, Michaëlle Jean constitue **un modèle pour les jeunes,** surtout d'origine et d'ascendance africaines.

3.6.4 MICHELLE OBAMA : LA RÉVOLUTION TRANQUILLE AFRO-AMÉRICAINE

62. Michelle Obama : la *First lady* des États-Unis d'Amérique (2009–2017)

> « *Mère de la nation, voilà ton heure*
> *Instruite, tu défends nos sœurs*
> *Comme la Sainte à Rouen combattit*
> *Horreur et perfidie*
> *Élève ta voix au-delà des montagnes*
> *Longtemps, contre l'oppression que témoignent*
> *Étiolement et asservissement de l'esprit.*
> *Oh Michelle, tel un sceptre*
> *Besogneux, tu consacres ton être*
> *À toutes celles qui fondent leur espoir*
> *Méritantes dans le désespoir*
> *Assumée par ta charge à la Maison-Blanche.* »
>
> Tan'Amar Sago, 10 avril 2010

Issue de la population africaine arrachée à sa patrie et conduite en Amérique pour la mise en valeur des terres du « Nouveau Monde », **Michelle LaVaughn Robinson Obama est porteuse d'une conscience sociale de l'oppression de la communauté africaine- américaine** et armée de la volonté de la révolutionner, lentement mais sûrement, en d'autres termes, de contribuer à une révolution tranquille de la société américaine.

L'histoire familiale de Michelle Obama est simplement celle de milliers d'Africains victimes de la traite des humains, tant en Afrique lors des captures et des déportations qu'en Amérique, avec le commerce interne des esclaves et son lot de violations des droits de la personne (travail harassant dans les plantations, lynchage, bébés arrachés du dos de leur mère, conjoints séparés et vendus à des esclavagistes différents, mise à mort des récalcitrants ou plutôt des résistants…) par des méthodes aussi atroces que celle d'être dévorés vivants par des chiens enragés. Celles-ci visaient, bien entendu, à tuer toute velléité de révolte chez les esclaves.

Et, s'il n'est pas encore possible de localiser les origines africaines de Michelle LaVaughn Robinson, comme certains Africains- Américains ont pu le faire grâce à des tests ADN, il est avéré que son arrière-grand-père est né esclave vers 1850 dans le Friendfield, une plantation de riz. Comme nous le précise Christopher Anderson (2009 : 91) : « C'est là, dans la région du Law Country de Caroline du Sud, au nord-est de Charleston, que travaillaient, dans les champs infestés de serpents, des milliers d'esclaves comme lui qui produisaient à eux seuls la moitié de la récolte du riz du pays ». Il se nommait **Jim Robinson.** La guerre de

Sécession qui ravagera la maison et les biens de son maître le libéra du joug de l'esclavage.

Mais, contrairement à beaucoup d'esclaves libérés, Jim ne quitte pas la Caroline. Il reste y travailler comme métayer. Le recensement américain de 1880 l'enregistre officiellement comme ouvrier agricole, marié et père de deux enfants du nom de **Gabriel et Fraser.** Ceux-ci perdent très jeunes leur mère et leur père se remarie avec une femme qui n'est point gentille avec eux. À 10 ans, Fraser se casse le bras gauche en collectant du bois de feu. La marâtre estime qu'il feint la douleur pour ne pas travailler. Lorsqu'elle se décide à le faire consulter par un médecin, c'est déjà trop tard pour le petit. Pour éviter une infection généralisée et pour le sauver, il faut l'amputer.

Ému ou révolté de ce mauvais traitement, le fils du contremaître blanc prend Fraser sous son aile et l'accueille dans sa famille. Vivant alors dans des conditions stables et élevé avec les enfants de la famille, **Fraser Robinson** apprend aussi à lire et à écrire. Il épousera plus tard Rotella Cohen, qui porte le nom de son maître juif. Ils auront beaucoup d'enfants, dont **Fraser Junior (1912).** Celui-ci se mariera avec **LaVaughn, la grand-mère de Michelle, dont elle tient son deuxième prénom.** À l'instar de beaucoup de Noirs, il quitte le Sud pour le Nord avec sa famille, à la recherche de meilleures conditions de vie. Mais il déchantera, car son travail lui fournit à peine de quoi payer un petit appartement dans les logements sociaux de Chicago. À sa retraite, après trente ans de services à l'U.S. postal, il repart en 1974[31] en Caroline du Sud avec son épouse, LaVaughn.

C'est dire que l'abolition de l'esclavage ne signifia pas la fin de l'exploitation des Afro-Américains.

En 1960, l'un des fils de Fraser et de LaVaughn Robinson, **Fraser « III » (1935)**, pourrait-on dire – puisqu'il est le 3ème de la famille à porter ce prénom –, épouse **Marian Schields.** Après un premier enfant **naît Michelle LaVaughn le 17 janvier 1964.** Contrairement à son père, Fraser III gagne bien sa vie, avec un salaire annuel de 6 000 dollars, ce qui permet à son épouse Marian de ne pas reprendre son travail de secrétaire au bureau des catalogues de Sears et de rester à la maison s'occuper de son jeune garçon, Craig, né en 1962 et de son bébé, Michelle LaVaughn.

---

[31] Michelle Obama avait 10 ans et son frère, Craig, 12 ans.

De la même façon qu'ils rendaient visite à ses grands-parents dans leur petit appartement situé près de chez ses parents à Chicago, Michelle et son frère vont les voir en Caroline du Sud durant les vacances. Pire que ce qu'elle avait observé à Chicago, Michelle réalise les dures conditions vécues par ses grands-parents et leurs ascendants dans ces anciennes plantations. Tout reste gravé dans sa mémoire, dont le silence que gardent les membres de sa famille devant le portail de fer forgé qui s'ouvre sur le chemin menant à la plantation de Friendfield[32] (Christopher Anderson, 2009 : 95). Malgré les non-dits, c'est à croire qu'avec son sens aigu de l'observation et de l'écoute, la petite Michelle LaVaughn Robinson a compris et intériorisé les discriminations, les humiliations et les souffrances infligées à plusieurs générations d'**Afro-Américains. On dirait que sa conscience s'est imprégnée de leur vécu et qu'elle s'est juré de participer à leur émancipation** au rang de citoyens et citoyennes à part entière de la société américaine.

Ce faisant, perspicace et d'une grande intelligence, Michelle commence très jeune à méditer sur les stratégies de réalisation de son but. Ses parents lui font comprendre que la principale clé est l'éducation et font d'énormes sacrifices pour qu'elle et son frère accèdent aux meilleures écoles et universités du pays. À partir de cette prise de conscience, **rien ni personne n'arrive à dévier Michelle de sa quête de l'excellence dans l'éducation.** Son frère, Craig, en témoigne : « elle a toujours été brillante », sa mère aussi : « Jamais elle n'a rapporté autre chose que d'excellentes notes à la maison ». Elle réussit si bien à l'école primaire qu'on la fait sauter la classe du CE1 (Ch. Anderson, 2009 : 97). Au lieu d'un lycée public situé à une rue de chez eux, les parents de Michelle saisissent au bond l'opportunité de l'inscrire dans un lycée qui offre des conditions à la hauteur des meilleures écoles du pays. Certainement motivée par le fait que son frère Craig est inscrit au **lycée Mount Carmel de Chicago,** un établissement catholique réputé pour sa capacité à décrocher des bourses d'études en faveur des champions de basketball, Michelle consent aux sacrifices de cet avantage. Elle prend le train, puis le bus en mettant une à deux heures de temps pour se rendre à ce nouvel établissement. Doté d'excellentes salles de classe et d'équipements performants dans une agréable ambiance, le lycée

---

[32] Où son arrière-grand-père, Jim Robinson et beaucoup d'autres Noirs ont subi les affres de l'esclavage.

Whitney M. Young[33] visait à accueillir les meilleurs élèves de toutes origines. Il les préparait à l'entrée à l'université. Durant quatre ans, Michelle est inscrite au tableau d'honneur. **Elle devient ainsi membre de la National Honor Society (ou Société honoraire nationale).**

En plus, très tôt, elle fait preuve d'un sens de responsabilité : « Michelle était une petite fille qui avait la tête sur les épaules. […] Depuis l'âge de neuf ans, elle s'est pratiquement élevée toute seule », dira sa mère (Ch. Anderson, 2009 : 96). Michelle est donc une enfant précoce qui ne se plaint pas, qui parle peu, mais qui réfléchit beaucoup.

63. Photo de Michelle Obama enfant

Contrairement à son futur mari, Barack Obama, qui a connu une certaine instabilité durant son enfance à cause d'un père absent et d'une mère souvent en voyage, Michelle a bénéficié de l'encadrement de parents unis et aimants, quasiment celle d'une famille élargie. Le petit appartement de ses parents était un lieu où une tante, un oncle, un ami ou l'un des membres de la communauté noire de Chicago pouvait passer à

---

[33] Implanté par le Département de l'éducation de la ville de Chicago, ce lycée porte le nom du directeur exécutif historique de la National Urban League, une organisation créée à l'initiative des Afro-Américains au début du XXe siècle en faveur des droits civiques (Ch. Anderson, 2009 : 100-101).

tout moment prendre un café, regarder un film, bavarder avec ses parents ou leurs visiteurs. Ce faisant, comme en Afrique où « c'est un village qui éduque un enfant », chaque membre de la communauté afro-américaine de Chicago veillait sur Michelle. Ainsi, « choyée dans cet environnement chaleureux et généreux, Michelle s'épanouit loin des préjugés et des inégalités » (Ch. Anderson, 2009 : 94). D'autant plus que le quartier aisé du South Shore où résidaient ses parents était essentiellement habité par des Afro-Américains depuis qu'avec la promulgation de la loi de 1968 dénommée « Fair Housing Act » pour l'égalité en matière de logement, les familles de Blancs avaient quitté les unes après les autres ce quartier envahi par les Noirs.

Ainsi, **elle ne découvrira le racisme ambiant de la société américaine que bien plus tard, lors de ses études universitaires, à l'université**, où selon C. Anderson (2009 : 87) : « les étudiants issus des minorités ne sont pas accueillis à bras ouverts à Princeton ». D'ailleurs, les Noirs n'y étaient qu'une poignée en 1960. En 1969, on comptait parmi eux quelques femmes noires. Quand Michelle y arriva en 1981, sur 1 440 étudiants, on comptait 194 Afro-Américains, soit 13,47 %. La plupart des étudiants et même du corps enseignant pensaient qu'ils n'avaient été admis à Princeton que par le biais de programmes de discrimination positive, mais que les Noirs n'étaient pas méritants (Ch. Anderson, 2009 : 88).

« À Princeton régnait une véritable ségrégation. » (Ch. Anderson, 2009 : 87) Certains professeurs ignorent purement et simplement les étudiants noirs, certains étudiants touchent leurs cheveux pour voir à quoi ils ressemblent. Comme bien d'autres, Michelle s'y fait traiter à plusieurs reprises de « sucre brun ». Ce n'est d'ailleurs que des années plus tard (à 27 ans) qu'elle apprendra que la mère de sa colocataire avait piqué toute une crise quand elle avait appris que sa fille partageait sa chambre d'étudiante avec une fille noire (C. Anderson, 2009 : 86). Elle la fera déménager dès qu'une chambre sera disponible. Mais Michelle se rappelle qu'il n'y avait jamais eu de chimie entre elle et cette fille. À son départ, elle partagea une chambre avec deux autres filles noires et passait son temps surtout avec des Afro-Américains. « Ses années là-bas [à Princeton] ont compté plus que tout dans ma conscience d'être noire », avoue-t-elle (C. Anderson, 2010 : 106).

Mais, éduquée à ne pas se laisser influencer par ce que les autres pensent d'elle, Michelle poursuit avec assurance sa trajectoire. D'autant plus que comme le reconnaît son frère : « Nos parents nous ont offert un avantage dès le départ en nous donnant confiance en nous » (C. Anderson, 2010 : 98). De même, plus déterminée que jamais à œuvrer pour le changement de condition de sa communauté, comme beaucoup de militants en Amérique du Nord, elle effectue beaucoup d'activités communautaires. **L'engagement social de Michelle, qui s'est manifesté depuis le lycée,** n'a fait que s'affirmer durant ses études universitaires et au cours de sa carrière professionnelle.

Déjà **au lycée Whitney**, Michelle a l'audace de prendre la parole en public et de se présenter comme candidate au Conseil des élèves, puis au poste de trésorière de l'école, qu'elle occupera.

À **l'université Princeton** sévissait non seulement une ségrégation raciale, mais aussi sociale. Elle se traduisait par une nette délimitation entre les Noirs et les Blancs, mais aussi entre les riches et les non-riches, à preuve, les lieux de fréquentation des étudiants. Seuls les « gosses de riches » comme les appelle Michelle Robinson, étaient admis dans les « *eating clubs* » (clubs des dîneurs), qui sont des lieux élitistes installés dans d'imposantes demeures bien décorées. Alors que pour les non-Blancs, l'université avait aménagé le « *Third World Center* » (TWC, ou « centre du Tiers Monde »). Le nom en dit déjà long. Il était installé dans un bâtiment ordinaire en briques rouges.

Face à cet ostracisme social, les étudiants Afro-Américains se replient au TWC et vivent entre eux. D'après Angela Acree, une amie de Michelle : « Le TWC, c'était toute notre vie. On traînait là pour faire la fête ou pour réviser ». C'était un lieu de solidarité comme l'explique Laurent Robinson-Brown : « Nous nous soutenions mutuellement » (Ch. Anderson, 2009 : 107).

Ce faisant, **Michelle donne beaucoup de sa personne dans ce milieu de vie des étudiants noirs de Princeton.** Elle siège au **Conseil d'administration du TWC**, dirige pendant un certain temps **le programme de garderie d'enfants du personnel** de restauration et de maintenance de l'université et passe de nombreuses heures à y **jouer du piano pour les enfants.** Certains s'en souviennent encore, plus d'un quart de siècle plus tard. Michelle participe aussi comme **volontaire à des levées de fonds** à l'occasion de défilés de mode pour le TWC, pour la garderie du TWC et au gala de soutien à l'Éthiopie placé sous le thème « Fantasme secret ». Elle y était admirablement habillée (Ch. Anderson, 2009 : 108).

À ces actions communautaires et publiques, elle allie des activités intellectuelles **en prenant part aux « Black Thoughts Table » (ou**

table des pensées noires) où l'on débattait de questions touchant les Noirs de l'université et dans la vie américaine. De même, elle devient **membre de l'association de l'unité noire ou « Organization of Black Unity »**, qui avait fait du TWC son quartier général officieux.

Avec son tempérament de cheftaine manifeste depuis l'école primaire, « **Michelle agit comme un aimant sur les autres Noirs du campus** ». Sa collection de Stevie Wonder contribue à cet attrait, « **car la musique représente une ségrégation de plus à Princeton** ». En effet, les étudiants Noirs et Blancs écoutent des musiques différentes et dansent différemment (Ch. Anderson, 2009 : 109-110).

Revenue en vacances à Chicago, elle décroche un travail d'été dans un cabinet d'aide juridique. Elle y porte assistance à plusieurs personnes défavorisées dont une majorité d'Afro-Américains.

Très consciencieuse pour ne pas compromettre sa marche vers la réussite et la possibilité de participer au changement social, elle se garde de participer à certaines manifestations (marche, discours politiques, même celui du leader noir, Jesse Jackson, père d'une de ses meilleures amies). Sa camarade Hilary Beard explique : « Souvenez-vous qu'à l'époque, la plupart d'entre nous, les étudiants noirs, n'avions aucun filet de sécurité. Alors quand se présentait l'occasion de changer le cours de notre vie, nous ne tenions pas à tout faire rater » (Ch. Anderson, 2009 : 108-109).

Une fois son diplôme de l'université Princeton en mains, Michelle LaVaughn Robinson réalise que « **pour se rendre utile véritablement auprès de sa communauté de Chicago, il lui faut être diplômée en droit** » (Ch. Anderson, 2009 : 112). C'est avec cet instrument juridique qu'elle pourra défendre leurs droits à un logement décent, à l'accès à l'éducation, contre les institutions financières, ainsi qu'à assurer la protection des enfants, des femmes et des défavorisés.

Mais les meilleures universités coûtent cher. Ses parents l'épaulent une fois de plus. Pour faire face au coût élevé des études de leurs enfants, la mère de Michelle retourne au travail. C'est ainsi que celle-ci s'inscrit à l'une des universités les plus prestigieuses aux États-Unis, si ce n'est au monde, l'université de Harvard à Washington. « Elle est entrée à Harvard en assumant et sa couleur de peau et son sexe », dira Charles Ogletree, son conseiller (Ch. Anderson, 2009 : 115).

Arrivée à l'**université de Harvard en 1984, Michelle poursuit son engagement communautaire.** Au lieu d'écrire dans le prestigieux *Harvard Law Review* que Barack Obama avait dirigé comme premier

Président noir[34], elle donne des contributions dans le *Blackletter Law Journal* » (« **La Lettre noire** »), **une revue de droit** pour les étudiants des minorités. Elle s'implique aussi dans l'**association des étudiants noirs.** Parmi ses luttes pour la justice sociale, **Michelle signe des pétitions**, dont celle qui réclamait une meilleure représentativité des minorités parmi le corps enseignant de Harvard. Avec assurance, elle affirmait ses points de vue et osait affronter les professeurs en cas d'injustice.

Elle s'engage comme **volontaire au bureau d'aide juridique de la Faculté de droit** et y passe au moins 20 heures par semaine à aider la population pauvre de la région de Boston à la résolution de problèmes juridiques (divorces, gardes d'enfants, allocations, expulsions de logements).

Cette expérience dans l'aide juridique fut la plus gratifiante de la carrière académique de Michelle (Ch. Anderson, 2009 : 115).

Cependant, à un moment donné, Michelle doute de son choix et se demande si, à travers ses études universitaires, elle ne vise pas les mêmes buts que les Blancs, et surtout si celles-ci ne la conduiront pas à l'assimilation. Après une rigoureuse analyse de la situation à travers son mémoire de fin d'études intitulé « Les Noirs éduqués à Princeton et la communauté noire », elle arrive à cette conclusion : « J'ai compris que **mon statut de membre de la communauté noire faisait de moi son obligée** et que j'utiliserai toutes mes ressources présentes et futures, avant tout dans l'intérêt de cette communauté » (Ch. Anderson, 2009 : 115).

Elle compte donc naviguer dans les eaux profondes de l'Amérique des affaires, mais sans jamais oublier les valeurs de son père et celles de ses origines.

Si réaliser « les rêves de mon père » est le profond souhait de Barack Hussein Obama, celui de Michelle semble être d'accéder aux niveaux qui avaient été interdits à son arrière-grand-père, à son grand-père et à plusieurs membres de sa communauté. N'écrit-elle pas que « brillants,

---

[34] En février 1990. Ce qui lui vaut d'être à la une de *New York Times* et de *Los Angeles Times*, l'invitation de l'Agence Associated Press et une apparition à la télévision. C'est là le début de sa célébrité car, découvrant son portrait dans le *New York Times*, Jane Dystel, une jeune agent littéraire, lui propose d'écrire le synopsis d'un livre inspiré de sa propre vie. Elle le soumet à quelques éditeurs, dont Poseidon Press, qui signe un contrat avec Barack Obama et lui avance la moitié de la somme à lui verser, soit 75 000 dollars.

instruits et s'exprimant bien, si le père et le grand-père de son grand-père Fraser Junior avaient été des Blancs, ils auraient pu devenir des banquiers » ? (Anderson, 2010 : 95)

Ce faisant, elle se fixe de graviter sur les sommets de l'Amérique. Objectif qu'elle atteindra aisément, car malgré son intérêt et ses expériences dans le service public et communautaire, sa formation à Harvard, qui met plus l'accent sur les droits des affaires, la conduit vers le cabinet Sidley Austin. Elle y entre d'abord dans le cadre d'un travail d'été, puis comme employée, durant l'été 1988. C'est dire que son premier emploi sera dans le plus prestigieux cabinet juridique de Chicago, qui se targue d'avoir compté parmi ses clients Mary Todd Lincoln, l'épouse du 6e Président des États-Unis, Abraham Lincoln.

Notons que **si sur le plan académique et professionnel, la vie de Michelle est une réussite, il n'en est pas de même de sa vie amoureuse.** Belle et élégante, elle est très populaire auprès des garçons de l'université Princeton, mais elle ne trouve pas chaussure à son pied. Les quelques rares garçons auxquels elle accorde un premier rendez-vous avaient rarement droit à une deuxième chance. Sa famille commence à s'inquiéter de la voir terminer ses quatre années d'université à Princeton sans une relation amoureuse solide. Il en sera quasiment de même à l'université Harvard.

On sait que **son père est son modèle et que son frère Craig, le célèbre basketteur de l'université Princeton, son idole.** Celui-ci tente d'expliquer l'exigence de sa sœur. Il se dit qu'il est peut-être responsable en partie de sa situation et que son statut de « star de basket » a peut-être fait peur aux garçons de s'approcher de sa sœur, qui vivait dans son ombre. Il conclut cependant que le vrai responsable, c'est son père : « **Mon père, c'était quelqu'un, affirme Craig.** Michelle avait un cadre de référence bien arrêté concernant les hommes. Son type d'homme était gravé dans son esprit » (Ch. Anderson, 2009 : 103). Il ajoute : « Pour Michelle, personne ne lui arrivait à la cheville » (Ch. Anderson, 2009 : 110), et sa mère d'ajouter : « Elle voulait un mariage qui ressemble au nôtre » (Ch. Anderson, 2009 : 116). Elle exhorte sa fille d'arrêter de comparer les hommes à son père. Mais Michelle refuse de s'allier à un homme « pour se caser » et rassure sa famille que son modèle d'homme existe et qu'elle saura le reconnaître le jour où il se présentera.

C'est au cabinet d'affaires Sidley Austin qu'elle rencontrera l'âme sœur. C'est un stagiaire au nom bizarre qu'elle est chargée de superviser. « Mais qui appelle son gamin Barack Obama ? », s'interrogea-t-elle en entendant son nom pour la première fois.

Bien que beau et brillant, la tâche de conquérir Michelle n'a pas été facile pour Barack Obama.

Des années après, à sa rencontre avec Spike Lee, Barack Obama le remercie chaleureusement. C'est grâce à lui que Michelle lui a permis de toucher pour la première fois son genou. C'était au moment où ils regardaient ensemble son film, *Do the Right Thing* (Anderson, 2010 : 143).

Par ailleurs, ni son excellent salaire annuel de 60 000 $ (100 000 $ en 2010) – une somme, dit-elle, que ses deux parents réunis n'avaient jamais gagné de leur vie – ni les dossiers de prestige qu'elle avait en charge, ne lui donnaient satisfaction. Comme en témoigne Quincy White, son ancienne patronne : « Aucun dossier que Sidley pouvait lui confier **n'aurait satisfait son aspiration à changer le monde** » (Ch. Anderson, 2009 : 116). Toutefois, elle ne quitte pas Sidley Austin.

C'est avec deux tragédies qui se succèdent en neuf mois que la vie de Michelle prend un tournant.

Ce fut d'abord le décès d'une de ses meilleures amies, le 23 juin 1990, puis celui de son père, en mars 1991. D'origine nigériane, Suzanne Alele est née de deux parents physiciens. Elle a passé son enfance en Jamaïque, son adolescence à Washington et ses études secondaires à Princeton, avec une spécialisation en biologie. **Colocataire de Michelle, elle devient une de ses meilleures amies.** Quelques années après, elle décroche un master en informatique.

Notons que sa spécialisation lui permettait de sauver ses copines « d'innombrables catastrophes informatiques ».

Aussi, malgré ses matières difficiles (biologie, informatique), Suzanne ne manquait pas de « prendre du bon temps ». D'après ses copines, elle ne se souciait guère de plaire à qui que ce soit. Elle prenait des décisions et menait des activités qui agrémentaient sa vie. À Princeton, elle a fait de la course à pied, pris en charge l'équipe de football des poids légers. En plus, elle a beaucoup voyagé et fait presque le tour du monde. Après de brillantes études, elle obtient un poste de spécialiste en informatique à la Banque Centrale des États-Unis (Federal reserve). **La vie bien remplie de Suzanne Alele fait l'envie de toutes ses copines.** Elle rend l'âme à 25 ans, alors que Michelle Robinson lui tient la main. Celle-ci réalise alors que tout peut s'arrêter à tout moment.

Elle est renforcée dans cette idée quand **son père meurt au volant de sa voiture neuf mois plus tard (mars 1991) en se rendant au travail. Il n'avait que 55 ans.**

Michelle commence alors à se remettre en question. Elle se dit : « J'ai un beau diplôme, je vais gagner de l'argent, mais qu'ai-je appris de la générosité des autres ou sur l'art de trouver sa passion, puis de se laisser guider ? ». Elle poursuit sa réflexion : « Lorsque je me réveille, chaque matin, est-ce que la perspective de travailler me remplit d'excitation ? » (Ch. Anderson, 2009 : 159). Elle réalise que de façon inconsciente, après ses études à Harvard, elle a pris « l'autoroute carriériste ». Son poste dans l'un des cabinets juridiques les plus prestigieux au monde, Sidley Austin, lui assure certes un confort matériel. Elle se demande si elle peut se rendre à une rencontre familiale au volant d'une Mercedes alors que ses cousins se battent pour garder un toit sur leurs têtes et conclut : « **Je dois trouver quelque chose qui me motive véritablement** » (Ch. Anderson, 2009 : 159).

Elle décide de sortir du monde des affaires pour intégrer le service public et se donner ainsi l'opportunité de contribuer au changement du sort des Afro-Américains et des défavorisés de la société américaine.

Quatre mois après le décès de son père, d'un commun accord avec son fiancé, Barack, Michelle envoie son curriculum vitae à la mairie de Chicago. L'employée qui analyse son dossier ne se trompe guère sur ses motivations : « Cette femme n'a plus envie de travailler dans son cabinet d'avocats. **Elle veut un emploi pour la municipalité afin de s'acquitter d'une dette morale** » (Ch. Anderson, 2009 : 169). La demande tombe à pic puisque l'adjointe du maire, qui doit décider de son recrutement, a le même parcours que Michelle. Brillante étudiante, avocate, employée d'un grand cabinet d'avocats comme Michelle, Valérie Jarett est née d'une famille membre de l'élite afro-américaine qui a exercé et visité plusieurs pays, dont certains en Afrique. Elle n'était néanmoins pas satisfaite de sa situation. Pour elle, l'élément déclencheur de sa décision de quitter ce monde des affaires a été la naissance de sa fille. Elle voulait que celle-ci soit fière d'elle (Ch. Anderson, 2009 : 170).

Ce faisant, Michelle décroche l'emploi sans difficulté. Après que Barack eut rencontré sa future patronne, elle intègre l'équipe du maire, Richard M. Daley, « qui tient la clé du pouvoir politique de l'Illinois » (Ch. Anderson, 2009 : 164). Notons qu'il y avait là un calcul politique de la part de Barack.

Quelques mois après son recrutement, sa patronne directe et future amie, Valérie Jarrett, obtient une promotion et Michelle aussi. Elle devient **la coordinatrice du développement économique de la ville de Chicago,** chargée des projets qui doivent stimuler la croissance économique. « Un poste qui la met en contact personnel avec le gratin du monde des affaires de Chicago. » (Ch. Anderson, 2009 : 165)

Comme prévu, **ces relations permettront à Michelle de tisser une toile politique.** Elle assurera à son mari, tour à tour, le poste de sénateur de l'Illinois, des États-Unis, puis de président des États-Unis d'Amérique.

Dans l'exercice de ses fonctions de coordinatrice de développement économique à la mairie, Michelle fait preuve de doigté, d'entregent, d'autorité et d'efficacité. **Elle est appréciée de tous.** Cependant, au bout d'une année de pratique, elle commence à s'ennuyer de ce travail à la mairie qui lui rappelle celui de Sidley Austin, où elle était toujours en contact avec le monde des affaires.

Tandis que Barack rejoint un cabinet d'avocats en droits civiques de Judson Miner, dénommé Davis, Miner, Barnhill & Galland, à la fin de l'année 1992, Michelle quitte la mairie de Chicago pour devenir **la directrice exécutive de Public Allies, une organisation nationale à but non lucratif** (ONG) cofondée par Barack Obama, membre de son Conseil d'administration.

L'ONG vise à orienter vers le public des jeunes de 18 à 30 ans œuvrant dans le privé.

Ces jeunes formés par Public Allies sont de potentiels activistes politiques. Beaucoup d'entre eux se mettront au service des activités de Barack Obama lors de la campagne présidentielle de 1992. Il appuie la campagne de Bill Clinton, alors gouverneur de l'Arkansas, qui cherche à soutirer l'État de l'Illinois des mains des républicains et de celles de Carol Moseley Braun, qui veut se faire élire comme première sénatrice noire du pays. D'après l'analyse de Barack Obama, le vote des Noirs serait déterminant. Décidé à exploiter cette chance en faveur des démocrates, il s'investit à fond dans la préparation des élections. À partir d'avril 1992, il passe sept mois à la tête du bureau local du « Project Vote ». Celui-ci servira de test à l'efficacité politique de Barack Obama sur le terrain.

Il y donne la formation à sept cents activistes qui, en six mois, inscriront 150 000 électeurs noirs. Vu que la grande majorité des potentiels votants (95 %) inscrits par le « Project Vote » accorde en général leur vote au parti démocrate, celui-ci remporte haut les mains ces élections. Ce faisant, Bill Clinton arrache l'État de l'Illinois aux républicains, qui le détenaient depuis 18 ans. Du même coup, Carol Moseley Braun est élue sénatrice. Cette victoire des démocrates dans l'Illinois est surtout celle de Barack Obama. Elle lui ouvrira la voie à des contacts précieux que sont ceux des leaders de terrain, des responsables associatifs et des donateurs libéraux (Ch. Anderson, 2009 : 178). Ils seront le vecteur de son élection, cinq ans plus tard. **En janvier 1997, Barack entre au Capitole de l'Illinois comme deuxième sénateur noir.**

Si son épouse, Michelle, est heureuse et fière de lui, elle vit cependant d'autres soucis. L'enfant qu'ils attendent depuis leur mariage en octobre 1992 tarde à s'annoncer. Un de leur ami médecin lui explique que le stress que lui donnent les 60 heures de travail par semaine à la tête de Public Allies pourrait être une entrave à sa fertilité. Sans hésiter, elle démissionne.

Cependant, elle ne reste pas inactive. Elle pose sa candidature et obtient le poste de vice-doyenne de l'université de Chicago. Constante dans son option d'œuvrer dans le secteur public, **Michelle est chargée des services aux étudiants et directrice des relations et du partenariat avec la population de Chicago.** L'hypothèse de son gynécologue s'avère juste, puisque dix mois après, soit en novembre 1997, son test de grossesse est positif (Ch. Anderson, 2009 : 202-206).

L'enfant naît le 4 juillet 1998 et est dénommée Malia Ann, des prénoms de sa grand-mère maternelle, Marian Shields et paternelle, Ann Dunham. Avec la fermeture de l'université pour les vacances d'été et celle du sénat de l'Illinois, les jeunes parents s'exercent à leur rôle, ce qui les rapproche. Une période « magique », en dira plus tard le jeune père, Barack. Leur deuxième fille naît trois ans plus tard, le 10 juin 2001. Pour reprendre son travail en automne, Michelle engage une gouvernante et accepte l'aide de sa mère de prendre soin des petites Malia et Sasha.

Michelle en profite pour changer de carrière. Une fois de plus, elle choisit le service public. Elle accepte le poste de **directrice des Affaires sociales au centre hospitalier universitaire de Chicago.**

Comme d'habitude, elle s'engage avec énergie dans ses nouvelles fonctions. Elle met en lien le personnel médical et les habitants des quartiers environnants pour leur assurer une meilleure santé. Elle envoie des volontaires des équipes médicales sillonner les rues et accueillir des gens des quartiers défavorisés. Elle descend sur le terrain et visite régulièrement des antennes médicales du South Side. Elle s'enquiert des besoins de ses administrateurs puis, en peu de temps, leur envoie un bénévole effectuer le travail. Berneice Mills-Thomas, un administrateur de plusieurs centres médicaux, témoigne : « Elle voulait savoir sur-le-champ quelle sorte d'aide elle pouvait apporter. On n'avait jamais vu ça avant ». Elle donne la même bonne impression à ses employeurs. Ils reconnaissent son efficacité dans différents domaines, autant pour faire des exposés devant ses administrateurs, que pour calmer des patients furieux ou un enfant en crise d'hystérie. Selon Susan Sher : « **Elle peut gérer n'importe quelle situation** » (Ch. Anderson, 2009 : 227).

Elle en fera de même de la gestion de la carrière politique de son mari, quand elle finit par accepter la voie qu'il avait choisie, ce qui n'a pas été facile, car Michelle ne portait pas la politique dans son cœur et était loin d'avoir confiance aux politiciens. « C'est un vrai panier de crabes », répétait-elle à Barack (Ch. Anderson, 2009 : 233). Leur couple connaîtra plusieurs tensions qui viendront des préoccupations financières[35] de Michelle, de sa désapprobation des comportements de Barack qui participait peu aux tâches domestiques, et surtout, de ses longues absences dues à ses activités politiques. Ce faisant, durant des années après leur union, leur mariage sera hanté par le divorce.

Fort heureusement, « quelles que soient les forces mystérieuses qui les unissent, ils se sont retrouvés au sommet du pouvoir et ont réussi à surmonter les tensions qui, pendant un temps, menacèrent leur mariage », nous explique Anderson dans l'avant-propos de son livre sur Barack et Michelle Obama.

Loin d'être mystérieuse, **la force qui cimente le couple Obama est plutôt un idéal commun.**

Si Barack est tombé sous le charme dès le premier coup d'œil et qu'il a commencé à lui faire la cour dès les premiers jours de leur rencontre dans les bureaux de Sidley Austin, Michelle repoussera fermement ses avances. D'abord parce qu'elle n'est prête ni à sortir avec quiconque ni à consacrer du temps à des distractions, surtout masculines. Ensuite, parce qu'elle est chargée de superviser le stage de son courtisan, et que, sur les cinq cents juristes, ils sont les deux avocats noirs au cabinet. Pour elle, il était alors « déplacé » qu'ils aient d'autres relations que professionnelles.

---

[35] Le remboursement de leurs prêts étudiants, de leurs dettes liées à la campagne de Barack Obama contre Bobby Rush, etc.

Même si elle le trouvait mignon, malin et drôle, elle persévéra dans cette position durant des mois. Elle ira jusqu'à lui présenter quelques-unes de ses amies, mais c'est Michelle que Barack voulait, pas une autre.

Ce qui a charmé Michelle chez Barack, ce n'est ni sa beauté, ni son éloquence, mais son engagement. Son regard a commencé à changer sur lui le dimanche où elle l'a accompagné à Trinity Altgeld Gardens où il avait travaillé quelques années auparavant comme animateur social à Chicago. Elle a été impressionnée de « le voir retirer son costume et sa cravate pour devenir une personne différente [de l'avocat au costume] suffisamment bien dans sa peau pour communiquer avec ces gens et les toucher au cœur […], venir dans le sous-sol d'une église pour y rencontrer des gens comme moi, qui ont la même vie que moi, mais qui font face à des défis et à des soucis qui ne me préoccuperont jamais… ». Elle a eu le sentiment « qu'il s'adresse à quelque chose qui se trouve au plus profond d'elle-même ». Quand elle entendra Barack parler « de l'esclavage et de blessures non cicatrisées, elle ne peut retenir ses larmes » (Ch. Anderson, 2009). Bien que Michelle n'ait pas vécu directement ces blessures, elle les a profondément intériorisées. En entendant Barack les exprimer, elle se dit : « En fait, j'aimerais me marier avec un homme qui ressente les choses avec tant de passion » (Ch. Anderson, 2009 : 140-141).

La cour assidue de Barack Obama et ses stratégies feront le reste pour gagner le cœur de Michelle. Après leur rencontre en été 1989, ils se sont fiancés en juin 1991 et se sont mariés le 3 octobre 1992.

Leur dénominateur commun est donc la cause portée par chacun d'eux depuis longtemps. « Michelle autant que Barack aspirent à sortir la communauté noire de la pauvreté, à lui fournir une meilleure couverture médicale, des logements dignes de ce nom et une éducation de qualité. Barack a réfléchi avec soin sur la meilleure façon de parvenir à la position politique porteuse d'un poids suffisant pour mettre ces changements en place. » (Ch. Anderson, 2009 : 147)

Son épouse est partie prenante dans cette entreprise. **Comme le dit Barack : « Michelle, c'est mon roc ».**

« Lorsqu'il prête serment sur la bible d'Abraham Lincoln, Barack forme avec Michelle le couple présidentiel par excellence […]. De toute évidence, **[ils] ont su transformer leur mariage en un partenariat personnel et politique exceptionnel.** »

Ils sont des partenaires pour l'unité nationale[36], pour l'émancipation des Afro-Américains et pour une révolution tranquille de la société américaine.

Dans un monde global, arrivé à maturité où tous les peuples aspirent à la paix, à la sécurité, au bien-être et à la dignité, **Michelle Obama est devenue un symbole non seulement en Amérique, mais aussi à travers le monde.**

Comme le rappelle Patricia Turnier (2008) : « en mai 2006, le magazine *Essence* l'a mise dans la catégorie des 25 femmes les plus inspirantes du monde. En juillet 2007, le magazine *Vanity Fair* l'a intégrée dans la classe des 10 personnes les mieux habillées du monde. En septembre 2007, le magazine *02138* a mis madame Obama 58e dans la liste des 100 anciens étudiants de Harvard les plus influents ». D'après les sondages, elle est plus célèbre que son mari.

64. Barack et Michelle Obama à Washington le 24/11/09 lors de leur premier dîner d'État officiel
(*news* publiée le mercredi 25 novembre 2009 à 10:39)

---

[36] Convaincus, comme l'avait si bien exprimé Barack Obama dans son discours inaugural de la Convention nationale des démocrates de 2004, le 27 juillet à Boston qu'« il n'y a pas une Amérique libérale et une Amérique conservatrice, il y a des États-Unis d'Amérique. Il n'existe pas une Amérique noire, une Amérique blanche, une Amérique latino et une Amérique asiatique ; ce sont des États-Unis d'Amérique ! » (Ch. Anderson, 2009 : 251-252).

Épouse de Barack Hussein Obama, le 44ᵉ président des États-Unis d'Amérique, Michelle LaVaughn Robinson Obama est la première Afro-Américaine à devenir la Première dame de cette première puissance mondiale. Son accession à la Maison-Blanche comme *First Lady* des États-Unis est par excellence le signe de l'échec de l'esclavage et le symbole de la Renaissance africaine.

C'est dans l'honneur que leur couple quitta la Maison-Blanche accompagné de l'estime et du respect de leurs concitoyen(ne)s américain(e)s.

Conclusion

Les héroïnes d'aujourd'hui ne sont que les héritières des héroïnes d'hier.

En effet, si Juanita Westmoreland-Traoré a su laisser sa marque d'excellence au Québec, Michaëlle Jean, au Canada et à Haïti, Michelle Obama aux États-Unis, Christiane Taubira en France, Aminata D. Traoré en Afrique de l'Ouest (Mali), Winnie Mandela en Afrique du Sud, la princesse Lalla Aïcha en Afrique du Nord (Maroc) et Wangari Mattai en Afrique de l'Est (Kenya), c'est parce qu'elles ont eu comme modèles des femmes fortes, des personnalités hors pair.

Elles ont marché sur les traces des héroïnes, farouches résistantes à la colonisation de l'Afrique telles que la reine Ann Zingha (Angola), les amazones d'Abomey (Bénin), la reine Djeumbeut Mbodj et sa sœur Ndaté Yallah (nord du Sénégal), la reine mère des Ashantis, Yaa Asantewa (Ghana), les femmes de Talatay Nder (royaume du Waalo), Aline Sitoé Diatta (sud du Sénégal/« Casa de Mansa »), la reine Abla Pokou (Ghana et Côte d'Ivoire), Lalla Zohra en Algérie ou encore Zainab Tanfzawit (Algérie/Maroc).

De même, ces héroïnes d'aujourd'hui ont été inspirées par les héroïnes africaines-américaines qui, arrachées à leur terre natale de façon violente, exilées en territoire inconnu et soumises à des traitements des plus inhumains, ont su quand même trouver des stratégies adéquates et une force quasi surhumaine pour contrer le projet de génocide culturel contre le peuple africain, de l'exil forcé. Ces femmes ont fermement marché sur le chemin pavé par la témérité de Henriette Tubman, la « Moïse du peuple noir » (libératrice de l'esclavage), par l'audace de Rosa Parks, mère des droits civiques aux États-Unis, par l'énergie constructive de Dorothy Height, l'institutrice et guide des Africaines-Américaines vers la liberté mentale et l'autonomie économique, ainsi que par tant d'autres vaillantes Africaines-Américaines ancêtres de Michelle Obama, première femme noire, maîtresse de la Maison-Blanche aux États-Unis d'Amérique.

Cette force féminine créatrice des Africaines d'origine et d'ascendance remonte à une source aussi lointaine et profonde que l'Antiquité égypto-nubienne.

Celle-ci est marquée par le brillant règne de Hatshepsout, la reine pharaon de la Basse et de la Haute-Égypte, par l'illustre chef de guerre, la reine Candace, qui fit de la défense de l'intégrité de sa nation une priorité absolue. Inspiratrice des reines d'Afrique et de ses diasporas, elle leur insuffla le sens du refus et du leadership.

De même, reine de la beauté et de l'intelligence, Makéda, la reine de Saba, était une guerrière qui sut imposer la paix et la fortune sur son royaume en établissant un pont entre l'Afrique et le Moyen-Orient. Icône de la beauté et de la féminité africaine, elle reste le modèle des Africaines du continent et de la diaspora. Féministe avant la lettre, elle inspire aux femmes d'Afrique et de la diaspora un féminisme « à l'africaine », c'est-à-dire un féminisme de beauté, de sensualité et d'élégance, un féminisme non agressif, non destructeur des enfants, constructif de liens amoureux entre femmes et hommes, tels que ceux qui la lièrent à Salomon, roi de Juda et d'Israël.

La présentation des portraits de ces personnalités féminines africaines, héroïnes d'hier et d'aujourd'hui tant en Afrique que dans ses diasporas en Amérique du Sud et du Nord, aux Antilles, en Europe et en Océanie, démontrent sans nul doute la contribution capitale des Africaines à la civilisation universelle depuis l'aube de l'humanité.

Cet apport féminin africain analysé à l'aune de l'œuvre de Cheikh Anta Diop témoigne aussi que le genre (relation femmes/hommes) dans l'Afrique précoloniale était égalitaire, et mieux, conférait même souvent un statut supérieur à la femme par rapport à celui de l'homme dans l'exercice des pouvoirs d'ordres politique, social, et spirituel.

À l'instar de celle de Cheikh Anta Diop, cette œuvre se veut une contribution à la restauration de la vérité historique sur l'Afrique et sur ses diasporas (Antilles et Amérique) et au recul de l'ignorance de la jeunesse africaine de l'histoire de son continent, afin qu'elle soit fière de ses origines africaines et prenne en mains son avenir avec confiance.

Cependant, ce rappel historique, s'il rend aux Africains leur fierté, ne doit point être source d'orgueil, mais plutôt l'arme d'une conscience historique ; les Africaines d'aujourd'hui doivent tendre la main aux femmes des autres peuples sur la planète en vue de contribuer à la réconciliation de l'humanité et de léguer aux générations présentes et futures un monde de sécurité et de paix.

BIBLIOGRAPHIE

Africa 24, chaîne mondiale d'information pour l'Afrique, http://www.africa24tv.com

Agence France-Presse (AFP) : Chip Somodevilla citant *Washington Post* : « Dorothy Height est décédée ».

Agence France-Presse, Washington, « Obama rend hommage à Rosa Parks », 27 février 2013. URL :
http://www.lapresse.ca/international/etats-unis/201302/27/01-4626037-Obama-rend-hommage-a-rosa-parks.php

AMINA-Le Magazine de la femme : « Dorothy Height : cette héroïne qui a fait pleurer Barack Obama », n° 482, 2010, pp. 20-21.

ANDERSON, Christopher, *Barack et Michelle*, éditions Archipel, 2010, traduction du livre publié en anglais américain sous le titre *Barack and Michelle : portrait of American marriage*, Morrow New York, 2009.

ARVANITIS Yorgos, AFC, « Carnet de bord du film de Fadhma N'Soumer de Belkacem Hadjadj », in : http://www.afcinema.com/ Carnet-de-bord-du-film-Lalla-Fadhma-N-Soumer-de-Belkacem-Hadjadj.html
« L'histoire de Lalla Fadhma N'Soumer racontée par les femmes », témoignages de femmes récoltés par Mohand Ferratus, suivis de « Histoire écrite », traduction du texte du WAAC, in : http://www.kabyle.com/archives/histoire-et-civilisation/grandes-figures/article/l-histoire-de-lalla-fadhma-n

Association du Barreau canadien, « La juge Juanita Westmoreland-Traoré reçoit le prix Les assises 2005 ». URL : http://www.cba.org/abc/Nouvelles/2005_communiques/2005-08-12_touchstone.aspx

BARRY, Boubacar, *Le royaume du Waalo, le Sénégal avant la conquête*, Paris, Khartala, 1985.

BENDÉNIA, Abdallah, « Zohra, la mère conseillère de l'Émir Abd El Kader », *El Watan*, Algérie, 9 septembre 2010. URL : file:///G:/ZOHRA%20-%20Mere%20Emir/Zohra-la-m-re-conseill-re-de-l-Emir-Abd El Kader-.htm

BLANCHET, Gilles, « L'évolution des dirigeants sénégalais de l'indépendance à 1975 », *Cahiers d'études africaines*, vol. 18, n° 69, 1978, pp. 49-78. URL :
http://www.persee.fr/doc/cea_0008-0055_1978_num_18_69_2395

BOUDECHICHE, Smail, « HCI : journée d'études sur Hadj Omar El Fouti Tidjani – Une grande similitude avec notre émir ». URL :

http://coran.smail.boudechiche.over-blog.com/article-hadj-omar-fouti-tidjani-66947217.html

BRADFORD, Sarah, *Scenes in the life of Harriet Tubman*, W. J. Moses, printer, 1969.

URL : http://womenshistory.about.com/od/harriettubman/ig/Harriet-Tubman Pictures/Harriet-Tubman.htm

BROWN Paul Fehmiu, fit paraître un ouvrage de 122 pages intitulé *Marie-Josèphe-Angélique,* Montréal, Québec, le 17 juin 1734

Canadian Association of Black Lawyers, Social Justice, Law and Equality : « A Conference to Honour Judge Juanita Westmoreland- Traoré ». URL : http://www.cabl.ca/dcmain.aspx?p=0&i=1522&skin=44&tID

Carrefour International, « La juge Juanita Westmoreland-Traoré ». URL : http://www.cintl.org/page.aspx?pid=537

CHAMBON, Frédéric (correspondant du journal *Le Monde* en Afrique du Sud), « Winnie Mandela comparaît devant la Commission vérité et réconciliation », *Le Monde/Histoire*, sur *Afrique du Sud : de l'apartheid à Mandela*, vol. 12, p. 83-84, société éditrice du monde, mars 2013, Paris, France.

* Article paru dans *Le Monde* du samedi 6 décembre 1997, sous le titre : « Winnie réfute en bloc les accusations portées contre elle ».

CLÉMENCEAU, François, « Sans moi, il n'y aurait pas eu de Mandela », *Le Journal du Dimanche* (Le *JDD*), dimanche 26 janvier 2014.

* Entrevue à l'occasion de la sortie en France de son livre *Un cœur indompté*, Michel Lafon, Paris. Winnie s'entretient avec le JDD dans sa maison de Soweto.

URL : http://www.lejdd.fr/International/Afrique/Winnie-Mandela-Sans-moi-il-n-y-aurait-pas-eu-de-Mandela-650273

Carnets de voyages de la visite de la Gouverneure générale du Canada en Afrique (Algérie, Mali, Ghana, Afrique du Sud, Maroc) du 18 novembre au 11 décembre 2006, Ottawa, décembre 2007.

URL : www.ecoutedescitoyens.gg.ca/BRISER LES SOLITUDES

CHAUDOIN, E., *Trois mois de captivité au Dahomey*, Paris, Hachette, 1891, 409 pages.

CITY-Dz Magazine/**APS**, « L'Émir AEK a concrétisé la culture pour la paix et la réconciliation », Tissemsilt, Algérie, 5 juillet 2011.

*CITY-Dz Magazine/APS***,** « Venezuela : Une place à Caracas baptisée "Place Émir Abd El Kader" », Algérie, 16 janvier 2012.

COQUERY-VIDROVITCH, Catherine, *Les Africaines. Histoire des femmes d'Afrique subsaharienne du XIXe au XXe siècle*, Paris, La Découverte, 2013.

COQUERY-VIDROVITCH, Catherine, « Des reines mères aux épouses des présidents », *Politique africaine*, 2004/3 (n° 95). URL : http://www.cairn.info/zen.php?ID_ARTICLE=POLAF_095_0019#no16

COPPENS, Yves (en coll. avec PELOT, Pierre), *Le rêve de Lucy*, Paris, Seuil, 1990.

CORNEAU, Guy, *Père manquant, fils manqué*, éditions de l'Homme, 1989.

DAOUD, Zakya, *Zaynab, Reine de Marrakech*, éditions de l'Aube, 2004, 237 pages, cité par SÉRÉNI, Jean-Pierre, « Zaynab, la Reine de Marrakech », *Le Monde diplomatique*, 2005.
URL : http://www.monde-diplomatique.fr/2005/01/SERENI/11873 /

DIOP, Cheikh Anta (a), *L'Afrique noire précoloniale*, étude comparée des systèmes politiques et sociaux de l'Europe et de l'Afrique, de l'Antiquité à la formation des États modernes, Paris, éditions Présence Africaine, 1960.

DIOP, Cheikh Anta (b), *Les fondements économiques et culturels d'un État fédéral d'Afrique Noire*, Paris, Présence Africaine, 1ère édition en 1960, 2ème édition en 1974.

DIOP, Cheikh Anta (c), *Antériorité des civilisations nègres, mythes ou réalités ?*, Paris, Présence Africaine, 1967, (par Nouvelle École d'Égyptologie Française [Poesner, Sauneron, Leclant, Yoyotte dans « Dictionnaire de la civilisation égyptienne »]).

DIOP, Cheikh Anta (d), *Civilisation ou Barbarie : anthropologie sans complaisance*, Présence Africaine, Paris, 1981.

DIOP, Cheikh Anta (e), *Nations nègres et culture*, tome I, Présence Africaine, Paris, 1979.

DIOP, Cheikh Anta (f), *L'unité culturelle de l'Afrique noire. Domaine du patriarcat et du matriarcat dans l'Antiquité classique*, Paris, Présence Africaine, 1er septembre 1982.

DIOP, Cheikh Anta (g) *Alertes sous les tropiques*, Paris, Présence Africaines, Édition 2006.

DIOUME, Oumar, *Lumières noires de l'humanité : inventeurs, héros, artistes et sportifs*, éditions IFAN Cheikh Anta DIOP, 2010.

DUMONT, Micheline, « Le Mouvement des femmes, hier et aujourd'hui », *Perspectives féministes*, n° 5, Institut canadien de recherches sur les femmes (ICREF), Ottawa, avril 1986, 54 p.

El Moujahid, n° 14132, 21 février 2011, Algérie : « Sénégal. Journée d'étude à Dakar sur la personnalité de l'Émir Abd El Kader », p. 15. URL : http://www.scribd.com/doc/49211765/236- EM22022011

Euro-News, « L'hommage de Barack Obama à Rosa Parks », le 27/02/2013. URL : http://fr.euronews.com/2013/02/27/l-hommage-de- barack-obama-a-rosa-parks/

FORUM/Daniel BARRY, *journal de l'Université de Montréal*, 22 septembre 1997.

FRAISSE, Geneviève, « Critique d'histoires des femmes au Québec depuis quatre siècles », *Bulletin du GRIF*, n° 2, Montréal, printemps 1983.

GASSAMA, Makhily (dir.), *L'Afrique répond à Sarkozy – Contre le discours de Dakar*, collectif de 23 intellectuels africains, éditions Philippe Rey, 8 janvier 2009, 480 pages.

GÉRARD, Denis, *Ras Tafari : Haîlé Sélassié : visages du dernier empereur d'Éthiopie*, éditions l'Archange Minotaure, préfacé par Jean-Christophe RUFIN, 2006.

GIRI, Jacques, *Le Sahel de demain : catastrophe ou renaissance*, Paris, Khartala, 1983.

GNIMADI, Destin, « *Bracelets d'Afrique* : le tout nouveau livre de Tamaro Touré », 23 juin 2012. URL : http://www.maliweb.net/art- culture/bracelets-dafrique-le-tout-nouveau-livre-de-tamaro-toure- 81607.html

Gouvernement d'Amérique, « L'Amérique pleure la disparition de Dorothy Height, militante des droits civiques ».
URL :http://www.america.gov/st/peopleplace-french/2010/April/20100430172939abretnuh0.3813135.html?CP.rss=true

Gouverneur générale du Canada, biographie de Son Excellence la très honorable Michaëlle Jean, C. C., C. M. M., C. O. M., C. D., Gouverneure générale et commandante en chef du Canada.
URL : http://www.gg.ca/index.aspx?lan=fra

Gouverneur générale du Canada, Discours de Son Excellence la très honorable Michaëlle Jean à l'occasion de son installation.
URL : http://www.gg.ca/document.aspx?id=11979&amp ;lan=fra

Gouverneur général du Canada, Les priorités de la gouverneure générale du Canada. URL : http://archive.gg.ca/gg/04/index_f.asp

HALTER, Marek, *La Reine de Saba*, Paris, Robert Laffont, 2008.

HAMDANI, Hassan, « Lalla Aïcha, la princesse nationaliste », *Tel quel*, Maroc, n° 304-305.
URL : http://www.telquel- online.com/304/maroc8_304.shtml

Haut Commissariat Islamique (HCI), Algérie, Journée d'études sur Hadj Omar El Fouti Tidjani, « Une grande similitude avec notre émir », 11 fév. 2011. URL : http://coran.smail.boudechiche.over-blog.com/article-hadj-omar-fouti-tidjani-66947217.html

HERZBERGER-FOFANA, Pierrette, « Michaëlle Jean, première femme noire Gouverneure générale du Canada », 28/09/2005.
URL : http://www.grioo.com/info5484.html

JOLLY, Jean, *Histoire du continent africain*, tome II : *Du XVIIe siècle à 1939*, L'Harmattan, 1989.

Jeune Afrique, « Bénin : dix chefs d'État pour célébrer le cinquantenaire de l'indépendance », 2012.
URL :
http://www.jeuneafrique.com/Articles/Dossier/DEPAFP20100801181140/france-benin-denis-sassou-nguesso-boni-yayibenin-dix-chefs-d-etat-pour-celebrer-le-cinquantenaire-de-l-independance.html

Journal du Barreau, « Doctorat honoris causa – Juanita Westmoreland-Traoré honorée », vol. 33, n° 20, 1er décembre 2001.
URL : http://www.barreau.qc.ca/publications/journal/vol33/no20/westmoreland.html

JULIEN, Phillipe, « Henrietta Lackcs, du cancer à l'immortalité ». URL : http://www.biopsci.com/2009/01/20/henrietta-lacks-du-cancer-a-limmortalite/

KabyleUniversel.com, « Lalla Fadhma N'Sumer, la Jeanne d'Arc du Djurdjura », in : http://kabyleuniversel.com/2011/04/15/**lalla-fadhma-nsumer-la-jeanne-darc-du-djurdjura-3/**

KAMEL M., « Célébration de la Moubayaâ de l'Émir Abd El Kader : Fête grandiose à Mascara », 27 novembre 2009.
URL :http://nadorculture.unblog.fr/2009/11/27/celebration-de-la-moubayaa-de-lemir-abdelkader/

KARE 11, « President Obama Dedicates a Statue Honoring Rosa Parks in Minneapolis-St-Paul, Minnesota ».
URL :http://www.kare11.com/video/2195852288001/1/President-Obama-Dedicates-a-Statue-Honoring-Rosa-Park

LA CROIX (de), A., *Histoire privée et politique d'Abd El Kader*, Paris, 1845.

La Dépêche de Kabylie, le Journal des hommes libres, « Portrait de Fatma N'Soumer : le symbole de la femme résistante », in : http://www.depechedekabylie.com/index.php?news=85794&print, consulté le 21 août 2010.

L'Afrique de la nouvelle génération, le portail de l'Espoir africain : « Cheikh Anta Diop et la nouvelle génération africaine ».
URL : http://www.newafrika.org/spip.php?article590

LEBLANC, Marielle, « Les billets américains sont-ils sexistes ? », 10/06/2015, blog cgb. URL : http://blog.cgb.fr/les-billets-americains-sont-ils-sexistes -,7556.html

LE GUIDO, 23 décembre 2008, République du Mali.

Le Journal de Montréal, « Bientôt une héroïne anti-esclavagiste (Harriet Tubman) sur les billets de 20 $ », Montréal, Québec/Canada, jeudi 15 mai 2015, p. 29.

Le MONDE France **avec AFP,** « Dorothy Height, figure historique du Mouvement des droits civiques est morte », 21 avril 2010.
URL : http://www.lemonde.fr/carnet/article/2010/04/21/dorothy-height-figure-historique-du-mouvement-des-droits-civiques-est-morte_1340477_3382.html

L'Histoire par les Femmes, « Lalla Fatma N'Soumer, résistante à la colonisation », in : https://histoireparlesfemmes.com/2016/01/05/lalla-fatma-nsoumer-resistante-a-la-colonisation/

Livre des rois, chapitre 10 : « Un roi et une reine : Salomon et la Reine de Saba ».
URL : http://imagesbible.ovh.org/FICHES/F_A_Saba.htm

Le Matin Dz **(journal),** « Le film Fadhma N'Summer dans les salles algériennes et françaises à la rentrée »,
in :http://www.lematindz.net/news/14409-le-film-fadhma-nsoumer-dans-les-salles-algeriennes-et-francaises-a-la-rentree.html

LY-TALL, Aoua Bocar, « Être femme, être noire au Québec », *Continent Premier*, 2007.
URL : http://www.continentpremier.com/?magazine=36&article=1211

LY-TALL, Aoua Bocar, « Mali : quelle chaleur humaine », Carnet de voyage (du 18 novembre au 11 décembre) de la Gouverneure générale du Canada (Mme Jean), p. 10, Ottawa, 23 nov. 2006.

LY-TALL, Aoua Bocar, « Lettre ouverte d'une Africaine au Président Sarkozy », *La Vérité*, Maroc, n° 322, déc.-janv. 2007, pp. 36-38.

LY-TALL, Aoua Bocar, Ph. D., « Une touche magique (le mandat de Michaëlle Jean) », *La Presse*. Le Montréal Africain, oct. 2010, Mené avec grâce, Michaëlle Jean achève son mandat en beauté.
URL : http://www.lapresse.ca/opinions/201010/01/01-4328657-une-touche-magique.php

MANDELA, Nelson R. et the Nelson R. Mandela foundation, *Conversations avec moi-même*, préfacé par Barack Obama, du concept : PQ Blackwell Limited, produit et créé par PQ Blackwell Limited, Nouvelle-Zélande, traduit de l'anglais (Afrique du Sud) par Maxime Berrée, éditions de la Martinière, 2010, pp. 43 à 46.

MASPÉRO, Gaston, *L'inscription dédicatoire du temple d'Abydos*, texte, traduction et notes suivis d'un essai sur la jeunesse de Sésostris, Paris, Librairie Franck, 1867, pp. 68-69.

McGill publications, « Gifts in action : honouring Judge Juanita Westmoreland-Traoré », february 2012.
URL : http://publications.mcgill.ca/droit/2012/02/07/equality-conference/

MEYER, Édouard, *Histoire de l'Antiquité*, tome II : *L'Égypte jusqu'à l'époque des Hyksos*, traduit par A. Moret, Paris, 1914.

MOCADEL, Frédéric, *L'année 1755 au Galam et à l'Île Bourbon – L'Odyssée de Niama – Des portes de l'or aux plantations de café*, Azalées éditions, 2006.

MORET, Alexandre, *Le Nil et la civilisation égyptienne*, La Renaissance du Livret, 1926, pp. 358 et suivantes.

MOUTAOUKIL, Fatima, « Zainab Tanfzawit : une grande femme berbère du XIe siècle », 2008.
URL : http://sinistri.canalblog.com/archives/2008/01/05/7460730.html

MOUTAOUKIL, Fatima, Zainab Tanfzawit : une femme berbère du XIe siècle in :
http://www.mondeberbere.com/civilisation/histoire/**zainab_tanfzawit**.html

Musée quai Branly, *Les îlots de la liberté, Portrait de femmes remarquables/Portrait d'Anna Zingha, reine de Matamba et d'Angola/La duchesse*,
in :http://www.quaibranly.fr/fr/liberte/figures-de-la-revolte/portraits-de-femmes- remarquables

MYLES, Brian, « Entendre la colère des jeunes », 8 décembre 2008. URL : http://www.ledevoir.com/societe/justice/221932/entendre-la-colere-des-jeunes

New African Woman, Le Magazine de la femme africaine, édition française, n° 2, automne 2009.

NOËL-CHOQUETTE, Antoine, « Michaëlle Jean : un choix contesté », *Perspective Monde*, dirigé par Jean-Herman GUAY université de Sherbrooke, Faculté des lettres, septembre 2005.
URL : http://perspective.usherbrooke.ca/bilan/servlet/BMAnalyse?codeAnalyse=23

OBAMA, Barack, *L'audace d'espérer : une nouvelle conception de la politique américaine*, Presses de la Cité, 2007, traduction du livre *The Audacity of Hope: Thoughts on Raclaiming the American Dream*, par J. Martinache, 2006.

OBAMA, Barack, *Les rêves de mon père. Histoire d'un héritage en noir et blanc*, Presses de la Cité, mars 2008.

Ordre national du Québec, « Juanita Westmoreland-Traoré », vidéo.
URL : http://www.ordre-national.gouv.qc.ca/membres/membre.asp?id=164

Panetta, A., « Michaëlle Jean s'explique sur la prorogation de 2008 ». URL : http://ici.radio-canada.ca/nouvelle/488348/michaelle-jean-prorogation

RAGAÏ SHAFIK, Doria, *La femme et le droit religieux de l'Égypte contemporaine*, Paris, Librairie orientaliste Paul Geuthner, 1940.

Réseau France Outre-Mer (RFO), « Harriet Tubman », spécial 10 mai, 2 mai 2006, par MIRTHIL Timot.
URL : http://10-mai.rfo.fr/index-fr.php?page=article&id_rubrique=6

Réseau Femmes africaines, Horizon 2015/Aoua Bocar LY, Ph. D., « Vers une société québécoise juste et équitable », mémoire sur la discrimination et le racisme, Assemblée nationale du Québec (n° référence : CC-107 ; C.G. (Racisme et Discrimination), Montréal, novembre 2006. URL : http://www.bibliotheque.assnat.qc.ca/01/mono/2006/11/917236.pdf

ROY, Jean-Louis, *Le Pèlerin noir*, Montréal, Québec, éditions Hurtubise, 1998, 180 pages.

SAADI Yacef, *La bataille d'Alger – L'affrontement*, tome 2, Alger, éditions Casbah, 1997.

SAGODIRA, Gilles (professeur de l'université de la Réunion), « Jean-Batiste Lislet, fils de Niama, princesse soninké du royaume du Galam (Haut Sénégal). Académicien des sciences à l'île de Bourbon (1755-1836) », communication au festival des Arts Nègres (FESMAN), Dakar, Sénégal, du 13 au 31 décembre 2010.

SARR, Fatou, « De Ndaté Yalla à Aline Sitoé Diatta », communication faite au musée de la Femme de Gorée, Sénégal, le 3 février 2007.

SAUCIER, Jean-Nicolas, « Juanita Westmoreland-Traoré, premier juge noir au Québec », 2012.
URL : http://fr.canoe.ca/infos/general/archives/2012/02/20120206-090752.html

SAVANÉ Marie-Angélique, « Dix ans de féminisme international », *Femmes et développement* (outils pour l'organisation et l'action, ISIS), édition d'En Bas (Lausanne) et L'Harmattan (Paris), 1988, pp. 249-252.

SCHMIDT, Isodore Pierre, *Histoire des derniers prisonniers français faits par Abd El Kader en 1845,* Éditions Paris, 1852.

SÉRÉNI Jean-Pierre, « Zaynab, reine de Marrakech », *Le Monde diplomatique*, janvier 2005.

URL : http://www.monde- diplomatique.fr/2005/01/SERENI/11873

SERTIMA (van), Yvan, *The Ancient presence in the Ancient America – They came before Columbus,* 1ère édition, 1977, Random House Trade, 2e édition le 23 septembre 2003.

SERTIMA (van), Yvan, *Ils y étaient avant Christophe Colomb*, Paris, Flammarion, 1981.

SHENOC (S'instruire de l'Histoire de l'Égypte Noire et sur l'Origine des Civilisations), « La légende des Amazones », avril 2008.

URL : http://www.shenoc.com/La_Legende_des_Amazones.htm

SIMARD, Éric, *Rosa Parks, la femme qui a changé l'Amérique*, Oskar, 2007.
URL : http://www.bibliomonde.com/livre/rosa-parks-femme-qui-change-l-amerique-5420.html

SIMONS-KHEDIS, Setti G., KECHIDI, Rachid, STOLL-SIMON Catherine, « L'émir Abd El-Kader : un homme, un destin, un message », textes de l'exposition réalisée dans le cadre de « Djazaï, une année de l'Algérie en France ».

SKLOOT, Rebecca, « Immortal Life of Henrietta Lacks », *Broadway Paperbacks*, New York, 2010 (New York Time Bestseller), traduit de l'anglais (États-Unis) par Isabelle Taudière et Raymond Clarinard, *La vie immortelle d'Henrietta Lacks*, Paris, Calmann-Lévy, 2011.

SKLOOT, Rebecca, « Henrietta's Dance, Pioneers of Discovery », avril 2000, New York.

URL : http://www.jhu.edu/~jhumag/0400web/01.html

SMITH, David, « Nelson and Winnie Mandela's marriage ended, but the bond was never broken » ou « Le mariage de Nelson et Winnie Mandela a pris fin, mais le lien n'a jamais été rompu », *The Guardian*, friday 6 december 2013.

URL :http://www.theguardian.com/world/2013/dec/06/nelson-winnie-mandela-marriage

Soninkara.org : « Niama : princesse soninké du "pays de l'or" (Empire de Ghana), esclave à Bourbon ».

SOREL, Jacqueline (avec la collaboration de **Simonne PIERRON**), « Femmes de l'ombre : Lucy l'Éthiopienne, la gracile des origines », 01/08/2002.

URL : http://www1.rfi.fr/fichiers/Mfi/culturesociete/631.asp

STENGEL, Richard, *Les Chemins de Nelson Mandela : 15 leçons de vie, d'amour et de courage*, traduction française de Joseph ANTOINE, éditions Michel Lafon, 2010.

STILL William, *The Underground Railroad*, livre sur Harriett Tubman et autres, recueil des témoignages de fugitifs.

TAIEB, Maurice, « L'Afrique, terre d'origine de l'humanité », *Echosciences*, janvier 2007.

URL : http://archive.wikiwix.com/cache/?url=http%3A%2F%2Fwww.cerege.fr%2F%3Fmasque%3Dinc-recherche%26id_rubrique%3D17%26sous_masque%3Dinc-ritem-liste%26id_onglet%3D-1%26id_article%3D28606%26id_liste%3D28658

TOURÉ, Tamaro, *Les Villages d'Enfants SOS au Sénégal : une expérience de prise en charge de l'enfance déshéritée*, 2ème édition, République du Sénégal, Presses Universitaires de Dakar, 2009.

TOURÉ, Tamaro, *Bracelets d'Afrique* (photographies par Fodé Koné), Dakar, Sénégal, L'Harmattan Sénégal, 2011.

TELES, Baltasar, *Histoire de Makéda, reine de Saba*, chap. XXV.

URL : www.osti.org/pj_salomon_makada1.html

TIME, *Barack Obama : de l'anonymat à la présidence*, Canada, Guy Saint-Jean, 2009, traduit de l'anglais, *President Obama: The Path to White House*, éditions Time Books, New York, 2008.

UNESCO, « Qui est Harriet Tubman ? ».

URL : http://unesdoc.unesco.org/images/0014/001427/142745f.pdf

Université du Québec à Montréal (UQAM), « Hommage à l'honorable Juanita Westmoreland-Traoré ».

URL :http://www.uqam.ca/distinctions/honorifiques/westmoreland-traore_hom.htm

Université de Sherbrooke, Département d'histoire, *La face cachée d'Angélique Des historiens lèvent le voile sur la véritable histoire de l'esclave noire*, in : http://www.usherbrooke.ca/histoire/ nous-joindre/personnel-enseignant/robichaud-leon/la-face-cachee-dangelique/.

VILHELM DINESEN, Adolphe, *Abd El Kader et les relations entre les Français et les Arabes en Afrique du Nord* (édition originale publiée en danois à Copenhague, en 1840), coédition, fondation Émir Abd El Kader/ANEP, 2001.

Washington Post, « L'Amérique pleure la disparition de Dorothy Height, militante des droits civiques », 30 avril 2010.

URL :http://www.america.gov/st/peopleplace-french/2010/April/20100430172939abretnuh0.3813135.html?CP.rss=tr ue

Washington Post (Robin Givhan), wednesday, april 28, 2010, 17 h 57, « Civil rights leader Dorothy Height had fashion flair, including stunning hats ».
URL :http://www.washingtonpost.com/wp-dyn/content/article/2010/04/28/AR2010042804620.html

WESTMORELAND-TRAORÉ, Juanita, « Droit humanitaire et droit d'intervention » (article scientifique).
URL : http://www.usherbrooke.ca/droit/fileadmin/sites/droit/documents/RDUS/volume_34/34-12-westmoreland.pdf

WIKIPEDIA, « Lalla Fatma N'Soumer », in : https://fr.wikipedia.org/wiki/Lalla_Fatma_N%27Soumer

YANGE Paul, « Harriet Tubman (1820-1913) : libératrice d'esclaves ». URL : http://pourelle.grioo.com/ar,harriet_tubman_1820-1913_liberatrice_d_esclaves,1859.html

LIENS :

- http://fr.wikipedia.org/wiki/**Abla_Pokou** /
- http://www.rezoivoire.net/cotedivoire/patrimoine/176/**la-reine-pokou-fondatrice-du-royaume-baoule**.html
- http://**laplumeetlerouleau**.over-blog.com/article- 4284666.html : La Plume et le Rouleau (chroniques), 1892 : *Les amazones de choc du Dahomey*, 2002)
- http://www.epa-prema.net/abomey/pedago/**amazones**.html

Musée historique d'Abomey (1999–2011), *Les Amazones*

- http://www.**grioo**.com/info5434.html / *Anna Zingha*
- http://www.quaibranly.fr/fr/liberte/figures-de-la- **revolte/portraits-de-femmes-remarquables**/anna-zingha.html
- http://journalstars.com/people/**dorothy-height**-est-morte-a-98ans-5712.html

Dorothy Height est morte à 98 ans

- http://en.wikipedia.org/wiki/**Dorothy_Height**#cite_note-memoir-3/
- https://en.wikipedia.org/wiki/**Dorothy_Height** / Dorothy Height
- https://fr.wikipedia.org/wiki/ / **Henrietta_Lacks**
- http://sciences.cafeduweb.com/lire/11198-**les-cellules-immortelles-henrietta-lacks**.html / Les cellules immortelles d'Henrietta Lacks
- http://culture-kamite.com/lage-de-60-ans-**la-reine-ashanti-nana-yaa-asantewaa-combattit-la-tete-de-son-armee-les-troupes-britaniques/** / Yaa Asantewaa
- http://www.an1000.org/**zainab-tanfzawit-femme-berbere-xie**/
- **Commune de Dagana**, *Ndaté Yalla, dernière reine de Waalo (Sénégal)* in : http://www.dagana.info/index.php?option=com_content&view=article&id=10 4:**ndatte-yalla-derniere-reine-du-walo-senegal**
- http://www.shenoc.com/Reines%20d'Afrique.html / **Reines d'Afrique**
- http://imagesbible.ovh.org/FICHES/F_A_Saba.html / « Un roi et une reine : Salomon et la Reine de Saba » dans le **Livre des rois, chapitre 10**

Marocaines célèbres, la Princesse Lalla Aïcha

- https://fr.wikipedia.org/wiki/**Aline_Sitoé_Diatta**#Biographie
- http://evene.lefigaro.fr/livres/livre/marek-halter-**la-reine-de-saba**-36770.php / Annonce publicitaire du livre de Marek HALTER sur la Reine de Saba

- http://www.laffont.fr/site/page_accueil_site_editions_robert_laffont_&1.html?code=978-2-221-10907
Présentation et critiques du livre de Marek HALTER
- http://www.citizenvoices.gg.ca/fr :
À l'écoute des citoyens- Site officiel de la Gouverneure générale du Canada, Michaëlle Jean.
- http://www.gg.ca/document.aspx?id=12390&lan=fra / La gouverneure générale et Commandante-en-chef du Canada entreprend sa première visite en Afghanistan

http://blog.mahgeneve.ch/**le-cabinet-de-numismatique-recoit-un-descendant-de-lemir-abd-el-kader**/
- http://www.thestar.com/Nesws/article/189686 / GG visits Canadian troops
- http://sisyphe.org/spip.php?article1930 / À cœur ouvert avec Dr Aoua Bocar Ly, Présidente fondatrice du Réseau « Femmes Africaines, Horizon 2015 » (FAH2015), Entrevue recueillie par Julie Bienvenue du bureau du Regroupement général des Sénégalais au Canada (RGSC), 10 septembre 2005
- https://fr.wikipedia.org/wiki/**Abd_el-Kader**
- http://fr.wikipedia.org/wiki/Prise_de_la_smala_d%27Abd_El_Kader_par_le_duc_d%27Aumale : Prise de la smala d'Abd El Kader par le duc d'Aumale
- https://fr.wikipedia.org/wiki/**Aminata_Dramane_Traor**%C3%A9
- http://tidjaniya.populus.org/rub/10 / El Hadj Omar Tall, le Khalife des Tidjanes
- http://womenshistory.about.com/od/harriettubman/ig/Harriet-Tubman-Pictures/Harriet-Tubman.htm Galerie de photos /Harriet TUBMAN
- http://modibokeita.free.fr/federation.html / L'échec de la Fédération du Mali : union du Sénégal et du Soudan
- http://www.monsieur-biographie.com/celebrite/**biographie/rosa_parks**-1522.php
- http://www.grioo.com/galerie.php?gid=77&num=25 / Galerie photos Rosa PARKS
- https://fr.wikipedia.org/wiki/Micha%C3%ABlle_Jean /Michaëlle Jean
- https://en.wikipedia.org/wiki/Micha%C3%ABlle_Jean#p-search/Michaëlle JEAN
- https://fr.wikipedia.org/wiki / Pertes_humaines_pendant_la_Seconde_gguerre_mondiale
- https://en.wikipedia.org/wiki/Rosa_Parks
- https://fr.wikipedia.org/wiki/SOS_Villages_d%27enfants
- https://www.sos-villages-enfants.be/ SOS Villages d'Enfants en chiffres
- https://www.linkedin.com/in/sos-villages-d-enfants-monde-7224a066
- https://en.wikipedia.org/wiki/Wangari_Maathai
- https://aouabocarlytall.files.wordpress.com/2011/10/hommage-_wangari-maathai-par-reseau-femmes-africicaines-horizon-2015-en-coll.pdf

- https://fr.wikipedia.org/wiki/Winnie_Mandela
- http://www.asays.com/article.php3?id_article=5

Annexes

ANNEXE 1 :

« Obama : Rayon de soleil sur l'humanité »

Lentement, tu apparais dans un ciel clair obscur, tu t'élèves, tu t'élèves

D'abord, très peu d'attention, tu suscites ; au plus, un peu d'étonnement et quelques curiosités

Mais, ta lumière éblouissante finit par éclairer les visages et à entrouvrir les yeux et les cœurs

Au regard de ton ascension, certains se souvinrent de ce « *I have a dream* » prophétique

Cependant, les doutes persistaient et d'aucuns se demandaient : ce rêve ne se réalise-t-il pas trop tôt ?

Est-ce possible, à peine 40 ans après que le révérend Martin Luther King l'eut proclamé ?

Obama, n'es-tu pas aussi le symbole de ce que l'Académicien français, l'Humaniste africain

Et ancien président de la République du Sénégal, Léopold Sédar Senghor prédisait :

« *L'avenir appartient au métissage biologique et culturel !* »

Biologiquement métissé, **ton physique dégage l'unité de l'Humanité : le Blanc et le Noir** ;

Culturellement, ton histoire est par excellence la convergence des religions et des civilisations,

Celles de l'Orient et de l'Occident :

Fils d'un père musulman et d'une mère chrétienne,

Né d'un père africain, adopté par un oncle asiatique[37] et élevé par une grand-mère américaine ;

Frère d'une sœur africaine et d'une autre sœur indonésienne,

Et enfin, époux d'une femme afro-américaine,

Tu incarnes à Toi, tout seul, le rêve du Révérend King : « *de voir dans son pays, l'Amérique,*

L'enfant blanc et l'enfant noir, main dans la main ».

---

[37] Indonésien.

Rayon de soleil, Barak Hussein Obama tu es là, tel un enfant prodige : beau, brillant, percutant

Mieux, de ta bouche sort des mots de rêve : réconciliation, liberté, dignité, justice sociale…

De l'Amérique, tu rayonnes sur l'univers : en Afrique, en Europe et en Asie, on se réjouit

Tu réchauffes les cœurs et donne l'Espoir de retrouver la part d'Humanité perdue

Tu tires le monde de la morosité créée par les crises sociale, économique, spirituelle, etc.

Tu marques un tournant de l'Histoire et ouvres la marche de la fin des déchirements humains

Avec toi, le monde recommence à croire que le chaos n'est pas inéluctable

Que la guerre des sexes, des races, des générations, des religions est évitable

Que les guerres, les idéologies et les stéréotypes qui divisent les humains peuvent s'estomper

Que le dialogue peut être renoué entre les communautés, les cultures, les religions,

Les genres et les générations

Que Dieu te garde et te fortifie afin que de la Maison-Blanche tu puisses continuer à projeter beaucoup de chaleur humaine et mille lumières qui permettront à l'Humanité de se réconcilier avec elle-même et de créer un monde de Paix, d'Équité, d'Égalité et de Justice, qui nous rendrons dignes des Pères fondateurs et qui verra enfin le rêve du Révérend KING se réaliser, tant en Amérique qu'à travers le monde !

D^{re} Aoua B. LY-TALL

Sociologue et chercheure associée à l'Institut des Études des Femmes, université d'Ottawa, CANADA. Chercheure en résidence à l'Institut des Études Africaines (IEA) de l'université Mohamed V, Souissi, Rabat, MAROC. Présidente-fondatrice Réseau « Femmes Africaines, Horizon 2015 (FAH2015) », Québec. Membre du Réseau des chercheurs et praticiens pour la Paix, pour la compréhension et pour la prévention des conflits et des génocides

tél. : 212 14 699 799 ; fixe : 212 12 05 85 ; bur. : (212) 37 77 12 72 ; fax : (212) 37 77 84 25/au Canada : **(613) 823 - 2520** ou bur. : **613 - 562 580 / 1890**

e-mail : aouab.ly.tall@ymail.com/Site web : http:aouab.cv.fm

ANNEXE II :

Série de conférences tenues au fil des temps[38]

- « Femmes et société en Afrique », **congrégation des sœurs de Jésus**, Dakar, Sénégal, 24 août 1993.

- « Cheikh Anta Diop : la dimension humaine de l'Homme », Groupe de recherche et de Libération de l'Afrique (GRILA), Montréal, Québec, 7 février 1994.

- « Femmes africaines et féminisme international », **Comité de statut de la femme de l'université de Montréal (CPSF/UDM)**, Montréal, Québec, le 4 novembre 1994.

- « Les femmes africaines sur la route de Beijing », **Centre culturel américain**, Dakar, Sénégal, 6 avril 1995.

- « Femmes africaines et intégration sociale et universitaire au Québec », conférence publiée dans *Vivre Ensemble*, Cahiers de la diversité culturelle de l'université de Montréal, vol. 1, n° 1, hiver 1996, pp. 13-14, puis dans *Tambour*, journal des étudiants africains de l'UQAM, Montréal, Québec, février 1996.

- « Place et rôle de la femme noire africaine dans sa société : des déesses égyptiennes aux reines africaines à la lumière de l'œuvre de Cheikh Anta Diop »[39], **Comité canadien commémoratif du 9ᵉ anniversaire de la disparition du Pʳ Cheikh Anta Diop,** 15 février 1996.

- « La femme noire dans l'histoire », **Association des ressortissants du Foutah au Canada (ARFOUCA)**, semaine culturelle, Montréal, Québec, 13-28 février 1997.

- « Renaissance de la femme et de l'homme noirs : de l'Égypte pharaonique aux Amériques modernes en passant par l'Afrique noire traditionnelle », **Institut des peuples noirs**, Montréal, Québec, 12 février 1998.

- « L'apport des femmes noires à l'histoire universelle selon la pensée de Cheikh Anta Diop », **étudiants noirs du collège Ashintic**, université du Québec à Montréal, Québec, 13 février 1998.

---

[38] Sur la thématique « Femmes noires, héroïnes d'hier et d'aujourd'hui : à la lumière de l'œuvre de Cheikh Anta Diop ».

[39] Cette même conférence devait être présentée au colloque « L'œuvre de Cheikh Anta Diop : la renaissance de l'Afrique au seuil du IIIᵉ millénaire », Dakar-Caytu, 26 février-2 mars 1996. L'auteure n'a pas pu s'y rendre mais le texte a été envoyé et figure dans les actes du colloque.

- « La tradition africaine : facteur ou obstacle à la libération de la femme », **Association des Étudiants africains de l'université du Québec à Montréal (ASEA/UQAM)**, Montréal, Québec, 11 juin 1998.

- « Femmes africaines et résistances à l'esclavage », Colloque international sur « l'esclavage moderne », Lyon, France, 8 mars 2003.

- Mémoire du Réseau Femmes Africaines, Horizon 2015 (FAH2015) sur le racisme et les discriminations déposé et présenté aux parlementaires de l'Assemblée nationale du Québec, Canada, le 1er novembre 2006. URL : http://www.assnat.qc.ca/de/travaux-parlementaires/commissions/CC/mandats/Mandat-3821/memoires-deposes.html

- « Être femme et noire africaine au Québec », **Actes du Colloque** de l'organisme Espace féminin arabe sous le thème « Rencontre et participation à un Québec inclusif », Montréal, Québec, 27 mai 2006, publié en octobre 2006.

- « La contribution physique et mentale des femmes à la lutte contre l'esclavage : de l'Afrique à l'Amérique en passant par les Caraïbes », **Symposium** organisé par la Faculté de droit de l'université d'Ottawa à l'occasion du bicentenaire de l'abolition de l'esclavage aux États-Unis (1807 – 2007), Ottawa, Canada, 13-16 mars 2007. URL : http://www.abolition1807-2007.uottawa.ca/index.php?option=content&task=view&id=2963&lang=fr&menu=abolition-1807-2007

- « La contribution des femmes à la lutte contre l'esclavage et la réconciliation de l'humanité », mairie de Saint-Pierre, île de la Réunion, 18 décembre 2009**.**

- « Femme, transmission et renaissance africaine », Colloque International ORACLE : Observatoire Réunionnais des Arts, des Cultures et des Littératures dans leur Environnement, université de la Réunion, du 8 au 12 décembre 2009.

- « Femme noire et pouvoirs : de la Renaissance africaine à la réconciliation de l'humanité : une contribution de Cheikh Anta Diop aux études féminines, voire féministes », Symposium « *Beyond the Nile Valley: Revisiting the Legacy of Dr. Cheikh Anta Diop* » ou « 'Revisiter le legs rédempteur du Pr Cheikh Anta Diop », organisé par Auburn Avenue Research on African American Culture and History Library, en collaboration avec The Beyond the Nile Valley Collective**,** 16 octobre 2010, Atlanta, USA.

- « Femmes, résistance et renaissance africaine : de l'Afrique continentale à l'Afrique de la diaspora » et « Perspectives Genre dans la Renaissance africaine », **festival mondial des Arts et de la Culture Noirs (FESMAN)**, Dakar, Sénégal, 13 au 31 décembre 2010.

- « Le Genre dans l'œuvre de Cheikh Anta Diop », **Forum Social Mondial (FSM)**, Dakar, Sénégal, 6 -12 février 2011.

- « Le Leadership féminin africain : de l'Égypte pharaonique à l'Afrique précoloniale : quelles perspectives pour les femmes d'Afrique et de la diaspora du XXIe siècle ? », colloque annuel du Centre de Recherches Pluridisciplinaires sur les Communautés d'Afrique noire et de diasporas (CERCLECAD) sur l'émergence du leadership féminin dans les communautés africaines d'Afrique et de diasporas occidentales, université d'Ottawa, salle du Sénat, n° 083, pavillon Tabaret, Ottawa, Canada, samedi 15 décembre 2012.

- Conférence « Place et rôle de la femme dans le développement du Fouta (vallée du fleuve Sénégal et Mauritanie) », cellule Cincinati (Ohio) de l'organisation Fouta Développement, 16 juillet 2016, Hôtel Atrium, Cincinnati, USA.

- « Le Genre dans l'œuvre de Cheikh Anta Diop », 21-22 octobre 2016, Département d'africologie et Dept. « African American Studies », Temple University, Philadelphie, USA.

• **L'université lui octroie une distinction à cette occasion :** « **Certificate of Scholarly Advancement** » pour sa promotion de l'œuvre du professeur C. A. Diop et de la contribution des Africains d'origine et d'ascendance à la civilisation universelle.

ANNEXE III :

« Pleure Ô Alba Pokou, reine fondatrice du peuple baoulé (Côte d'Ivoire) ! »[40]

Le sang des Ivoiriens coule et coule encore
Les fils et filles de la Côte d'Ivoire pleurent
Les enfants d'Afrique peinent

L'enjeu : un fauteuil, un pouvoir
L'un l'occupe, l'autre le tire
Le Peuple est entre le marteau et l'enclume

Dehors, leurs groupes s'affrontent
Ils tirent sur tout ce qui bouge
Certains pillent, tuent et violent

Les femmes, bébés sur le dos, baluchon sur la tête, s'enfuient
Où vont- elles ? Nul ne sait, elles même ne le savent point
Ce qu'elles savent, c'est qu'elles fuient la mort, la violence et le viol

Côte d'Ivoire, hier pays de fierté de l'Afrique, tu te meurs
De ta substance, de ton peuple, de ton âme, tu te vides
Si tu tombes, l'Afrique de l'Ouest vacillera

Ô Reine Alba Pokou, Femme Noire, femme Africaine
Vaillante descendante du grand roi Osseï Tutu
Fondateur de la Confédération Ashanti du Ghana

---

[40] Appel à Simone Gbagbo et madame Ouattara de la Côte d'Ivoire.

Ô Reine Mère
Fondatrice du Peuple Baoulé de la Côte d'Ivoire
Du fonds de ta tombe, j'entends tes pleurs

Toi qui, pour ton peuple, tu te levas
Toi qui, comme Moïse en Égypte, du Ghana tu partis à la tête de ton peuple
Peuple menacé de mort, à la recherche d'une nouvelle Terre, tu conduisis

Guidée par l'Esprit des Ancêtres, la bonne direction tu pris
Mais barrage fit le grand fleuve Comoé, offrande le génie de l'eau demanda
Du plus sacré, il exigea pour laisser le passage à ton Peuple fuyant

Bœufs, Béliers, Bijoux ton Peuple offrit
De tout cela, rien, le Génie ne voulut
La Terre promise exigea un grand sacrifice

Reine Alba Pokou, un seul enfant tu avais
Enfant qui vint tard, à tes quarante ans sonnant
Enfant précieux, enfant sacré, c'est lui que le Génie des eaux veut

Empêcher ton Peuple d'être rattrapé et massacré, tu refusas
Être arrêtée et humiliée par le roi sanguinaire, tu n'envisageas
Pour la Vie et la Dignité de ton Peuple, tu optas

De ton dos, tu détachas l'Enfant, tendrement tu le soulevas
De bijoux d'or et d'argent tu le couvris
Pour une derrière fois, sur ta poitrine, tu le serras
Avec Amour, tu lui dis : « Kouakou, mon unique enfant, pardonne-moi,
Mais, j'ai compris qu'il faut que je te sacrifie pour la survie de notre tribu.
Plus qu'une femme ou une mère, une reine est avant tout une reine. »

Sereinement, tu soulevas l'enfant au-dessus de toi
Sans larme, ni frémissement, tu le précipitas dans les flots du fleuve
Miraculeusement, les eaux mugissant, se calmèrent

Comblé, le Génie fraya un passage pour ton Peuple
Des eaux, de larges dos d'hippopotames émergèrent
Un long pont ils formèrent d'une rive à une autre

D'un pas ferme, tu y montas, ton Peuple en fit autant
Une fois tous sur l'autre rive, les bienfaiteurs disparurent
Dans la profondeur des eaux, les hippopotames retournèrent

De plus bel, les mugissements du Grand Fleuve reprirent
La gorge nouée, tu dis « *baou li* », c'est-à-dire « l'enfant est mort »
Mais, sans hésitation, tu repris le chemin de la liberté

Arrivé saint et sauf à la Terre promise, merci, te dit ton Peuple
Honorant l'enfant, du nom de Baoulé, il baptisa la nouvelle Terre
De « *Sakas su* » c'est-à-dire le lieu des funérailles, il nomma sa capitale

Vaillante, « Après de longues années d'un long règne dont la splendeur
fut sans égale dans toute la contrée, la reine Alba Pokou s'éteignit vers 1760.
De son berceau d'origine du Ghana à sa terre d'exil, la Côte d'Ivoire,
sa célébrité n'a été égalée par celle d'aucun monarque Ashanti. »

Ô Reine ! De trop de sang, la terre africaine, ta Terre a déjà bu
Arrosée de sang, de son sol ne germe que la haine
Haine semée, haine entretenue, haine répandue

De ceux qui sacrifient leur Peuple pour un Pouvoir
De ceux qui acceptent qu'on tue les enfants de Dieu
Pour garder ou conquérir un trône, je ne comprends rien

Gbagbo et Wattara, seules leurs épouses ont leurs oreilles
Ô Reine, en ton nom, c'est à ces femmes que je m'adresse
À toi, elles doivent penser, de ton modèle, elles doivent s'inspirer

Toi qui sacrifias ton enfant unique pour le bien de ton Peuple
Ô Reine, Simone Gbagbo et madame Wattara sont-elles au courant de ton
    Odyssée ?
En ta mémoire, Ô Reine, je les prie d'exhorter leurs époux d'arrêter les
    massacres

Le Peuple est sacré, il doit être aimé et protégé
L'individu est de passage, le Peuple est permanent
Le premier est éphémère, le second est éternel

De Paix, de Stabilité et de Sécurité, les Peuples ont soif
Arrosons la terre africaine d'Amour, de Tolérance
Afin qu'y germe la Prospérité et le bien-être de ses enfants

D^{re} Aoua B. Ly-Tall

ANNEXE IV :

Michaëlle JEAN, « Touche magique », *La Presse*
Publié le 2 octobre 2010, mis à jour le 2 octobre 2010.

Une touche magique

65. Michaëlle JEAN

Le mandat de Michaëlle Jean à titre de gouverneure générale du Canada a pris fin plus tôt cette semaine. Photo : Adrian Wyld, PC.

Aoua Bocar Ly-Tall

L'auteure est sociologue et chercheure associée à l'Institut des Études des femmes à l'université d'Ottawa.

Quand certains trouvaient dommage le fait qu'une militante progressiste comme Michaëlle Jean ait accepté le poste de gouverneure générale du Canada, craignant que cette fonction plutôt conservatrice ne la change, j'avais alors déclaré à Radio-Canada que ce serait elle qui changerait cette institution, « car Michaëlle apporte une touche particulière à tout ce qu'elle touche ».

Maintenant qu'elle quitte Rideau Hall, je peux dire que l'histoire m'a donné raison : mené avec grâce, elle achève son mandat en beauté. Cinq ans, c'est peu de temps. Mais, c'est suffisant pour faire des erreurs. Loin de ça, Son Excellence Michaëlle Jean a mis à profit cette fonction jugée sans pouvoir réel, pour mettre en œuvre ses convictions, appliquer ses principes et pourquoi pas, réaliser ses rêves.

Sincère dans son engagement pour la justice sociale et pour le progrès humain, elle a d'abord tendu la main aux communautés et aux couches défavorisées du pays. Elle a dirigé en premier lieu son attention vers les Premières Nations en guise de reconnaissance de leurs contributions à la société canadienne. Elle a consacré sa toute première sortie internationale à l'accompagnement des anciens combattants autochtones au cimetière de guerre canadien à Bény-sur-mer, en France.

C'est dans ce même esprit de réparations des injustices subies qu'elle ira leur témoigner son soutien dans leur lutte pour la préservation de leurs traditions, dont la chasse au phoque. Elle affirmera son appui par le geste spectaculaire d'une bouchée de cœur de phoque suintant de sang. Michaëlle Jean quitte en beauté, couverte d'éloges tant par la société civile que le milieu politique. Elle a marqué les consciences par sa sensibilité et son don de partager les joies et peines de l'autre. C'est ce que déclarait Della Morley, représentante des mères du Canada ayant perdu leurs enfants dans les combats en Afghanistan, à l'occasion de l'hommage que les Forces armées ont rendu à leur commandante : « J'étais anxieuse et bouleversée ce matin, mais après avoir passé quelques minutes au téléphone avec vous, j'ai eu l'impression de parler à une amie qui partageait ma douleur. »

Le ministre de la Défense du Canada, Peter MacKay, qui a partagé avec elle la douloureuse tâche d'accueillir les dépouilles de nos soldats tués en Afghanistan, lui a rendu aussi hommage : « Vous avez transporté la compassion du pays sur vos épaules. Vous avez personnifié l'émotion sincère. »

On ne mesure pas suffisamment l'influence positive de la nomination de Mme Jean. Pour la communauté des Afro-Canadiens, largement discriminée, elle a été un symbole d'encouragement des parents à leurs enfants. Les propos d'une mère noire sont très révélateurs : « Quand mon fils a tendance à se laisser aller au découragement, je lui dis : regarde Michaëlle Jean, elle est arrivée ici avec sa mère et sa sœur comme réfugiées, aujourd'hui, elle la chef d'État du Canada. Travaille fort et bien comme elle, tu y arriveras toi aussi. » « Michaëlle Jean a su présenter une autre image des Haïtiens, trop souvent associés aux gangs de rue », estime Jean-Ernest Pierre, avocat et animateur à la radio CPAM.

Témoin oculaire de sa première visite d'État en Afrique comme membre de sa délégation d'experts, je peux affirmer que Mme Jean a impressionné partout et donné une belle image du Canada.

Par ces réalisations et surtout son caractère profondément humain, Michaëlle Jean a modifié l'image de l'institution de gouverneur général, peu connue de beaucoup de citoyens jusqu'à son arrivée. Sans affirmer qu'elle lui a rendu ses lettres de noblesse, avec une touche magique et gracieuse qui lui est propre, elle l'a sorti de l'ombre et a accru l'aura du Canada dans le monde.

Souhaitons-lui le même succès éclatant dans ses fonctions d'envoyée spéciale de l'UNESCO auprès d'Haïti.

Source : http://www.lapresse.ca/opinions/201010/01/01-4328657-une-touche-magique.php

ANNEXE V :

Á ma reine* :
Reine du Canada
Reine d'Afrique
Reine des temps modernes !

De par la porte de non-retour du château d'Elmina, aujourd'hui tu es revenue !

« Arrêt émouvant de S. E. Michaëlle Jean devant la porte du "non-retour" du château d'Elmina au Ghana »[41] © Fred Chartrand, CP

De cette porte, par milliers de nos ancêtres, ils ont fait sortir de notre continent !

En Afrique, ils sont venus. Des empires, ils ont trouvé ! L'empire du Tékrour, l'empire de Sonraï, l'empire de Gao, l'empire de Ghana, un empire des empires, l'empire de l'Or.

D'abord de commerce, ils parlèrent ; d'échanges d'objets de l'Europe contre ceux de l'Afrique, ils procédèrent.

Mais, peu à peu de l'appétit du gain, ils furent pris, du désir de plus d'or, Ils furent saisis.

---

[41] Source : http://www.grioo.com/info8641.html

À l'esclavage, ils pensèrent. Sitôt fut planifié. Des sites de départ, ils conçurent :
Gorée aux larges des côtes du Sénégal, le château Elmina au Ghana, <u>Ouidah</u> au Bénin.

Des milliers de villages, ils brûlèrent
Des milliers d'hommes et de femmes, ils capturèrent
Des milliers d'hommes et de femmes, ils tuèrent.

Ceux qui résistaient, ils emprisonnèrent
Entrés à pieds dans leurs prisons sordides
Ils n'en sortirent que tirés par les pieds.

Parent et enfants, ils séparèrent. Maris et femmes, ils isolèrent. Beaucoup de femmes, ils violèrent.

66. Aoua Ly-Tall et Michaëlle Jean à la sortie du château d'Elmina

Des milliers de nos ancêtres, par la porte du non-retour, ils passèrent.
Sur des bateaux, ils les embarquèrent. Sur la route de l'Amérique du Nord et du Sud, ils les menèrent !

Mais, ICI COMME LÀ-BAS, NOS ANCÊTRES RÉSISTÈRENT. Mourir et disparaître, ils refusèrent.
Se soumettre à l'esclavage, jamais, ils n'acceptèrent.
ILS DIRENT NON en Haïti, NON dans les Caraïbes et NON en Amérique.

Debout, ils et elles se mirent. Á la survivance d'hommes et de femmes, les grands-mères veillèrent.

LE RETOUR DE LEURS PETITS ENFANTS AU CONTINENT AFRICAIN, ELLES ORDONNÈRENT**

Ainsi, symbole de l'échec de l'esclavage, sur les ailes d'un puissant oiseau, tu revins.

AUJOURD'HUI, 26 NOVEMBRE 2006, PAR LA PORTE DU NON-RETOUR TU RETOURNAS AU BERCAIL.

Sur le trône ancestral, les reines mères t'installèrent ;
Du pagne traditionnel de la royauté, elles t'enveloppèrent ;
Du bracelet de la survivance, elles te protégèrent ;

Afin qu'à ton tour, tu ramènes les autres ;
Afin qu'à la renaissance africaine, tu participes ;
Afin qu'au rêve panafricaniste de Dubois, de Kwamé Nkrumah, de Cheikh Anta Diop,... tu réalises
Afin qu'à la réconciliation des races de l'Humanité, tu contribues.

COMME ONT PRIÉ LES ROIS ET LES REINES DU GHANA : QUE DIEU TE GARDE MA REINE !
Reine des temps nouveaux !

Vaillante descendante de la reine Aline Sitoé DIATTA (Sud Sénégal) Ann Zingha (Bénin),
Pokou (Côte d'Ivoire), etc.

Une sœur africaine, fière de toi !

D^{re} Aoua B. Ly-Tall

Elmina (Ghana), 26 novembre 2006

* Poème écrit dans l'avion nous ramenant (la délégation de la G.G. en visite d'État en Afrique) d'Elmina (lieu de départ des Africains sur la route de l'esclavage) à Accra, au Ghana.
** Un retour définitif ou temporaire : réel ou symbolique.

TABLE DES MATIÈRES

Dédicace 7

Préface
La femme noire 9

Avant-propos 13

Introduction 17

Chapitre I
L'Africaine : mère de l'humanité 21
1.1. L'apport de Cheikh Anta Diop aux études féminines, voire féministes ... 21
1.2. L'Afrique, berceau de l'humanité 22
1.3. L'Africaine, mère de l'humanité 25

Chapitre II
L'Africaine : femme de pouvoir. De l'Égypte pharaonique à l'Afrique noire précoloniale 27
2.1. Rôle et statut de la femme noire à la lumière de l'œuvre de Cheikh Anta Diop 27
2.2. Conquêtes et déstabilisation de l'Afrique 30
2.3. Résistances féminines africaines 31

Chapitre III
Les africaines : héroïnes d'hier et d'aujourd'hui 33
3.1. Nos ancêtres féminines de l'antiquité égypto-africaine 33
3.1.1. Hatshepsout : la reine-pharaon 33
3.1.2. Makéda : beauté noire, reine de la sagesse et de l'intelligence ... 36
3.1.3 La reine Candace, impératrice de l'Éthiopie (332 av. J.C.) 52
3.1.4. Lalla Fatma N'Soumer : l'incarnation de la résistance féminine algérienne face à la conquête et à l'occupation coloniales 53
3.1.5 Zainab Tanfzawit (XIe siècle) : une exceptionnelle stratège politique dans le Maghreb médiéval 63
3.2. Les Africaines : héroïnes d'hier en Afrique 65

3.2.1 La reine Ann Zingha (1582-1664) : fer de lance de la résistance anté-coloniale en Afrique 65

3.2.2 Amazones d'Afrique : les amazones du royaume d'Abomey (1708-1894) 70

3.2.3 Abla ou Abra Pokou : fondatrice du peuple baoulé de la Côte d'Ivoire (début du XVIIIe siècle-1760) 75

3.2.4 Lalla Zohra, mère et socle de l'émir Abd El Kader, éminent résistant soufi à l'occupation de sa patrie, l'Algérie 78

3.2.5 La vaillance féminine au royaume du Waalo : des femmes de Talatay Nder à la reine Djeumbeut Mbodj 85

3.2.6 Ndaté Yalla, *brack* du Waalo (1810-déc. 1856) 88

3.2.7 Yaa Asantewaa, la reine mère des Ashantis (1840/1860–1921) 90

3.2.8 Aline Sitoé Diatta (1920–1944) : la reine prêtresse ou la résistance mystique à la colonisation 93

3.3. Les Africaines : héroïnes d'aujourd'hui en Afrique 97

3.3.1 S. A. R. Lalla Aïcha, la princesse qui lève le voile sur les Marocaines 97

3.3.2 Wangari Maathai : icône de l'Africaine, l'« Al Gore de l'Afrique » (1940–2011) 99

3.3.3 Aminata Traoré, l'altermondialiste ouest-africaine 104

3.3.4 Tamaro Touré : une Ouest-Africaine engagée dans 101 causes, une protectrice de l'enfance déshéritée 108

3.3.5 Winnie, l'autre Mandela 121

3.4. Les Africaines de la diaspora de l'exil forcé (Amérique-Antilles) : héroïnes d'hier 132

3.4.1 Marie-Josèphe-Angélique (1710–1734) : le refus de la soumission 132

3.4.2. Luiza Mazin, Cheffe de la « révolte des hommes » 142

3.4.3. Harriet Tubman, la « Moïse noire », libératrice du peuple africain-américain 145

3.4.4. Rosa Parks, mère du Mouvement des droits civiques, emblème de l'égalité raciale aux États-Unis 152

3.4.5. Dorothy Height : 8 décennies d'engagement pour les droits civiques et la cause des femmes ! 163

3.4.6. Henrietta Lacks : l'immortelle inconnue, sauveuse de vies à travers le monde entier 172

3.5. Un cas spécifique d'une résistante africaine dans l'océan Indien : Niama Bathily, dite Marie-Geneviève (1745-1809), princesse africaine, reine de l'île de Bourbon (actuelle île de la Réunion) 178

3.6 Les Africaines de la diaspora : héroïnes d'aujourd'hui 183
3.6.1. Juanita Westmoreland-Traoré : une bâtisseuse d'une nation québécoise de droit, de liberté et de justice sociale 183
3.6.2. Christiane Taubira : auteure du projet de loi reconnaissant l'esclavage comme crime contre l'humanité.. 194
3.6.3 Michaëlle Jean : une éveilleuse des consciences par l'action, un parcours d'excellence féminine africaine 198
3.6.4 Michelle Obama : la révolution tranquille afro-américaine 207

Conclusion 225
Bibliographie 227
Annexes... 239

L'HARMATTAN ITALIA
Via Degli Artisti 15; 10124 Torino
harmattan.italia@gmail.com

L'HARMATTAN HONGRIE
Könyvesbolt ; Kossuth L. u. 14-16
1053 Budapest

L'HARMATTAN KINSHASA
185, avenue Nyangwe
Commune de Lingwala
Kinshasa, R.D. Congo
(00243) 998697603 ou (00243) 999229662

L'HARMATTAN CONGO
67, av. E. P. Lumumba
Bât. – Congo Pharmacie (Bib. Nat.)
BP2874 Brazzaville
harmattan.congo@yahoo.fr

L'HARMATTAN GUINÉE
Almamya Rue KA 028, en face
du restaurant Le Cèdre
OKB agency BP 3470 Conakry
(00224) 657 20 85 08 / 664 28 91 96
harmattanguinee@yahoo.fr

L'HARMATTAN MALI
Rue 73, Porte 536, Niamakoro,
Cité Unicef, Bamako
Tél. 00 (223) 20205724 / +(223) 76378082
poudiougopaul@yahoo.fr
pp.harmattan@gmail.com

L'HARMATTAN CAMEROUN
BP 11486
Face à la SNI, immeuble Don Bosco
Yaoundé
(00237) 99 76 61 66
harmattancam@yahoo.fr

L'HARMATTAN CÔTE D'IVOIRE
Résidence Karl / cité des arts
Abidjan-Cocody 03 BP 1588 Abidjan 03
(00225) 05 77 87 31
etien_nda@yahoo.fr

L'HARMATTAN BURKINA
Penou Achille Some
Ouagadougou
(+226) 70 26 88 27

L'HARMATTAN SÉNÉGAL
10 VDN en face Mermoz, après le pont de Fann
BP 45034 Dakar Fann
33 825 98 58 / 33 860 9858
senharmattan@gmail.com / senlibraire@gmail.com
www.harmattansenegal.com

L'HARMATTAN BÉNIN
ISOR-BENIN
01 BP 359 COTONOU-RP
Quartier Gbèdjromèdé,
Rue Agbélenco, Lot 1247 I
Tél : 00 229 21 32 53 79
christian_dablaka123@yahoo.fr